U0671486

長沙簡牘博物館
中國文化遺產研究院
北京大學歷史學系
故宮研究院古文獻研究所
走馬樓簡牘整理組 編著

長沙走馬樓三國吳簡

竹簡〔柒〕

（下）

文物出版社

釋文

〼船師……　一

【注】簡一至六三出土時原爲一坨，揭剥順序參見《揭剥位置示意圖》圖一。

宜陽里户人韓時年七十九　妻汝年六十四　孫子男客年九歲　二

其一百一十二斛七斗嘉禾二年粢租米　三

其十六斛郡吏士還所貸黄龍元年税米　四

【注】「其」上原有墨筆點記。

其九十一斛監池司馬黄升嘉禾元年限米　五

其廿二斛州佃吏蔡雅董基黄龍三年限米　六

定領吴平斛米二萬□千五百卌四斛九斗三升　七

【注】「定」上原有墨筆點記。

出襍□米六千四百七斛□斗二升　八

入嘉禾元年私學限米十四斛　九

其六斛私學嘉禾二年限米　一〇

【注】「其」上原有墨筆點記。

右倉曹史烝堂白　中倉吏黄諱潘慮　列簿起嘉禾二年□　一一

其二百二斛一斗九升新吏嘉禾元年限米　一二

【注】「其」上原有墨筆點記。

其卌七斛吏謝韶備黄龍元年吏帥客限米　一三

【注】「其」上原有墨筆點記。

其十斛佃吏嘉禾二年限米　一四

其十六斛郡吏士還所貸黄龍元年税米　一五

【注】「其」上原有墨筆點記。

其九斛州佃吏董基黄龍二年限米　一六

其六十一斛二斗新還民黄龍二年限米　一七

【注】「其」上原有墨筆點記。

其五斛一斗一升復民嘉禾元年租米　一八

其六十斛吏帥客黄龍元年限米　一九

【注】「其」上原有墨筆點記。

其廿斛三州倉運黄武五年佃卒限米　二〇

〼廿斛七斗六升價人李綏黄龍二年米　二一

其一百卅五斛二斗五升嘉禾二年税米　二二

其五斛州佃吏鄭脩黄武七年限米　二三

其九十九斛一斗一升新吏黄龍元年限米　二四

【注】「其」上原有墨筆點記。

〼　其六斛二斗郡士嘉禾元年火種租米　二五

〼　其七十一斛一斗私學黄龍□年限米　二六

入嘉禾元年税米卌七斛四斗五升　二七

入吏帥客嘉禾二年限米十四斛　二八

其卅五斛故吏番觀備黄武六年粢（？）税（？）米　二九

其六斛新還民黄龍三年限米　三〇

入黄龍二年租米五斛　三一

其十四斛三斗新吏黄龍元年限米　三二

入嘉禾二年守粟民限米廿斛　三三

其十四斛三斗新吏黄龍元年限米　三四

其一百六十八斛九斗三州倉所運民還黄龍二年税米　三五

入嘉禾元年吏帥客限米卅七斛六斗　中　三六

其十六斛郡吏士還所貸黄龍元年税米　三七

入民還二年所貸黄龍元年吏帥客限米五斛二斛吏番觀□入中　三八

其九斛州佃吏董基黄龍二年限米　三九

【注】「其」上原有墨筆點記。

□男姪□年七歲……　四〇

其十四斛吏帥客嘉禾二年限米　四一

入吏帥客黄龍元年限米　中　四二

其五十九斛私學黄龍三年限米　四三

其卌八斛四斗三升私學黄龍三年限米　四四

今餘吴平斛米合三萬五千六百一十五斛四斗　四五

其三百八十七斛二斗三升黄龍三年租米　四六

其五斛民還三年所貸吏區光備黃龍元年私學限米　四七

其八十八斛三斗七升佃卒黃龍元年限米〼　四八

入嘉禾二年粢租米八斗　〼　四九

〼　其三斛五斗五升租米付園丘大男文從守掾　五〇

其一萬五壬五百七十一斛七斗嘉禾元年□〼　五一

其一百六十四人男　五二

上鄉里户人□喰年五十六刑右手妻之年卅九　子男龍年六歲　五三

【注】「喰」上□右半殘缺，左半從「氵」。

其一百一十五斛鹽池司馬鄧邵嘉禾二年錢米　五四

右報家口食七人　訾　五　十　五五

【注】「右」上原有墨筆點記。

其十二斛三升黃〼　五六

其八十八斛三斗□升□合九勺黃龍元年限米　五七

其卅□斛……〼　五八

其……斛五斗□〼　五九

其五十五斛五升郵卒黃龍三年限米　六〇

〼嘉禾元年五月廿四日領右金曹史烝堂□□右田曹掾□□
□以漬米二百斛□□□□□五十四斛易襍米草（？）　六一

其十二斛三升黃龍元年復田税米　六二

【注】「其」上原有墨筆點記。

〼　付……　六三

右都鄉入民所貸嘉禾元年佃吏限米三斛　六四

【注】簡六四至一〇七出土時原爲一坨，揭剥順序參見《揭剥位置示意圖》圖二。

領新成与邑下吏民隨其憂劣大家一斛小家五斗漬米一斛當　六五

不條列言君叩頭死罪死罪案文書前□遣佃吏徐積持　六六

主簿郭宋省　六七

……　六八

【注】本簡似有字跡，但無法辨識。

其一千斛嘉禾二年吏帥客限米　六九

〼米二斛〓嘉禾……受　七〇

入吏帥客嘉禾元年限米卅四斛六斗　七一

其九十八斛二斗黃龍二年襍僦米　七二

【注】「其」上原有墨筆點記。

右模鄉入民所貸嘉禾元年税米七斛　七三

其……三升嘉禾二年粢租米　七四

其三百卅四斛九斗三升嘉禾二年所受襍擿米　七五

癸酉給中書典校丁又十一人十一月奉起嘉禾元年……二年十一　七六

月八日四斛米小月嘉　七七

其一百一十六斛五斗郵卒嘉禾元年限米　七七

【注】「其」上原有墨筆點記。

其卅三斛八斗五升黃龍三年叛士限米　七八

月一日戊辰書給作柏船匠師鄭有朱德二人直階（？）　嘉禾元

年十月訖二年二月俱叛　七九

【注】據陳垣《魏蜀吳朔閏異同表》，嘉禾元年正月朔爲戊辰。張培瑜《魏蜀吳朔閏異同表》同。

其廿七斛衛士嘉禾元年限米　八〇

〼鄉入民所貸嘉禾元年私學限米十斛　八一

……楊兼中賊曹史張惕白言□
……谷□……草　八二

入中鄉二年所貸嘉禾元年税禾還米三斛七斗五升〓嘉禾二年十二

月五日莨世丘大男李□關坒閣李嵩付倉吏黃諱潘慮受　八三

入平鄉二年所貸食嘉禾元年私學限禾還米四斛〓嘉禾二年十一月

□日□丘□□關坒閣……　八四

入中鄉還二年所貸嘉禾元年税米三斛〓嘉禾二年十二月九日小赤

丘男子謝主關坒閣李嵩付倉吏黃諱史潘慮受　八五

【注】「男子」之「子」爲補字。

入平鄉二年所貸食嘉禾元年私學限禾還米六斛〓嘉禾二年十一月

一日僕丘廖章關坒閣李嵩付倉吏黃諱史番慮受　八六

入三州倉運民還黃龍三年私學限米二斛 八七
其三百六十五斛四斗五升郵卒嘉禾元年限米 八八
其四百十二斛九斗私學嘉禾元年限米 八九
其十二斛……☑ 九〇
其七斛五斗黃武七年麦准米 九一
入中鄉所貸嘉禾元年税米五斛四斗五升⊠嘉禾二年十一月十六日
渚山丘大男朱宋關邸閣李嵩付倉吏黃諱潘慮受 九二
右諸鄉入民所貸食嘉禾元年税米三百八十八斛四斗七升 九三
集凡中倉起十二月一日訖卅日受嘉禾二年貧民所貸嘉禾元年𥞥米
二百廿斛一斗 九四
入都鄉二年所貸食嘉禾元年税禾還米七斛⊠嘉禾三年三月一日進
渚丘男子劉（？）恒關邸閣李嵩付倉吏黃諱史潘慮受 九五
入都鄉二年所貸嘉禾元年税米七斗⊠嘉禾三年五月十二日前龍丘
大男區𥩟（？）關邸閣李嵩付倉吏黃諱史潘慮 田 九六
其廿八斛二斗嘉禾元年□□錢米 九七
其二千九百卅四斛一斗嘉禾元年租米 九八
入嘉禾元年租米三百九十五斛六斗 其三百七十一斛九斗三州倉
運米 九九
其四百一十七斛七斗嘉禾元年佃卒限米 一〇〇
入三州倉運黃龍元年税米廿七斛六斗 其十斛民還貸食 一〇一
糶斛直錢一百六十 其四百斛賣郎中糴爲錢六萬四千未 一〇二
關右郎中李嵩被督軍糧都尉嘉禾三年五月十二日辛未書給□ 一〇三
入錢米二千一百卅八斛八斗九升七合就於在所糴得錢卅萬 一〇四
入都鄉還民所貸嘉禾元年税米一斛七斗⊠嘉禾三年正月九日新唐
丘男子廖□關邸閣李嵩付倉吏黃諱潘慮受 一〇五
□□漬米庰糶□□□錢二萬四千四□□□□□…… 一〇六
【注】「庰」爲「宇」或「斥」之俗别。「糶」下第一□左半殘缺，右半爲「寸」。
☑□□言簿被記□□□…… 一〇七

右入平鄉元年還所貸吏帥客限米五斛 一〇八
【注】「所貸」之「所」爲補字。簡一〇八至一四〇出土時原爲一坨，揭剥順序參見《揭剥位置示意圖》圖三。
☑嘉禾元年税米四百八十一斛九斗五升 其四斛二升 ☑ 一〇九
入□鄉二年所貸嘉禾元年税米三斛⊠嘉禾三年五月十一日杆佃丘
大男程種關邸閣李嵩付倉吏黃諱史潘慮受 一一〇
二千二百廿四錢其九千買□□一□□載錢還一萬七千三☑ 一一一
君教 嘉禾二年正月四日潘喬□ 一一二
【注】本簡爲小木牘。
集凡中倉起二月一日訖卅日受諸鄉元年税米七斛 一一三
☑貸嘉禾元年佃吏限米四斗⊠嘉禾二年……關邸閣李嵩付倉吏黃諱
潘慮 一一四
入都鄉二年所貸嘉禾元年税米二斛⊠嘉禾三年五月十八日□□丘
□□關邸閣李嵩付倉吏黃諱潘慮 一一五
轉妻思年廿六 ……困年卅四 一一六
出湘關黃龍三年所敗米二斛還滲米四斗⊠嘉禾二年正月廿四日扈
下民劉女關邸閣李嵩付倉吏監賢受 一一七
【注】「扈」應爲「邑」之俗别。
入□鄉二年所貸嘉禾二年税禾還米一斛二斗五升⊠嘉禾三年五月
九日禾丘男子信興（？）關邸閣李嵩付倉吏黃諱潘慮 一一八
入都鄉二年所貸食嘉禾元年税禾還米四斛二斗⊠嘉禾三年五月八
日矢丘大男劉□關邸閣李嵩付倉吏黃諱潘慮 一一九
入都鄉二年所貸嘉禾元年税米五十九斛⊠嘉禾三年五月十一日泉
溲丘男子番屯關邸閣李嵩付倉吏黃諱番慮受 一二〇
右西鄉入民所貸嘉禾元年佃吏限米二升 一二一
入平鄉還二年……嘉禾元年子弟司守禾還米五斛⊠嘉禾三年二月
七日平支丘男子區忿關邸李嵩付倉吏黃諱史慮受 一二二
【注】「邸」下脱「閣」字，「慮」上脱「潘」字。

入平鄉所貸嘉禾元年税米……≡×嘉禾二年十二月五日新眺丘雷元關壂閣李嵩付倉吏黄諱史盧受　一二三

其一百卌七斛一斗監池司馬鄧邵嘉禾元年臨居米☒　一二四

【注】「盧」上脱「潘」字。

入平鄉所貸禯擿米廿三斛四升　☒　一二五

出臨湘四斗湘關漬米卌三斛≡×嘉禾三年二月十七日市掾潘羜關壂閣李嵩付監倉掾監賢受　一二六

□□□□□□以馬與師定□督護雇□見錢一萬絹一匹直　一二七

入都鄉二年所貸嘉禾元年税米一斛≡×嘉禾三年三月一日扞梁丘大男程米關壂閣李嵩付倉吏黄諱史潘盧受　一二八

其三萬一千六百八十七斛一斗一升九合□米　一二九

☒　右□家口食四人　☒　一三〇

出……　一三一

☒≡×嘉禾三年五月廿二日無丘男子呂平關壂閣李嵩付倉吏黄諱潘盧受　一三二

其一百卅九斛□□□客嘉禾二年限米　一三三

出西鄉黄龍三年所毁米二斛還滲米四斗≡×嘉禾二年十一月廿三日合丘□□母揚母關壂閣李嵩付倉吏監賢受　一三四

入都鄉二年所貸嘉禾元年税米一斛≡×嘉禾三年三月一日羅民大男趙梁關壂閣李嵩付倉吏黄諱史潘盧受　一三五

☒□斛≡×嘉禾二年四月十六日鄉吏劉平付何丘男子□□□□□☒　一三六

右西鄉民還所貸元年限米二斛　一三七

集凡主簿鄧應所料桑鄉禾米合三百卅六斛五斗　一三八

【注】「集」上原有墨筆點記。

出桑鄉嘉禾元年租米六斛八斗≡×嘉禾二年四月廿二日主簿郭宋付上佳丘大男黄利守録　一三九

今……斛四斗……白　一四〇

右四年禾田五斛　一四一

【注】「右」上原有墨筆點記。簡一四一至一五一出土時原爲一坨，揭剥順序參見《揭剥位置示意圖》圖四。

宜陽里户人黄客年五十四　妻汝年卌五　子男□年十一　一四二

其卌八斛……黄龍元年税米　一四三

右□家口食四人　訾　五　十　一四四

其一斛六斗三升郵卒限米　付園丘大男文□□☒　一四五

咸男弟頭年六歲　一四六

宜陽里户人鄧平年六十五　妻妾年五十四　子男棠年廿六　一四七

右□家口食四人　訾　五　十　一四八

右□家口食五人　☒　一四九

☒　至男弟愁年廿三　愁男弟屈年十八　一五〇

□子男客年□歲　客男弟運年六歲　一五一

右盧家口食六人　訾　五　十　一五二

【注】「右」上原有墨筆點記。簡一五二至一五六出土時原爲一坨，揭剥順序參見《揭剥位置示意圖》圖五。

□□□□年□歲　一五三

右□家口食六人　訾　五　十　一五四

歸男弟皎年六歲　一五五

右還家口食二人　訾　五　十　一五六

平陽里户人鄧□年六十二　妻□年六十六　子男沈年廿　一五七

沈妻樂年廿　沈男弟苻年十六　一五八

□男弟下年十二　下男弟加（？）年六歲　一五九

平陽里户人蕇還年七十　還子男勉年廿一　勉妻俗年廿　一六〇

道妻汝年十六　道男弟□年十三　一六一

上鄉里户人吳宗年六十　宗子男射年卅二　射妻□年廿　一六二

轉妻烝年□□　轉姪子信年五歲　一六三

【注】「姪子」下脱「男」或「女」字。

頁女弟户（？）年四歲　一六四

右□家口食四人　訾　五　十　一六五

【注】「右」上原有墨筆點記。

右客（？）家口食六人　訾　五　十　一六六

【注】「右」上原有墨筆點記。

□□里户人趙□年□□　□妻大女□年廿□　一六七

□男弟皋年廿三　皋妻姑年廿　一六八

□□里户人□□年卅三　妻姑年卅四　小妻延年卅二　一六九

□女弟□年六歲　一七〇

妾姪子女兼年廿一　兼女弟急年十　一七一

妻□年……　子女□年十二　一七二

富貴里户人唐宗年卅一腹心病　宗母妾年八十　宗男弟箸年十五　一七三

右□家口食三人　訾　五　十　一七四

□□里户人□會年廿五　會母妾年八十五　妻汝年廿三　一七五

右淮家口食十□人　訾　五　十　一七六

【注】「右」上原有墨筆點記。

⧄□歲　爵男弟稼年□歲　一七七

右春家口食四人　訾　五　十　一七八

【注】「右」上原有墨筆點記。

男弟詰年八歲　潘子男兔年十四　一七九

力孫子和年七歲　一八〇

【注】「孫子」下疑脱「男」字。

姪子便年七歲　力姪子兒年十　一八一

【注】二「姪子」下疑脱「男」或「女」字。

踈（？）男弟平年七歲　一八二

右回家口食二人　訾　五　十　一八三

【注】「右」上原有墨筆點記。

子男宜年八歲　宜男弟止年五歲　一八四

右會家口食九人　訾　五　十　一八五

右歸家口食六人　訾　五　十　一八六

【注】「右」上原有墨筆點記。

萬歲里户人□□年卅四　妻□年卅六　子男□年十七縣吏　一八七

□女姪思年十六　思男弟□年八歲　一八八

樂安里户人□□年卅四　妻如年卅一　子男□年九歲　一八九

右□家口食二人　訾　五　十　一九〇

【注】「右」上原有墨筆點記。

萬歲里户人黄□年卅四　妻虵年卅　子男禿年十歲　一九一

姪子健年十一　健男弟騎年七歲　一九二

【注】「姪子」下脱「男」或「女」字。

右是家口食五人　訾　五　十　一九三

【注】「右」上原有墨筆點記。

右□家口食□人　訾　五　十　一九四

【注】「右」上原有墨筆點記。

急（？）男弟兒年九歲刑（？）足　兒男弟戲（？）年七歲
踵足　一九五

富貴里户人謝□年五十六（？）　妻妾年五十七　子男宫年十二　一九六

赿男弟升年八歲　升男弟恪（？）年五歲　一九七

萬歲里户人大女□妾年七十一　子男智（？）年卅一　妾姪子
女汝年十歲　一九八

富貴里户人周持年卅八　妻絮年卅一　男弟省年廿一　一九九

下菱里户人□□年六十二隹□足　妻汝年□□　子男□年六歲　二〇〇

光户下婢財長六尺　二〇一

萬歲里户人大女营妾年卅八　子男難年十一　難男弟符年九歲　二〇二

樂安里户人襄□年廿一　女弟純年十　純男弟虞四歲　二〇三

【注】「四歲」上脱「年」字。

省妻橋年十六　橋男弟□年七歲腹心病　二〇四

右蕊（？）家口食四人　訾　五　十　二〇五

【注】「右」上原有墨筆點記。

子男主年七歲　主女弟斗年五歲　二〇六

下長里户人大女□□年□□　子男□年□歲　□男弟□年八歲　二〇七

右能（?）家口食五人　訾　五　十　二〇八

【注】「右」上原有墨筆點記。

子男俗年卌七刑足　俗妻汝年卅三　二〇九

右□家口食□人　訾　五　十　二一〇

【注】「右」上原有墨筆點記。

萬歲里户人謝皓年廿七　妻如年廿二　男弟主年十七　二一一

下菱里户人□□年五十四腹心病　妻沙年五十二　子女射年十　二一二

右□家口食五人　訾　五　十　二一三

右妾家口食三人　訾　五　十　二一四

□男弟兒年廿一腹心病　妻汝年十九　二一五

秃男弟目年五歲　目女弟姑年四歲　二一六

柱男弟□年五歲　姪子奴年七歲　二一七

【注】「姪子」下脱「男」或「女」字。

右在（?）家口食五人　訾　五　十　二一八

【注】「右」上原有墨筆點記。

右赤（?）家口食十八人　訾　一　百　二一九

【注】「右」上原有墨筆點記。

下菱里户人□□年卅七　妻□年卅四　□男弟□年廿一　二二〇

□妻銀年卅二　□子男南年十一　二二一

右□家口食五人　訾　五　十　二二二

【注】「右」上原有墨筆點記。

子男主年七歲　二二三

右恒（?）家口食三人　訾　五　十　二二四

【注】「右」上原有墨筆點記。

萬歲里户人□□年六十□　妻□年五十四　子男□年卅四　二二五

樂安里户人番赤年六十一　妻沐（?）年卅四　子男分年十四　二二六

將（?）女弟禹（?）年五歲　難妻汝年十九　二二七

右妾家口食五人　訾　五　十　二二八

【注】「右」上原有墨筆點記。

樂安里户人□□年……　磧（?）女弟□年十歲　磧（?）妻繪
年廿九　二二九

右妾家口食四人　訾　五　十　二三〇

【注】「右」上原有墨筆點記。

樂安里户人□□年卌四　子女鼠年十七　鼠女弟□年十一　二三一

□小妻湖年卌　河女弟□年八歲　二三二

【注】「女弟」下□左半殘缺，右半從「糸」。

□妻□年卅　□男弟詩年廿七　二三三

【注】「男弟」下□左半殘缺，右半爲「寺」。

□子男□年六歲　□男弟□年四歲　二三四

……年□歲　……　二三五

碩男弟出年卅一隹足　出妻湖年廿九　二三六

□妻□年卅三　達男弟□年十七踵足　二三七

【注】「妻」下□左半殘缺，右半爲「易」。

右藥家口食五人　訾　五　十　二三八

其一百卅一人男　二三九

樂安里户人陳義年卅六苦腹心病　妻□年卅二　子男□年七歲　二四〇

□□里户人……年七歲　二四一

怒子女初年五歲　二四二

其一户將師　二四三

苻男弟秃年十　苻妻婢年十九　二四四

□□里户人……左足……　二四五

樂安里户人晳穆年廿六……　二四六

右佃家口食四人　訾　五　十　二四七

【注】「右」上原有墨筆點記。

其一户郵卒　二四八

☑安里户人□□年七十　男弟爽年□一腫足　□妻□年廿七　二四九

右十二户下户之下　二五〇
【注】「右」上原有墨筆點記。
右□家口食九人　訾　五　十　二五一
【注】「右」上原有墨筆點記。
□兒護年五十八　護妻思年卅三　二五二
右金家口食七人　訾　五　十　二五三
【注】「右」上原有墨筆點記。
……　□□□年廿　霜男姪會年七歲　二五四
仲伯父張年七十九苦腹心病　張妻姓年六十三　二五五
集凡陽貴里領吏民五十户口合二百卌四人　魁　潘　⿰酉豕　主　二五六
【注】「集」上原有墨筆點記。
右忠家口食十人　訾　一　百　二五七
【注】「右」上原有墨筆點記。簡二五七至五五七出土時原爲一坨，揭剥順序參見《揭剥位置示意圖》圖六。
……　□子男叩年十　叩女弟□年八歲　二五八
□□里户人……　子男□年廿九　二五九
……　□母汝年八十三　二六〇
□男弟虎年七歲　二六一
□子男支年□歲　二六二
宜陽里户人黄碩年卌九　碩妻□年□□　姪子女□年十七　二六三
珞（？）妻思年卅四　符男孫□年五歲　二六四
右徑（？）家口食五人　訾　五　十　二六五
【注】「右」上原有墨筆點記。
□女弟□年十□　□男弟□年九歲　二六六
鳴妻汝年十五　男弟已年九歲　二六七
右鳴家口食四人　訾　五　十　二六八
【注】「右」上原有墨筆點記。
□□里户人□道年卅二□□　妻僕年卅□　女弟□年十一　二六九
右主家口食七人　訾　五　十　二七〇
【注】「右」上原有墨筆點記。
右兒家口食八（？）人　訾　五　十　二七一
右政家口食七人　訾　五　十　二七二
【注】「右」上原有墨筆點記。
右倉家口食七人　訾　五　十　二七三
□男弟岑年五歲　轉子男持年十二　二七四
右七户下户之下新占　二七五
【注】「右」上原有墨筆點記。
定領役民卅一户　二七六
【注】「定」上原有墨筆點記。
右□家口食四人　訾　五　十　二七七
下菱里户人□□年五十二　妻思年卅七　子女□年八歲　二七八
□男弟□年十一踵足　二七九
思子男堆年十六刑右足　堆男弟魚年十　二八〇
下菱里户人蔡倉年八十二　倉妻□年六十二　子男奴年五十三刑左手　二八一
下菱里户人李賈年八十四　妻文年六十四　男弟肫年七十二　二八二
上鄉里户人周野年廿一　野母汝年八十二　野女弟□年三歲　二八三
下菱里户人鄧□年八十□□　子男惕年六十四腫右足　惕妻□年五十五　二八四
汝孫子男□年四歲　二八五
【注】「孫」上□上半殘缺，下半從「心」。
□□□年七歲　男弟師年五歲腹心病　二八六
沈子男意年九歲　二八七
富貴里户人陳取年七十五　子男萇年十八　萇女弟視年十三　二八八
户下奴有長三尺　限佃客義年廿六　二八九
集凡富貴里領吏民五十户口食合二百六十三人　魁　陳　魯　主　二九〇
【注】「集」上原有墨筆點記。

右□家口食五人 訾 五 十 二九一

【注】「右」上原有墨筆點記。

右□家口食五人 訾 五 十 二九二

【注】「右」上原有墨筆點記。

右蕊家口食五人 訾 五 十 二九三

【注】「右」上原有墨筆點記。

雙妻□年十七 雙女弟思年六歲 二九四

視男弟有年十 有女弟穫年八歲 二九五

鳴男弟□年十三刑左手 鳴妻□年廿二 二九六

右□家口食三人 訾 五 十 二九七

【注】「右」上原有墨筆點記。

□男弟藥年四歲 女姪脾年十 二九八

禿男弟工年七歲 工男弟東年六歲 二九九

右曲家口食二人 訾 五 十 三〇〇

【注】「右」上原有墨筆點記。

下菱里户人朱熠年六十踵足 妻汝年五十□ 子男囊年六歲 三〇一

富貴里户人黄頓年卌一縣吏 妻姑年廿八 男弟射年十四 三〇二

萬歲里户人□□年…… 子男□年…… 姪子男侯年八歲 三〇三

南男弟□年□歲 □子女妾年六歲 三〇四

富貴里户人烝報（？）年七十八 妻妾年六十九 寡嫂思 卅五 三〇五

堂男弟使（？）年九歲 姪子成年十一 三〇六

【注】「姪子」下脱「男」或「女」字。

右馬家口食□人 訾 五 十 三〇七

菌（？）女弟涅年七歲 □子女□年八歲 三〇八

其四户下品 三〇九

萬歲里户人大女□買年七十七 子男高年卌六踵足 三一〇

男弟汎年四歲 三一一

右□家口食□人…… 三一二

【注】「右」上原有墨筆點記。

右頭（？）家口食四人 訾 五 十 三一三

【注】「右」上原有墨筆點記。

□姪子車年四歲 車男弟移（？）年三歲 三一四

【注】「姪子」下脱「男」或「女」字。

□□□年四歲 三一五

子男□年六歲 三一六

□男弟□年一歲 三一七

…… 鍾男弟縣（？）年□歲 三一八

右□家口食四人 訾 五 十 三一九

【注】「右」上原有墨筆點記。

萬歲里户人□□年卅三 妻巡年卅四 男弟弼（？）年九歲 三二〇

右十户下户之下 三二一

【注】「右」上原有墨筆點記。

右種家口食四人 訾 五 十 三二二

【注】「右」上原有墨筆點記。

右強（？）家口食七人 訾 五 十 三二三

右船（？）家口食五人 訾 五 十 三二四

【注】「右」上原有墨筆點記。

右如家口食五人 訾 五 十 三二五

【注】「右」上原有墨筆點記。

右姑家口食九人 訾 五 十 三二六

【注】「右」上原有墨筆點記。

船（？）妻□年卅四 船（？）姪子急（？）年五歲 三二七

【注】「姪子」下脱「男」或「女」字。

萬歲里户人鄭□年卌 …… 富妻姑年七十四 三二八

舅姑巳年六十五 三二九

樂安里户人蔡□年卌四 …… □子男南（？）年六歲 三三〇

上鄉里户人□□年七十一 妻□年六十五 □子男師年六歲 三三一

右□家口食五人　訾　五　十　三三二
【注】「右」上原有墨筆點記。
□男弟□年……　□男弟柱年五歲　三三三
下𡌬里户人廖（？）魚（？）年卅四　妻□年卅三雀足　三三四
子男□年十歲　□男弟□年七歲　三三五
男弟立年卌四給縣吏　立妻沌年卌四　三三六
男弟頭年八歲憃病　□子男主年七歲　三三七
右□家口食□人　訾　五　十　三三八
【注】「右」上原有墨筆點記。
右□家口食四人　訾　五　十　三三九
【注】「右」上原有墨筆點記。
右緯家口食四人　訾　五　十　三四〇
【注】「右」上原有墨筆點記。
上鄉里户人番政年卅六龍耳　政（？）妻汝年卅一　政（？）
子女思年九歲　三四一
其十户下户之下　三四二
右頃家口食三人　訾　五　十　三四三
【注】「右」上原有墨筆點記。
下𡌬里户人蔡□年廿七盲目　□□年五十四　妻靜年廿二　三四四
右□家口食□人　訾　五　十　三四五
【注】「右」上原有墨筆點記。
樂安里户人□□年……　妻汝年六十八　子女□年廿七刑足　三四六
□妻思年卅四　□男弟□年……　三四七
萬歲里户人□野年卅　母□年六十四　男弟□年廿七腹心（？）病　三四八
其二百三人女　三四九
右□家口食三人　訾　五　十　三五〇
【注】「右」上原有墨筆點記。
陽貴里户人□□年卌九　母□年七十五　妻紫年卅一（？）　三五一

右錢（？）家口食七人　訾　五　十　三五二
【注】「右」上原有墨筆點記。
男弟郵年八歲　郵男弟□年七歲　三五三
囙男弟想年八歲　想男弟屬（？）年五歲　三五四
右□家口食三人　訾　五　十　三五五
【注】「右」上原有墨筆點記。
富貴里户人吴（？）舊（？）年七十五　妻姑年七十　子男
承（？）年廿二　三五六
右安家口食四人　訾　五　十　三五七
□□里户人□□年卅七……　妻汝年卅四　子女□年九歲□□　三五八
右□家口食五人　訾　五　十　三五九
【注】「右」上原有墨筆點記。
樂安里户人□車年廿七　妻如年廿二　車男弟□年六歲　三六〇
右□家口食□人　訾　五　十　三六一
【注】「右」上原有墨筆點記。
樂安里户人烝解年五十腹心病　妻妾年卅一　子男章年十六　三六二
□子男□年十　妾婢年廿二　三六三
其三户縣吏　三六四
陽貴里户人公乘□□年……　妻□年廿九　子男由年十二　三六五
陽貴里户人公乘□藥年卅四　母□年六十一　藥妻□年廿六　三六六
上鄉里户人張生年卅四　妻思年卅六　牛子男桎年☐　三六七
宜陽里户人樊（？）習年卅六　妻貴年卅九　三六八
宜陽里户人朱鳴年十六縣卒　母顛年五十三　鳴男弟湖年七歲……　三六九
其一户郵卒　三七〇
右購（？）家口食四人　訾　五　十　三七一
其廿户下户之下新占　三七二
【注】「其」上原有墨筆點記。

集凡樂安里領吏民五十戶口食二百七十人　魁文當（?）主　三七三

【注】「集」上原有墨筆點記。

上鄉里戶人蔡□年……　妻□年五十五　子男賓（?）年廿七　三七四

右□家口食四人　訾　五　十　三七五

【注】「右」上原有墨筆點記。

右□家口食□人　訾　一　百　三七六

【注】「右」上原有墨筆點記。

下鼓里戶人□□年五十……　妻□年……　子男□年……　三七七

右宗家口食二人　訾　五　十　三七八

【注】「右」上原有墨筆點記。

宜陽里戶人□□年六十二……　妻思年五十九　姪子男碑（?）年十四　三七九

主子男會年三歲　主女弟婢年四歲　三八〇

□□里戶人呂再年八十四　妻汝年六十四　三八一

思男弟□年四歲　三八二

萬歲里戶人周息（?）年七十六　妻客年六十二　子女婢年廿二　三八三

右□家口食二人　訾　五　十　三八四

【注】「右」上原有墨筆點記。

右督（?）家口食二人　訾　五　十　三八五

【注】「右」上原有墨筆點記。

右賓家口食二人　訾　五　十　三八六

【注】「右」上原有墨筆點記。

藥男弟亡（?）年十四　亡（?）男弟□年十　三八七

富貴里戶人焉文年卅　妻婢（?）年廿八　文男弟頭年十三　三八八

右鍾（?）家口食三人　訾　五　十　三八九

【注】「右」上原有墨筆點記。

兒女弟□年四歲　三九〇

賓妻汏年廿五　賓男弟魯年十六　三九一

樂安里戶人□□年……　妻□年卅四　女弟還年廿四　三九二

子男良年五歲　良女弟婢年二歲　三九三

右正家口食五人　訾　五　十　三九四

【注】「右」上原有墨筆點記。

右兼（?）家口食五人　訾　五　十　三九五

【注】「右」上原有墨筆點記。

下鼓里戶人□□年七十　妻起年五十五　子男高年卅六縣吏　三九六

下鼓里戶人區思年……　思母□年七十五　思妻雖年卅二　三九七

右一戶下戶之下新占　三九八

□男弟□年七歲　□妻愁年廿一　三九九

右侵（?）家口食五人　訾　五　十　四〇〇

高妻姑年廿六　高男弟勉年十　四〇一

其百卅六人男　四〇二

【注】「其」上原有墨筆點記。

其五戶郡卒　四〇三

樂安里戶人唐主年六十七　妻奴（?）年卅　子男羊年八歲　四〇四

右□家口食□人　訾　五　十　四〇五

【注】「右」上原有墨筆點記。

右孫（?）家口食七人　訾　五　十　四〇六

【注】「右」上原有墨筆點記。

右然家口食九人　訾　五　十　四〇七

【注】「右」上原有墨筆點記。

□女弟□年九歲　四〇八

右□家口食五人　訾　五　十　四〇九

【注】「右」上原有墨筆點記。

平妻思年廿　平男弟和年九歲　四一〇

右□家口食四人　訾　五　十　四一一

【注】「右」上原有墨筆點記。

𦊙卅户下品　四一二

【注】「其」上原有墨筆點記。

其七十四人女　四一三

【注】「其」上原有墨筆點記。

其二户郡卒　四一四

其一百卌六人男　四一五

□女弟東年五歲　四一六

□妻婢（？）年卅□　姪子循年六歲　四一七

【注】「姪子」下脱「男」或「女」字。

頭男弟夷年六歲　夷男弟□年四歲　四一八

頭男弟怾年八歲　怾男弟□年四歲　四一九

□女弟□年七歲　四二〇

下薉里户人□□年卌二刑左手　母□年七十四　妻□年卌一　四二一

其六户郡縣吏　四二二

右□家口食五人　訾　五　十　四二三

【注】「右」上原有墨筆點記。

其十三户郡縣鐮（？）師　四二四

右貴家口食六人　訾　五　十　四二五

【注】「右」上原有墨筆點記。

……　男弟□年卅二盲目　四二六

集凡上鄉里領吏民五十户口食二百卌人　魁周（？）鶻（？）主　四二七

【注】「集」上原有墨筆點記。

鍾子男典年七歲　鍾姪（？）子男宗年十三　四二八

子男蔓年四歲　蔓男弟帛（？）年三歲　四二九

男弟□年四歲　妻如年卅二　四三〇

右□家口食七人　訾　五　十　四三一

【注】「右」上原有墨筆點記。

右□家口食七人　訾　五　十　四三二

【注】「右」上原有墨筆點記。

樂安里户人公乘□□年……　母□年七十三　兄陽年卅八　四三三

樂安里户人蔡□年……　……　□子男葛年卅　四三四

□男弟□年十二　□男弟□年六歲　四三五

□男弟寫（？）年五歲　寫（？）女弟□年四歲　四三六

右□家口食七人　訾　五　十　四三七

【注】「右」上原有墨筆點記。

上鄉里户人公乘□□年卌二　妻□年卅　子男□年五歲　四三八

□男弟□年七歲　□□□年二歲　四三九

右文家口食七人　訾　五　十　四四〇

【注】「右」上原有墨筆點記。

姪子男□年四歲　車（？）從（？）男姪□年四歲　四四一

右家□家口食七人　訾　五　十　四四二

萬歲里户人□□年八十七　妻□年□□　子男□年□十郵卒　四四三

……　□男弟檜年廿九州卒　四四四

其……　四四五

其□□一十人女　四四六

其三户縣吏　四四七

□□□年卅一　妻思年卅七　四四八

上鄉里户人谷萇年卅四　妻思年廿九　萇子女婢年八歲　四四九

定領役民卌一户　四五〇

□子□□年七歲　□從姑□□年十二　四五一

【注】「姑」下□與「年」上□均右半殘缺，左半從「亻」。

足男弟□年□歲　四五二

右賞家口食八人　訾　五　十　四五三

【注】「右」上原有墨筆點記。

其四户限佃吏　四五四

□男弟主年七歲　四五五

□户下婢……　四五六
□姪子男□年四歲　菍父熹年五十一踵足　四五七
□女弟受年十二　受男弟護年四歲　四五八
富貴里户人唐寺年卌一　妻汝年卅四　子男□年十五　四五九
右□家口食□人　訾　五　十　四六〇
【注】「右」上原有墨筆點記。
汝男弟能年五歲　能男弟□年四歲　四六一
妻汝年卌二　男弟□年九歲　四六二
右參家口食三人　訾　五　十　四六三
【注】「右」上原有墨筆點記。
男弟道年十六　……　四六四
右義家口食五人　訾　五　十　四六五
【注】「右」上原有墨筆點記。
右卅户下品　四六六
【注】「右」上原有墨筆點記。
□□姑年□八　四六七
□□里户人區鰜年五十一　鰜母□七十一　鰜妻□年卌一　四六八
【注】「七十二」上脱「年」字。
□女弟汝年四歲　四六九
右□家口食七人　訾　五　十　四七〇
【注】「右」上原有墨筆點記。
上鄉里户人謝□年□□　妻□年六十一　子男增年卅七　四七一
富貴里户人□□年……　妻狀年卅八　□男弟才年十六　四七二
右□家口食□人　訾　五　十　四七三
【注】「右」上原有墨筆點記。
右□家口食□人　訾　五　十　四七四
【注】「右」上原有墨筆點記。「家」上□左半殘缺，右半從「隹」。
富貴里户人唐湖年卅六　妻思年十七　湖男弟文年八歲　四七五
……年卅　□兄子男□年十一　四七六

……　□子男鉛三歲　四七七
【注】「三歲」上脱「年」字。
右妾家口食三人　訾　五　十　四七八
□姪子男□年□歲　□□□年十二踵兩足　四七九
右湖家口食四人　訾　五　十　四八〇
【注】「右」上原有墨筆點記。
上鄉里户人謝盤（？）年五十三風病　妻紫年卌二　子男菍年十二　四八一
萬歲里户人□汝年……　汝男弟□年十□　四八二
□男弟□年……　□女弟汝年十　四八三
從兄⿱小長（？）年六十七踵足風病　⿱小長（？）妻思年五十一　四八四
右□家口食□人　訾　五　十　四八五
【注】「右」上原有墨筆點記。
萬歲里户人黃□年□十四□□　妻□年□四　子男□年十九　四八六
□男弟□年十八雀足　□女弟□年七歲雀足　四八七
男弟□年廿二　班妻視年廿　四八八
男弟□年七歲　□□□年□踵足　四八九
右□家口食四人　訾　五　十　四九〇
【注】「右」上原有墨筆點記。
□□□□年十一　四九一
右時家口食□人　訾　五　十　四九二
【注】「右」上原有墨筆點記。
上鄉里户人張□年五十二龍耳　□妻□年卌三　子女丸年六歲　四九三
右十四户下户之下　四九四
【注】「右」上原有墨筆點記。
上鄉里户人□□年□□腹心病　□妻□年卅八　子女□年九歲　四九五
上鄉里户人□魯年卅一踵足　妻□年廿四　魯男弟肥年十二　四九六
□跪（？）里户人□忠年□□腹心病　□妻□年卌四　忠子
男卒年十九　四九七

右□家口食□人　訾　五　十　四九八

□□里户人公乘□□年卅五　子男□年廿七　□男弟齊年七歲　四九九

【注】「右」上原有墨筆點記。

下薆里户人劉稚年七十三踵足　妻始年七十三　子男□年卅九　五〇〇

□妻□年廿四　□子男□年三歲　五〇一

時子男□年九歲　□男弟□年八歲　五〇二

【注】「妻」下□右半殘缺，左半從「女」。

兼子男騎年十二　騎男弟□年六歲　五〇三

……年十三　姑男弟□年五歲　五〇四

郭女弟汝年五歲　五〇五

右度家口食四人　訾　五　十　五〇六

上鄉里户人五（？）候年五十　妻姑年卅四　子女思年十　五〇七

右乘家口食六人　訾　五　十　五〇八

【注】「右」上原有墨筆點記。

右香家口食□人　訾　五　十　五〇九

【注】「右」上原有墨筆點記。

富貴里户人大女□□年□九　子男黨年十三風病　子女姑年七歲　五一〇

□男弟監年九歲　監女弟□年八歲　五一一

下薆里户人□及年五十一　妻□年卅四　子男□年□歲　五一二

子男省年四歲　五一三

右時家口食五人　訾　五　十　五一四

【注】「右」上原有墨筆點記。

下薆里户人宋兒年九十二　妻沶年卅七　子男佰年八歲盲□目　五一五

下薆里户人□麦年卅七　妻貞年卅四　子男主年四歲　五一六

上鄉里户人□□年卅二盲目　妻思年卅二　子女□年四歲　五一七

其一户□□民　五一八

富貴里户人唐蓕年八十九刑足　妻思年五十四　子男主年五十　五一九

腹心莀病

銀（？）男弟箕（？）年七歲　五二〇

元子男春年五歲　春男弟膜年三歲　五二一

右舉家口食五人　訾　五　十　五二二

宜陽里殷賢年七十四刑右手　妻汝年六十八　子男厺年卅　五二三

宜陽里户人番妾年五十四　子女香年卅一　香子女解年六歲▨　五二四

右□家口食六人　訾　五　十　五二五

【注】「右」上原有墨筆點記。

其二户官蔣民　五二六

子男□年□歲　□男弟□年□歲　五二七

右碩家口食二人　訾　五　十　五二八

□男弟□年八歲　□女弟□年六歲　五二九

萬歲里户人□□年……　子男□年一歲　五三〇

上鄉里户人大女王妾年七十六　子男壬年廿六左□　壬妻思年廿六　五三一

【注】「左」上有脱字。

季父至年八十六　妻姑年七十五　五三二

右長（？）家口食□人　訾　五　十　五三三

【注】「右」上原有墨筆點記。

右□家口食六人　訾　五　十　五三四

【注】「右」上原有墨筆點記。

厺（？）妻汝年卅　厺（？）男弟鉏年十三　五三五

上鄉里户人潘度年卅七聾耳　度妻姑年卅　度子男郭年六歲　五三六

□男弟□年七歲　五三七

弱妻辟年十八　弱男弟吉年七歲　五三八

子男□年三歲　□男弟□年廿二腹心踵足　五三九

【注】「腹心」下脱「病」字。

右春家口食三人　訾　五　十　五四〇

【注】「右」上原有墨筆點記。

宜陽里户人黃（？）□年七十　妻客年六十二　子男凫（？）

年廿三　五四一

右肥家口食三人　訾　五　十　五四二

【注】「右」上原有墨筆點記。

下雋里户人□□年卌七踵足　妻□年卌二踵足　子男友年十九　五四三

右元家口食六人　訾　〼　五四四

鎮男弟得（？）年一歲　〼　五四五

【注】「右」上原有墨筆點記。

其四户限佃客　五四六

富貴里户人陳□年卅九惷病　妻思年卅一　從兄收年五十五踵足　五四七

其□户縣卒　五四八

宜陽里户人公乘□元年卅一　元母妾年八十二　元妻僑年卅七　五四九

宜陽里户人公乘區肥年五十六　子男汞年十三　汞女弟如年七歲　五五〇

右步家口食十人　訾　五　十　五五一

上鄉里户人直轉年卅聾（？）耳　轉妻汝年卅七　子男□年十六　五五二

□男姪昔（？）年五歲　五五三

陽貴里户人紀運年卌一　妻汝年卅　子男秋年七歲　五五四

□男弟調年卅一　調妻□年卅二　五五五

□子男悉年四歲　五五六

右樵家口食六人　訾　五　十　五五七

草言府逐捕叛士□笞不還縣界長留兮□事　六月十四日兵曹掾
謝留白　五五八

草言……叛士……事　五月廿四日兵曹掾謝留白　五五九

右廿户下品　五六〇

草言□□□□期事　十月十六日兼主簿掾□□白　五六一

草言府東部左尉考核監□倉監王智事　七月十四日主簿掾□〼　五六二

〼□年七十二刑足　妻劉年五十八　縣子男□年廿二　五六三

□女弟思年十五　思女弟□年九歲……　五六四

上鄉里户人鄧縣年卌一　妻汝年卅七　子女思年五歲　五六五

〼言部吏郭宋等追捕叛吏□□等事　……主簿掾……〼　五六六

右□家口食九人　訾　五　十　五六七

草言府□□縣子男祭取私學丁藥子女□□□□□□事　十
月十九日兼右賊曹史〼　五六八

〼户人區□年六十五　子男貢年卌四　貢妻□年卌一　五六九

其二户軍吏　五七〇

草言府□□□□□□不在縣界□會事　六月十八日賊曹掾□□白　五七一

草言府□□□縣卒□□□陵宜陽縣□□男子□□□□□事
八月十三日領虞曹掾張□白　五七二

草言府諸鄉縣吏掾區光賁永等坐兵衣布無人事　三月十二日兼
□用曹謝難白　五七三

草言府扁□高傅差民作倉事　六月十日田曹掾小史趙野白　五七四

中鄉謹列嘉禾五年所領吏民人名年紀爲簿　五七五

其二户營驛兵　五七六

草言府部吏徙送武陵作唐□倉吏刑鈌父……事　十一月六日田
曹史趙野白　五七七

大男潘郎年六十五　郎妻大女賁年卌九　郎子女稌年九歲　五七八

盡妻魚年十八　盡男弟曹年十　五七九

綜男弟曜年三歲　客姪子男歸年八歲　五八〇

沽妻大女始年卅二筭一　五八一

草言府大男監□被病物故事　七月八日兼倉曹掾谷永白　五八二

草言府□諸鄉條列郡縣吏父兄人名事　八月□日□曹掾□□白　五八三

草言府部諸鄉吏區光等招誘諸限佃客八十三人首見事　……曹
史趙野白　五八四

草言府……送解□黄平還本郡事　十一月十日……白　五八五

☒條列司馬黄升屯田民……事　八月廿六日右田曹史□□白　五八六

右運嘉禾元年税（？）米一百八十九斛六斗四升　☒　五八七

草言……事　十二月十四日……白　五八八

□言□□有□二千一百枚事　六月十日兵曹掾□□白　五八九

☒　象水里公乘文年□□　文妻大女□年十五　五九〇

亭子男眷年□□　……　五九一

右□家口食四人　訾　五　十☒　五九二

【注】「右」上原有墨筆點記。

草言……　□月□日……☒　五九三

草言郎中……事　七月廿八日☒　五九四

□妻大女運年廿九　……　五九五

□妻□年卌□　☒　五九六

□從男姪公乘□□年卅四　☒　五九七

□□里户人……☒　五九八

☒年九歲　□妻大女姑年□□　五九九

□男弟□☒　六〇〇

草言所……鋘買錢事☒　六〇一

☒□≡×嘉禾三年三月十九日秏丘朱米關坓閣董基☒　六〇二

草言督軍糧□郡……☒　六〇三

□下里户人公乘鄭囊年卌一　☒　六〇四

☒　四月廿二日兼金曹掾□□白　六〇五

☒龍三年限米　六〇六

右□家口食合四人　☒　六〇七

其三户☒　六〇八

☒　訾　五　☒　六〇九

草言府遣……事　五月二日……白　六一〇

得女弟□年十　六一一

草言府部□軍吏□□匿□□郡吏李……事　七月十日……白　六一二

☒□事　八月十四日部曲田曹史柳□白　六一三

草言……列軍吏父兄子弟人名□☒　六一四

☒昰母妾年六十　昰妻□年卅一　六一五

☒……文知見謝……解書事　☒　六一六

☒　買妻大女汝年廿三筭一　六一七

☒　□妻□年卌六　□男弟□年十三刑右手　六一八

☒　□男弟赴年六歲　□□☒　六一九

【注】「男弟」上□上半殘缺，下半爲「月」。

☒其五十斛八斗佃卒黄龍三年限米　六二〇

古子男鮪年二歲　☒　六二一

□男姪監年十六踵☒　六二二

☒四斗嘉禾二年火種租米　六二三

☒□□關坓閣　六二四

☒男弟公乘□☒　六二五

☒□七日蔡□運□☒　六二六

☒　□七日兵曹掾番棟白　六二七

☒龍□年税米　六二八

□弟士伍☒　六二九

☒一斗五升　六三〇

☒□□三斛佃卒黄龍元年限米　六三一

☒言府□馬□諸事……作者事　八月九日兼□曹史劉□掾□□☒　六三二

其一百斛五斗一升三州倉……☒　六三三

☒　其一千一百卌五斛八斗嘉禾元年私學限米　六三四

☒禾二年税吴平斛米十一斛三斗三升爲稟斛米十一斛八斗☒　六三五

□妻大女□年……　☒　六三六

右乘家口食五人　其三人男 二人女　六三七

草言府……廬□知□……事　〼　六三八

【注】「右」上原有墨筆點記。

【注】「知」下□右半殘缺，左半從「阝」。

上鄉里户人□遠年廿二　妻具年十七　遠子〼　六三九

〼□逐捕……不□□郡……事　□月〼　六四〇

喬里户人公乘朱孫年五十二　〼　六四一

〼□□□百（？）五十六　六四二

□□里户人陳登年六十六　〼　六四三

度里户人……給縣吏　〼　六四四

入嘉禾元年粢租米〼　六四五

步男弟〼　六四六

喬里户人公乘□□年卌三　〼　六四七

〼衆妻大女萬年十九　六四八

入□鄉嘉禾二年稅米一斛五斗胄畢⊠嘉禾〼　六四九

〼楊嘉禾二年□布一匹⊠嘉禾四年〼　六五〇

〼□吏限米一斛　六五一

……逐捕大男烝□……不在（？）……　六五二

喬里户人公乘黃□年卌一筭一　……　六五三

草言府……事　十月廿四日兵曹掾謝韶白　六五四

草言故吏曚裕弟林□依科逐事　七月十六日兵曹史謝韶白　六五五

草言……被病物故事　三月廿三日兵曹掾潘棟白　六五六

草言……事　四月十四日□中部督郵□□□□白　六五七

嘉禾六年正月十九日……　六五八

【注】「十」爲補字。

〼七人　六五九

其八十斛叛士嘉禾元年限米　〼　六六〇

領山里户人公乘曹侵年……　訾　〼　六六一

領山里户人公乘黃斗年卌三　六六二

其□斛叛士黃龍元年限米　六六三

其三斛四斗郎中王毅黃武六年佃卒□米〼　六六四

興子士伍□年九歲　□弟士伍□年四歲　六六五

〼　五　十　六六六

〼董基付三州倉吏鄭〼　六六七

〼五千二百五十三斛三斗五升五合〼　六六八

〼年十三　省妻汝年十九　六六九

女姪子婢年九歲〼　六七〇

〼……養誦人品不……　〼　六七一

草言□□□□妻弟蔡丹書……還□〼　六七二

□□士伍始年廿九　〼　六七三

〼言……事　十月十一日……〼　六七四

草言府……〼　六七五

〼兩足筭一　六七六

〼……　六七七

【注】本簡有字跡，無法辨識。

〼李嵩付倉吏黃諱史潘慮受　六七八

〼一日兼馬（？）曹掾□□白　六七九

〼領……〼　六八〇

草言府□□〼　六八一

右思家口食三人　其二人男 一人女　六八二

【注】「右」上原有墨筆點記。

〼……事　七月廿七日田曹史□□白　六八三

〼勉年卌一筭一　六八四

〼□□州吏誦僉□□僉已還宮……　六八五

草言府叛客黃九應科……〼　六八六

〼□年卌四筭一腫兩足　六八七

草言……叩頭死罪……列妻事　……〼　六八八

六八九　☒　文男弟急年一歲　☒
六九〇　☒……嘉禾三年……
六九一　草言府……被病物故事　☒
六九二　右宗家口食五人　其☐人男 ☐人女
【注】「右」上原有墨筆點記。
六九三　☒斛≡×嘉禾二年……☒
六九四　草言府條列……☒
六九五　入樂鄉嘉禾二年私學限米☒
六九六　草言府所白吏子弟……☒
六九七　草言府縣不教民☐☐☐☒
六九八　兵曹言……☒
六九九　其☐人被病☒
七〇〇　入南鄉縣吏紀☐私學限米六斛☒
七〇一　文男弟☐年四歲☒
七〇二　其二千二百……☒
七〇三　入嘉禾元年☐樂☒
七〇四　☒付倉吏黃諱☒
七〇五　☒☐年六十刑右足☒
七〇六　☒年十七給☐☐
七〇七　☒☐妻大女☐☒
七〇八　☒嘉禾三年四月☒
七〇九　☒禾元年限☒
七一〇　☒稅米卌☐斛
七一一　☒百九十二斛五斗三升☒
七一二　☒☐百八十斛故吏☐☒
七一三　☒鄭黑受
七一四　☒年十九筭一　☒
七一五　☒☐前縣道　☒
七一六　☒日僕丘☐☒
七一七　其七十斛九斗☒
七一八　……卌二☐叛☐☐☒
七一九　右☐家口食☐人　其☐人男 ☐人女
【注】「右」上原有墨筆點記。
七二〇　……十一月三日……
七二一　☐姪子男勉年……　☐……
七二二　草言府……事　六月九日兼☐曹……
七二三　右石家口食合九人
七二四　☒　其九十一斛三斗司馬黃升嘉☒
七二五　☒六十四合八斛八斗七升已句倉吏鄭黑☒
七二六　☒史區☐　☒
七二七　☒男弟☐年十一
七二八　☒吏鄭黑受
七二九　☒……卒……☒
七三〇　草言府大男☐☐黃何被病☒
七三一　草言府被列下戶民……
七三二　☐妻☒
七三三　☒千六百卌九斛九斗六升☒
七三四　入都鄉二年所貸嘉禾元年稅米一斛五斗☒
七三五　草言府東部都尉……☒
七三六　☒子男高（？）年五歲
七三七　☒☐斛　≡×嘉禾☐年六月廿六日☒
七三八　☒≡×嘉禾二年十月廿六日☐下丘男☒
七三九　☐事白……☒
七四〇　☒　其☐☒
七四一　☒斛
七四二　☒　王

☒嘉禾元年十一月☒　七四三
☒還黃龍元年☒　七四四
☒□□鄧邵嘉☒　七四五
☒年卅九筭一☒　七四六
☒婁大女□□☒　七四七
☒□年十二☒　七四八
☒□黃諱史☒　七四九
草言府部曲□□□☒　七五〇
草言……☒　七五一
右□家口食□人　☒　七五二
【注】「右」上原有墨筆點記。
☒□禾二年襍（?）租米　七五三
其□百八十斛☒　七五四
囊男弟□年□□☒　七五五
☒　九月廿三日……白　七五六
☒年五十一苦腹心病　七五七
其二萬四千四百□☒　七五八
照（?）妻大女☒　七五九
☒　訾　五　十　七六〇
倉吏黃諱潘慮所受□□☒　七六一
元子女鼠（?）年☒　七六二
☒元年稅禾七斛爲五斗息貸吴昌□□☒　七六三
入黃龍二年稅米卅☒　七六四
入黃龍二年□□☒　七六五
草言府……☒　七六六
㥯（?）妻大女汝年☒　七六七
☒□子男□年十六給縣吏☒　七六八
☒□〼嘉禾六年四月六日武溲丘男子□□關□☒　七六九

草言府大男五杭不是卒子弟不應給卒事　八月卅日兼兵曹掾潘因
（?）白　七七〇
☒六月十七日典田掾□☒　七七一
☒□所……☒　七七二
☒……張……　七七三
☒諱史潘慮受　七七四
☒　〼嘉☒　七七五
凡口☒　七七六
☒　其五十七☒　七七七
☒　〼嘉禾三年☒　七七八
☒□□事　嘉禾□年三月五日書佐呂承封　七七九
【注】簡七七九至八〇三出土時原爲一坨，揭剥順序參見《揭剥位置示意圖》圖七。
倉曹言小男左主被病事　嘉禾六年二月□日書佐呂承封　七八〇
☒……師劉……譚　七八一
……嘉禾……☒　七八二
倉曹……　嘉禾☒　七八三
☒□男弟……　□子男□年六十五尰病　七八四
金曹言大男營沓被病事　嘉禾六年三月十三日丞蔡南封　七八五
金曹言大男番水被病事　嘉禾六年二月☒　七八六
□□言大男□□被病事　☒　七八七
倉曹言大男□□被病事　嘉☒　七八八
□□言……事　嘉禾☒　七八九
☒被病物故事　嘉禾□年……封　七九〇
☒三百廿三斛五斗事　嘉禾六年正月二日史烝春封　七九一
☒……不還事　嘉禾六年三月十四日書佐呂承封　七九二
☒……□□事　嘉禾六年四月十日書佐呂承封　七九三
☒……三人事　嘉禾六年二月七日書佐呂承封　七九四
倉曹言大男□□被病事　嘉禾六年二月廿六日書佐呂承封　七九五

七九六　☒□吳昌吏謝習事　……日小史鄧☒

七九七　□牛……　屯田民……　□☒

七九八　☒□□被病事　嘉禾六年十月一日書佐呂承封

七九九　□曹言……丞卒事　嘉禾六年□月□日書佐呂☒

八〇〇　☒□客陳負被病物故乞除名事　嘉禾□年……

八〇一　……簿　☒

八〇二　□曹言男子……事　☒

八〇三　金曹言五年酒租錢存□七千一百事　……

八〇四　□男弟□年十六刑兩足

【注】簡八〇四至一二〇一出土時原爲一坨，揭剥順序參見《揭剥位置示意圖》圖八。

八〇五　□女弟□年八

【注】「八」下脱「歲」字。

八〇六　□妻□年卅二筭一

八〇七　□妻大女□年十九　筭一

八〇八　嘉禾五年常遷里户人公乘張元年七十三苦腹心病

八〇九　嘉禾五年常遷里户人公乘孫赤年卌六筭一

八一〇　☒　元妻大女□年七十□

八一一　……□□弟□年六歲

八一二　□妻大女飢年卅三筭一

八一三　□妻大女招年廿二筭一

八一四　□妻大女□年□□□筭一

八一五　□子男力年七

【注】「七」下脱「歲」。

八一六　凡　口　五　人　訾　五　十

八一七　凡　口　七　人　訾　五　十

八一八　□男姪宗年……

八一九　□妻□年卌五筭一

八二〇　□妻□年五十三筭一

八二一　凡　口　九　人　訾　五　十

八二二　嘉禾五年常遷里户人公乘謝緒年卌四

八二三　張子男□年廿四踵右手筭一

八二四　客男弟爽（？）年十五筭一

八二五　☒　□男弟柿年一歲

八二六　凡　口　九　人　筭□　訾　五　十

八二七　臼妻□年六十

八二八　凡　口　十八　人　訾　五　十

八二九　□□□年卅

八三〇　臼子男客年廿四筭一

八三一　□子男□年五歲

【注】「子男」上下二□均右半殘缺，左半分别從「矢」、「子」。

五八三二　□男姪胡□年十三

【注】「胡」下□左半殘缺，右半爲「者」。

八三三　凡　口　□　人　筭□　訾　五　十

八三四　凡　口　十三　人　訾　五　十

八三五　文男姪巡六歲

【注】「六歲」上脱「年」。

八三六　文男姪劉范年□□

八三七　□男弟□年十二

八三八　妻大女□年卅四筭一

八三九　☒　□男姪□□年十五……

八四〇　□男姪趙年十五筭一

八四一　□□姪□年三歲

八四二　□男□□年……

八四三　☒里户人公乘□□年八十二☒

八四四　□男姪□□年□歲

八四五　嘉禾五年常遷里户人公乘□□年六十二盲左目

八四六　□子女黄年十五筭一
八四七　□妻大女□年卄……
八四八　□男姪□□年□一筭一
八四九　喬男弟部年二歲
八五〇　□妻男姪□□年十六龍耳　筭一
八五一　設男弟鳥年一歲
八五二　文男孫斗年二歲
八五三　凡口九人　訾　五　十
八五四　凡口五人　筭三　訾　五　十
八五五　右等家口食七人　其四人男 三人女
【注】「右」上原有墨筆點記。
八五六　□女弟□年……
八五七　羽女弟秦年十一
八五八　□男姪□年三歲
八五九　□姊大女囊年十五筭一
八六〇　□妻大女□年六十
八六一　鞘男弟息年十三
八六二　□男姪湘年二歲
八六三　張妻大女雙年六十二
八六四　嘉禾五年常遷里户人公乘□奋年六十二
八六五　嘉禾五年常遷里户人公乘□□雀右手指
八六六　卯男姪陳物年十三
八六七　□妻大女□年廿筭一
八六八　貢子男生年一歲
八六九　□男姪種年十八踵兩足
八七〇　凡口九人　筭一　訾　五　十
八七一　□妻大女取年卅四筭一
八七二　追男弟狗年九（？）歲
八七三　子女金年二歲
八七四　□小妻敗年卅六筭一
八七五　嘉禾五年常遷里户人公乘常張年六十一苦風病
八七六　嘉禾五年常遷里户人公乘劉文年卅六筭一
八七七　嘉禾五年常遷里户人公乘□□年卅三筭一
八七八　□妻大女思年卅一筭一
八七九　右□家口食□人　訾　五　十
八八〇　秉男弟興年卅苦腹心病
八八一　□女弟妾年一歲
八八二　狗男弟小年五歲
八八三　□女弟□年九歲
八八四　瞊男姪當年十四
八八五　□男弟小年十歲
八八六　主女弟長年二歲
八八七　兼（？）妻大女曲年卅六筭一
八八八　頌（？）子男追年十三雀左足指
八八九　卒男弟當年九歲
八九〇　□男弟弩年二歲
八九一　卒妻大女民年十六筭一
八九二　凡口四人　訾　五　十
八九三　張子男召年廿四
八九四　□男弟程年六歲
八九五　興小妻大女兩（？）年廿三
八九六　知妻大女賈年卅八筭一
八九七　直（？）男弟連年八歲
八九八　文（？）男姪卒年十五筭一
八九九　主妻大女始年五十一筭一
九〇〇　文（？）男姪蔡年十

□子男□年十三腫兩足　九〇一
連女弟□年三歲　九〇二
興男弟客年廿三筭一　九〇三
弩男弟護年一歲　九〇四
客妻大女思年十七筭一　九〇五
直男姪廉年一歲　九〇六
車女姪窶年四歲　九〇七
凡口十五人　訾五十　九〇八
□男弟狗年六歲　九〇九
頙子男果（?）年十一　九一〇
張女姪□年十六　腫右足　九一一
□女弟麻年十三　九一二
嘉禾五年常遷里户人公乘文公年卅五聾耳筭一　九一三
□男弟示年一歲　九一四
鰒男弟見年一歲　九一五
凡口十六人　訾五十　九一六
窶男弟肥年二歲　九一七
習（?）男弟文年□▨　九一八
宋男弟卒年九歲　九一九
凡口四人　筭一　訾五十　九二〇
□男弟鰒年十九筭一　九二一
嘉禾五年常遷里户人公乘□□年廿一雀右手指　九二二
循男姪焉年三歲　九二三
隻（?）男弟狗年二歲　九二四
凡口八人　訾五十　九二五
□男姪這□年四歲　九二六
諒妻大女汝年廿五筭一　九二七
嘉禾五年常遷里户人公乘劉諒年卅一筭一聾耳　九二八
興男姪這僬年三歲　九二九
僬男弟□年二歲　九三〇
□妻大女帝年十八筭一　九三一
愁母宗年卅五　九三二
□妻大女□年卅四筭一　九三三
凡口九人　筭一　訾五十　九三四
凡口十六人　九三五
嘉禾五年常遷里户人公乘吴音年七十六　九三六
□妻……□年十七筭一　九三七
西妻大女故年十三　九三八
樂男姪□年一歲　□□刑□手　九三九
近男姪光年十三　九四〇
蔡（?）男弟樂年六歲　九四一
諒母鼠（?）年六十　九四二
兒男弟陽年十五刑兩足　苦龍兩耳　九四三
□男弟黑年十六筭一　九四四
臼姊聟五生年六十二筭一　九四五
子女掫年九　九四六

【注】「九」下脱「歲」。

汝男弟當年十二　九四七
嘉禾五年常遷里户人公乘□□年十九筭一　九四八
定妻大女□年□□筭一　九四九
杭母連年六十五　九五〇
丞子男貢年廿八筭一　九五一
凡口七人　訾五十　九五二
係男姪蔓年卅二筭一　九五三
樂男姪覆年十歲　九五四
□妻大女□年五十一筭一　九五五

常遷里户人公乘李燕（?）年卅三筭一　九五六
烔妻大女葛年卌六　九五七
▨　兒子男狗年三歲　九五八
[樂]妻男弟尚年十五筭一　九五九
右近家口食十二人　訾　五　十　九六〇
黑女弟擘年十一　九六一
□男姪吕咽（?）年十四盲左目　九六二
右烝家口食十五人　筭二　訾　五　十　九六三
【注】「右」上原有墨筆點記。
囊妻義年卅三筭一　九六四
嘉禾五年常遷里户人公乘烝稠年五十一苦腹心病　九六五
□男弟膏年六歲　九六六
□男弟溺年九歲　九六七
囊子男鼠年一歲　九六八
怗子女小年一歲　九六九
向妻大女思年十五筭一　九七〇
怗男弟頰年廿一筭一　九七一
張男姪薻年十三　九七二
口男弟行年十四　九七三
□男弟載年二歲　九七四
□男弟□年七歲　九七五
頭男弟　□年三歲　九七六
亭男弟區年十二　九七七
[言]（?）子男鼠年十一　九七八
烝男弟[肖]（?）年十六踵兩足　九七九
烝男姪唐羽年十一　九八〇
□男姪□年九歲刑佐足　九八一
【注】「佐」爲「左」之通假。

區女弟溺年八歲　九八二
嘉禾五年常遷里户人公乘黄□年六十一踵兩足　九八三
春男姪顯年十四　九八四
氣妻愁年卅五　筭一　九八五
廖男弟頭年六歲　九八六
春妻大女愁年卅二筭一　九八七
襲男弟亭年十四　九八八
襲妻大女𣪊年十五筭一　九八九
耀子男廖年七　九九〇
【注】「七」下脱「歲」。
溺男弟材年六歲　九九一
烝男姪欽年一歲　九九二
春男姪鄧年八　九九三
【注】「八」下脱「歲」。
春子男襲年十六聾耳　九九四
春男弟耀年廿八踵右手苦腹心病　九九五
耀妻大女捕年卅五筭一　九九六
樂兄毒年卅七給軍吏　九九七
□男弟選年五歲　九九八
枳男弟典年十六筭一　九九九
等子男生年十六筭一　一〇〇〇
樂妻男弟兒年十七筭一　一〇〇一
妻□年六十三　一〇〇二
張男姪陳年十四　一〇〇三
脩女弟汝年十四　一〇〇四
[光]男弟弱年二歲　一〇〇五
烝男弟氣年卌九新盲□目　一〇〇六
氣男姪張光年九歲　一〇〇七

□男姪佃年六歲　一〇〇八
嘉禾五年常遷里户人公乘信文年七十六　一〇〇九
常遷里户人公乘陳丞年六十四踵兩足　一〇一〇
凡口二人訾五十　一〇一一
嘉禾五年常遷里户人公乘何直年五十一刑佐手給縣卒　一〇一二
【注】「佐」爲「左」之通假。
直舅父車年七十踵兩足　一〇一三
趙男弟頃年五歲　一〇一四
嘉禾五年常遷里户人公雷皮年六十六　一〇一五
【注】「公」下脱「乘」字。
皮妻大女直六十四　一〇一六
【注】「六十四」上脱「年」字。
文妻大女紿年卅二筭一　一〇一七
諒子男汾年一歲　一〇一八
典女弟苔年十三　一〇一九
□妻大女□年卅一　一〇二〇
子男淮年六歲　一〇二一
□男弟象年十苦聾病　一〇二二
□子男象年二歲　一〇二三
文妻大女向年六十六　一〇二四
凡口十六人訾五十　一〇二五
近兄得年卌七踵兩足　一〇二六
凡口五人筭二訾五十　一〇二七
明妻大女汝年廿八筭一　一〇二八
凡口六人訾五十　一〇二九
樂兄□年卌五　一〇三〇
凡口十一人筭五訾五十　一〇三一
氣男姪𥚃年十四　苦腫病　一〇三二
車（？）妻大女時年六十四　一〇三三
□子男箕年二歲　一〇三四
□男弟文年十六苦腫病　一〇三五
文小妻大女□年五十筭一　一〇三六
近男弟洧年十七筭一苦腹心病　一〇三七
氣男姪隗年七歲　一〇三八
頁妻大女思年十六筭一　一〇三九
生妻大女思年十六筭一　一〇四〇
鼠妻大女右年卅三筭一　一〇四一
嘉禾五年常遷里户人公乘吕明年七十六　一〇四二
文子女□年十五筭一　一〇四三
藥男姪敢（？）年二歲　一〇四四
棠子男子載年六歲　一〇四五
凡口十五人訾五十　一〇四六
異男弟梨年五歲　一〇四七
嘉禾五年常遷里户人公乘雍頭年卅七筭一　一〇四八
得妻大女敢年卅九筭一　一〇四九
嘉禾五年常遷里户人公乘張樂年廿五給縣吏　一〇五〇
生男姪椝年七歲　一〇五一
朗妻大女若年卌六筭一　一〇五二
綿（？）男弟生年廿苦腹心病　一〇五三
文小妻大女思年卌五筭一　一〇五四
耳妻男弟生年十七筭一苦𤸷病　一〇五五
凡口五人訾五十　一〇五六
直男弟□年十三踵兩足　一〇五七
苔女弟務年十一　一〇五八
嘉禾五年常遷里户人公乘烝杗年五十七苦腹心病　一〇五九
文舅女綿年廿一　一〇六〇

一〇六一　吳男弟獮年十
一〇六二　嘉禾五年常遷里户人公乘楊䁂卅六筭一喉病
【注】「卅六」上脱「年」字。
一〇六三　棠女姪當年十五筭一
一〇六四　直男弟得年十四
一〇六五　難男弟別年八歲
一〇六六　堇女弟推年十一
一〇六七　欒妻大女泊年廿三筭一
一〇六八　嘉禾五年常遷里户人公乘張近年卅五給縣吏
一〇六九　□妻大女象（？）年廿二筭一
一〇七〇　□妻大女練（？）年卅四筭一
一〇七一　棠男姪宋年二歲
一〇七二　棠舅南□年廿筭二
一〇七三　凡口七人　訾五十
一〇七四　□男弟帥年四歲
一〇七五　別男弟異年六歲
一〇七六　□子男首年一歲
一〇七七　凡口十一人　訾五十
一〇七八　嘉禾五年常遷里户人公乘信烝年五十八筭一
一〇七九　歸（？）妻大女巢年卅四筭一
一〇八〇　帥男弟走年一歲
一〇八一　道妻大女思年十六筭一
一〇八二　金（？）妻大女□年十六筭一
一〇八三　車子男盖年十四苦腹心病
一〇八四　杭男姪吳（？）年十一
一〇八五　別（？）男弟養年十
一〇八六　溪（？）男姪隆年十六筭一
一〇八七　嘉禾五年常遷里户人公乘烝碩年五十七刑右手指苦腹病
一〇八八　禾妻大女宗年卅筭一刑右足
一〇八九　匆男姪末年卅八苦腹心病
一〇九〇　文男姪闕年五歲
一〇九一　罭（？）男弟材年四歲
一〇九二　緋男弟開年七
一〇九三　□女弟襍年十
一〇九四　碩妻大女汝（？）年卅三筭一
一〇九五　嘉禾五年常遷里户人公乘□跑年廿三筭一
一〇九六　□子男庚年七歲
一〇九七　□子男輸年九歲苦僵病
一〇九八　□子女竦年十六筭一
一〇九九　孫男弟□年十二聾耳
一一〇〇　匆妻大女沙年六十三
一一〇一　報女弟針年六歲
一一〇二　貝子男尊年二歲
一一〇三　□男弟趣年九
【注】「九」下脱「歲」。
一一〇四　□男姪淮年十六聾耳筭一
一一〇五　收子男鄧年二歲
一一〇六　匆男弟孫年十三苦信病
一一〇七　嘉禾五年常遷里户人公乘吳匆年八十二
一一〇八　別男姪潘智年十二踵兩足
一一〇九　右溪家口食四人
【注】「右」上原有墨筆點記。
一一一〇　庚男弟廬年五歲
一一一一　□妻大女吒（？）年廿筭一
一一一二　□子男蜀年十四腹心病
一一一三　□妻大女汾年六十六

凡口四人　訾五十　一一一四

嘉禾五年常遷里户人唐丁年五十八筭一　一一一五

碩（？）小妻嫣（？）年十六筭一　一一一六

凡口十人　訾五十　一一一七

跑子男侯年一歲　一一一八

腹母大女思年五十一筭一　一一一九

留（？）男弟瘦二歲　一一二〇

【注】「二歲」上脱「年」字。

嘉禾五年常遷里户人公乘□葛年七十五盲佐目　一一二一

【注】「佐」爲「左」之通假。

凡口四人　筭三　訾五十　一一二二

□女弟走年三歲　一一二三

頭（？）子男盡年卅四筭一　盲目（？）　一一二四

嘉禾五年常遷里户人公乘□□年六十七□□　一一二五

曠（？）男弟棄年一歲　一一二六

得男弟曠年二歲　一一二七

葛男姪得年十　一一二八

□子男亮年二歲　一一二九

嘉禾五年常遷里户人公乘壬文年九十三　一一三〇

黄（？）妻大女汝年十九盲左目　一一三一

葛子男曹年廿二雀佐手　一一三二

【注】「佐」爲「左」之通假。

□子男□年二歲　一一三三

葛妻大女□年五十二筭一　一一三四

葛小妻□年六十三　一一三五

□妻大女雷年卅一筭一　一一三六

□男弟卯年卅三踵兩足　一一三七

盡（？）妻沙年卅筭一　一一三八

□妻大女昔（？）年十九筭一　一一三九

廬（？）子男紬（？）年三歲　一一四〇

文子男瞧（？）年十九筭一　一一四一

□男弟龍年六歲苦聾耳　一一四二

□妻大女杲年六十七　一一四三

羅子男福（？）年廿五筭一　一一四四

文妻大女溪（？）年六十六　一一四五

皮男弟師年一歲　一一四六

□男弟跑年二歲　一一四七

明（？）男姪祇（？）年卅　一一四八

□女弟表（？）年十　一一四九

□妻大女涤年十八筭一　一一五〇

凡口六人　訾五十　一一五一

妻（？）男弟劉酆（？）年十鼠病　一一五二

嘉禾五年常遷里户人公乘張羅年六十五　一一五三

盡舅嫂怨（？）年廿二　一一五四

□男弟□年二歲　一一五五

□妻大女姑年十九筭一　一一五六

凡口九人　筭三　訾五十　一一五七

□男姪兼年廿六筭一　一一五八

福男弟智年二歲　一一五九

凡口七人　訾五十　一一六〇

凡口三人　訾五十　一一六一

替妻姑年十七筭一　一一六二

福男弟盍年十四　一一六三

種男姪□□年十九筭一踵右足　一一六四

□男弟潘年八歲　一一六五

種妻大女汝年十八筭一　一一六六

嘉禾五年常遷里户人公乘壬種年□三筭一　一一六七

嘉禾五年常遷里户人公乘唐替年五十七筭一……　一一六八

活男弟選年十三　一一六九

凡　口　十　四　人　筭八　訾　五　十　一一七〇

嘉禾五年常遷里户人公乘唐舣年卅三苦信病　一一七一

凡　口　八　人　訾　五　十　一一七二

□男弟伍年十七筭一　一一七三

□妻女連年卅五筭一　一一七四

【注】「女」上脱「大」字。

□妻大女□年……　☑　一一七五

種叔父臆選年八十六盲右目　一一七六

湘妻大女□年廿三筭一　一一七七

☑狗從男弟廖厚年九十六　一一七八

□女弟□年六歲　一一七九

時男□年十三　一一八〇

【注】「男」上或下應有脱文。

大男□□年六十　□姪子男有年十四　□妻□年☑　一一八一

□子女□年六歲　一一八二

妻大女悉年五十一筭一　一一八三

追妻大女思年五十筭一　一一八四

凡　口　五　人　訾　五　十　一一八五

【注】「凡」上原有墨筆點記。

載女弟青年五歲　一一八六

□妻□年十九　一一八七

☑□□年五十四筭一　一一八八

☑　□女弟□年八歲　一一八九

【注】「女弟」下□右半殘缺，左半從「米」。

□女弟跛年十三　一一九〇

☑　二　十　人　訾　五　十　一一九一

狗妻大女思年卅六筭一　一一九二

☑禾五年常遷里户人公乘張狗年八十一　一一九三

□女弟□年五歲　一一九四

蔡男弟貴年十六筭一　一一九五

□男弟□年一歲　一一九六

□子男□年六歲　□姪子蘗年十四　一一九七

【注】「姪子」下脱「男」或「女」字。

□　□□□年十二　一一九八

☑　掬男弟□年九歲踵左足　☑　一一九九

……姪四十五　一二〇〇

☑　狗妻思年六十二　一二〇一

出倉吏黄諱潘慮所領嘉禾元年税吴平斛米一十斛九斗二升爲
稟斛米二斛運☑　一二〇二

【注】簡一二〇二至一二六九出土時原爲一坨，揭剥順序參見《揭剥位置示意圖》圖九。

其一十六斛五斗一升嘉禾元年郡縣佃吏限米　一二〇三

入三州倉運黄龍元年佃卒限米十五斛　一二〇四

□妻大女息年十五　□女弟□年十三　一二〇五

倉吏黄諱潘慮謹列五月旦簿　一二〇六

右表家口食十五人　訾　五　十　一二〇七

【注】「右」上原有墨筆點記。

其廿九斛一斗黄龍二年私學限米□五斛　一二〇八

【注】「□五斛」三字疑爲另簡，不應拼接於此。

領山里户人公乘唐能年卅七　一二〇九甲

☑　訾　五　十　一二〇九乙

右□家口食一十人……　一二一〇甲

☑□□□年四月六日☑　一二一〇乙

☑□□賊曹□於都市行七人……事　八月十二日兼獄掾鄭湯

史陳水白　一二一一

……訾　五　十　一二一二

息（?）小妻大女魯年五十一筭一　一二一三

定見役民卅四户　一二一四

妻大女顡年卌九　一二一五

大男荅烝年卅九　妻大女閑年卅八　子男□年十歲　一二一六

⧄　□男弟榮年廿二　榮妻大女□年廿　一二一七

……年十……　滔妻熉年十七　五　一二一八

□子男鼠年一歲　一二一九

兵曹言部曲□□禁（?）□□□□事　嘉禾⧄　一二二〇

【注】「禁」下第二□右半殘缺，左半從「言」。

……　□妻□年五十八　粲寡嫂□年五十一　一二二一

草言府部……⧄　一二二二

能妻大女□年廿　□子男□年□歲　一二二三

⧄□户人魯廬（?）年卌九　⧄　一二二四

姪子女播（?）年七歲　一二二五

郎女弟勉年卅　勉男弟□年十六　一二二六

□男姪絢（?）年八歲　一二二七

草乞告典田掾蔡忠等出柏船……事　……　一二二八

□男弟養年四歲　胡姪子男□年十三刑左手　一二二九

⧄　□子女當年一歲　一二三〇

□男弟杜（?）年六十　□男姪妾年十三　一二三一

常遷里户人公乘張曹年七十雀兩足　一二三二

凡　口　六　人　訾　五　十　一二三三

□男弟是（?）年七歲　⧄　一二三四

其一百二人女　一二三五

⧄言府大女□愁□□姑烝事　五月□日四六小史吴□白　一二三六

⧄　五人　其二人男 三人女　一二三七

車男弟□年八歲　一二三八

⧄興作魚船事　六月十七日船曹掾番□史□□白　一二三九

下菱里户人□□年卅六　母□年六十七　妻廖年廿二　一二四〇

右各家口食四人　訾　五　十　一二四一

【注】「右」上原有墨筆點記。

入……嘉禾二年新吏限米……〓三嘉禾二年三月十一日禾（?）
都丘□輸關堅閣董基付⧄　一二四二

⧄　頭（?）妻棠年廿九　一二四三

⧄……事　八月十六日部曲田曹史谷□白　一二四四

萬子女□年十三　□女弟□年七歲　一二四五

右郎家口食四人　一二四六

【注】「右」上原有墨筆點記。

男弟養年七歲　養男鼠年四歲　一二四七

【注】「男」下脱「弟」字。

上鄉里户人高息（?）年廿□　□妻□年廿三　一二四八

帥男弟賠（?）年五歲　一二四九

右嫂（?）家口食四人　訾⧄　一二五〇

【注】「右」上原有墨筆點記。

⧄□□等卅一人佃（?）吏（?）□事　……五日倉曹史載□白　一二五一

⧄□　……思年十二　一二五二

男姪□年七歲　子男□年□歲　一二五三

□男弟裕（?）年十五踵兩足　□子男□年四歲　一二五四

□男弟惠年七歲　惠男弟□年□歲　一二五五

其廿二斛佃吏蔡雅董基黄龍三年限米　一二五六

縣吏□□年卅　一二五七

其卅斛六斗九升黄龍元年租稅米　一二五八

⧄卅六　□妻大女□年卅　□兄□年五十六　一二五九

一二六〇 □姪子男□年十二 ☒
一二六一 □男姪弱（？）年十六 ☒
一二六二 右□家口食十人 其 五人男 五人女 ☒
一二六三 ☒ 二人……
一二六四 ☒□年三歲
一二六五 ☒ ……年五歲 ……☒
一二六六 ☒□户人唐□年五十一

【注】「唐」下□左半殘缺，右半從「月」。

一二六七 右正（？）家口食合七人

【注】「右」上原有墨筆點記。

一二六八 □ ……年□歲 ……年四歲腹心病
一二六九 右□家口食合九人 出姪子男土年卅

【注】「右」上原有墨筆點記。

一二七〇 草言府……不應發遣部曲事 ……白
一二七一 ☒ 十□月六日領兵曹別主（？）□烝□白
一二七二 ☒……黄龍三年……
一二七三 ☒廿五 姪子男盧（？）年六歲
一二七四 ☒ □子男宜年四歲
一二七五 ☒□ 舅（？）……
一二七六 其一户限☒
一二七七 其二百八十斛……☒
一二七八 右□家口食合三人 ☒
一二七九 ☒嵩付倉吏☒
一二八〇 ☒□妻大女□年□☒
一二八一 ☒□年卅六
一二八二 入佃吏蔡雅董基☒
一二八三 ☒基付三州倉吏鄭黑受
一二八四 ☒食六人 ☒
一二八五 其十日下三之下 ☒
一二八六 □□里户人朱□年七十四 ☒
一二八七 倉曹言……事 ☒
一二八八 ☒□式年七十六
一二八九 ☒ 嘉禾六年三月……封
一二九〇 倉曹言……事
一二九一 兵曹言……事
一二九二 ☒□播子弟毛都限米二斛二斗胄畢☒
一二九三 草言府……☒
一二九四 ☒ 其十斛州佃吏□☒
一二九五 入中鄉嘉禾二年税米六斛※☒
一二九六 ☒關坠閣董基付倉吏谷漢☒
一二九七 ☒ ……年……☒
一二九八 ☒……二斛……☒
一二九九 ☒九斗九升嘉禾元年蔡□☒
一三〇〇 斛六斗八升及……☒
一三〇一 □曹言□五年□□廖□□□□□□事 嘉禾六年☒
一三〇二 大男□主年卅五 主妻大女□年卅六 ☒
一三〇三 限米九百斛一斗司馬黄升嘉禾元年限米☒
一三〇四 ☒禾二年正月十八日壬午書給作柏船匠師□☒
一三〇五 □姪子男□年五歲 ☒
一三〇六 大男五石年九十四…… 石妻歸年☒
一三〇七 ☒斛八斗※嘉禾二年□☒
一三〇八 ☒二日兼□曹掾番材☒
一三〇九 ☒□丘謝羊關坠閣董☒
一三一〇 入□鄉嘉禾……☒
一三一一 ☒□所□□□☒

【注】「所」上□上半殘缺，下半從「皿」。

▨　五　十▨　一三一二

▨□大女思▨　一三一三

▨　呰　五　十　一三一四

▨家口食□人　▨　一三一五

草言府遣吏……▨　一三一六

入平鄉嘉禾二年郡吏廖谷子弟限米二▨　一三一七

▨□卅九斛五斗二升　一三一八

▨箅一　一三一九

▨其三頃卌畝二年常限▨　一三二〇

▨□年……　□妻大女▨　一三二一

入臨湘中鄉五年八隱行錢一千三百准米一▨　一三二二

【注】「隱」應爲「億」之俗别。

入都鄉嘉禾二年所貸嘉禾元年……▨　一三二三

▨壆閣董基付三▨　一三二四

▨□□户口食合一千七▨　一三二五

▨中部勸農督郵書掾　一三二六

▨□入米一萬一千九百▨　一三二七

▨　言男弟客年卅九▨　一三二八

▨男弟魯年廿箅一　▨　一三二九

胡檢連松□任子廖蔡▨　一三三〇

▨十二月廿二日甲申中賊史郭邁白▨　一三三一

【注】據陳垣《魏蜀吴朔閏異同表》，嘉禾元年十一月廿二日爲甲申。張培瑜《魏蜀吴朔閏異同表》同。又，「賊」下脱「曹」字。

▨　……日書佐吕承白　一三三二

▨田民　一三三三

▨　呰　五　十　一三三四

其六十二斛▨　一三三五

主子男中▨　一三三六

▨　六月廿五日船曹掾番圓（？）白　一三三七

▨……廿四斛六斗▨　一三三八

▨□男弟□年卌　一三三九

▨　呰　五　十　一三四〇

▨禾三年四月廿日□▨　一三四一

嘉禾五年常遷里户人公乘廖耀▨　一三四二

▨□年二歲　一三四三

▨言年十一　一三四四

▨嵩付倉吏黄諱史潘慮受　一三四五

男弟□年卅一▨　一三四六

魯妻大女思年十七▨　一三四七

▨□年卅三　一三四八

草言府□有入四千九百八十▨　一三四九

▨關壆閣董基付▨　一三五〇

▨□年十一月廿八日書佐吕承白　一三五一

▨食九十三人　一三五二

▨　□女弟姑年十　▨　一三五三

▨……五斛　▨　一三五四

▨□月五日兼□虞曹史烝循（？）白　一三五五

□□白縣吏□□□▨　一三五六

▨黄龍元年州吏▨　一三五七

▨弟姑年十　一三五八

▨□錢准入米十五斛二斗七升▨　一三五九

右陵家口食合七人　一三六〇

【注】「右」上原有墨筆點記。

嘉禾五年常遷里户人公乘壬任（？）▨　一三六一

▨襄男弟劉（？）年六歲▨　一三六二

▨口食五人　一三六三

☒□歲　一三六四
金曹別主言郡吏張
□蔡等不□部□□□☒　一三六五
☒　六月五日☒　一三六六
☒　五月十五日丞掾潘尚白　一三六七
喬里户人公乘曹已年卅一☒　一三六八
入所運三州倉嘉禾元年粢租米……☒　一三六九
☒年十一月十八日書佐呂承封　一三七〇
☒□斛二斗四升億田事　嘉禾二年☒　一三七一
☒禾元年復民租米☒　一三七二
☒　子男□年□☒　一三七三
☒　六月十一日□☒　一三七四
☒□四斛八斗九升☒　一三七五
☒倉吏鄭黑受☒　一三七六
☒倉吏鄭黑受　一三七七
☒……張贛□☒　一三七八
☒蔣關坒閤☒　一三七九
☒鄉嘉禾二年☒　一三八〇
☒□盧區☒　一三八一
☒□年卅一☒　一三八二
☒□蹟丘□☒　一三八三
入□□☒　一三八四
☒基付☒　一三八五
☒三州倉吏□☒　一三八六
☒□嘉禾□☒　一三八七
入□鄉嘉禾二年☒　一三八八
☒□丘鄧□☒　一三八九
☒大象丘烝斗關☒　一三九〇

☒□妻大女□年卅四　☒　一三九一
【注】「女」下□左半殘缺，右半爲「責」。
☒州佃吏黃龍元年限米☒　一三九二
☒　倉吏鄭黑受　一三九三
入小武陵鄉佃（？）吏□☒　一三九四
☒□□鄭黃□□嘉禾☒　一三九五
☒□廖是彊溲丘□□☒　一三九六
☒嘉禾五年常遷☒　一三九七
☒□年助四六佃吏限米二斛≡☒　一三九八
☒□士限米卅斛☒　一三九九
☒□惠□□□☒　一四〇〇
☒□　黃龍元☒　一四〇一
☒帥客黃龍□☒　一四〇二
☒馬　□☒　一四〇三
☒十　一四〇四
入小武陵☒　一四〇五
☒□□嘉禾□☒　一四〇六
☒黃龍元年☒　一四〇七
☒黑受　一四〇八
☒□年卅　☒　一四〇九
☒四斛僦畢≡□☒　一四一〇
☒□□軍司☒　一四一一
☒□四斛三斗　☒　一四一二
☒狗男弟□年四歲　☒　一四一三
☒□李嵩付倉吏☒　一四一四
入西鄉嘉禾二年私學☒　一四一五
縣□□五陵年☒　一四一六
☒□四斗六升價□☒　一四一七

☑☐子男☐年五歲 ☑ 一四一八
☑男弟公乘許（？）年十七 一四一九
萬歲里戶人公乘廖☐☑ 一四二〇
入嘉禾元年☐☐☑ 一四二一
曹言傳作吏昇訓這恭事
☑ 嘉禾六年☐☐月四日書佐☐☐☐ 一四二二

【注】簡一四二二至一五〇一出土時原爲一坨，揭剥順序參見《揭剥位置示意圖》圖十。

兵曹言張維盖諒載根代取送（？）窖事 …… 一四二三
金曹言……布（？）有入一百廿☐匹一丈九尺一寸事
嘉禾六年二月四日書佐呂承封
一四二四
部曲田曹言☐責☐☐……卅斛二斗五升事
嘉禾五年三月一日書佐呂承封
一四二五

【注】「責」上☐左半殘缺，右半從「欠」。

倉曹言金（？）民限米有入廿六斛事
嘉禾六年正月☐日書佐☑ 一四二六
☐曹言☐☐給（？）吏☐☐☐☐莂事
嘉禾六年正月十三日書佐呂承封
一四二七
兵曹部☐吏區光等募求鳥毛☐羊皮有入十……
三月卅日領書佐番逢封
一四二八
☐☐☐恩苦腹心踵病事
☑ 二月廿一日功曹史劉恒（？）白 一四二九
☐☐廖☐☐取四斛貸吏劉恒（？）黃欣等十二人☐☐事
☑ 四月廿一日

倉曹史☐☐白 一四三〇
倉曹言部吏黃欣詭責判（？）☐……☑ 一四三一
兵曹言遣吏潘☐☐☐五☐區☐等七人事
嘉禾五年☐月☐☐日書佐呂☑
一四三二
☐☐州中倉吏潘慮……
☑ ☐月十五日倉曹史☐☐白 一四三三
☐諸鄉書史給船旁事
☑ 十月☐日☐曹掾☐☐白 一四三四
草言府☐☐五陵區光船民客☐☐☐創事
十月廿五日☐☐☑ 一四三五
草言府西部屯田掾蔡忠區光等當署丘里不得使民舟入吳界事
十二月三日領列（？）
曹史李☐白 一四三六
賊曹言☐佑錢有入三萬四千四百廿四錢事
嘉禾五年四月廿七日書佐呂承封
一四三七
草白☐☐吏朱蘭文勳☐郡吏潘靖等……
☐月廿七日兵曹☐☐☐白 一四三八
草言府郡吏☐☐傳送叛吏☐☐黃唐☐事
五月十七日兼兵曹掾五☐史張☐白
一四三九
☐事白度錢米期八十八事……
十二月五日錄事掾潘☐白 一四四〇
倉曹言壓閣馬維倉吏武河遣（？）玉（？）官印從科俗（？）
☐☐罷法事
四月四日倉曹
史吳王白 一四四一

【注】「俗」下□右半殘缺，左半從「氵」。

□曹言大女王汝被病事　嘉禾六年二月十八日書佐吕承封　一四四二

司馬陳義白主田（？）□十（？）□畝□一十三谷鼠□□旱敗　一四四三

□曹言□□男子黄□□□□事　三月十九日書佐吕承封　一四四四

草言府遣吏黄頓蕁牛趙櫝監事　九月十日領□曹掾番棟白　一四四五

草言府□傳州吏張言（？）客張丞（？）興士區小對核事　十月十日書⍁　一四四六

草言府□驗……事　七月□□日……⍁　一四四七

草言吏區□起七月一日訖九月卅日賣售鹽卅斛一斗事　□□□年十月廿三日　……封　一四四八

户曹言部吏……事　嘉禾六年正月十九日書佐吕承封　一四四九

□曹言……送□士七人事　嘉禾五年五月十一日□⍁　一四五〇

□曹言□米□□有入□四萬九千八十斛五斗□畢（？）事　嘉禾元年二月十四日　書佐吕承封　一四五一

【注】「畢」上□下半殘缺，上半從「艹」。

倉曹言大男區浆被病事　嘉禾六年二月十四日書佐吕承封　一四五二

草言……　九月卅日……白　一四五三

草言府部□□□米有入□千六百七十六斛一斗……事　十一月六日倉曹史　李□白　一四五四

草言府……有□□□事　十月八日兼……白　一四五五

草言府以桓王廟□衣賦諸縣還賈錢事　嘉禾五年二月廿三日金曹史……白　一四五六

草言府部屯田掾蔡恩□□□叛士鄭馬等四人事　二月十五日兵曹掾□□白　一四五七

草言府……送……松□大屯事　□月十一日……白　一四五八

【注】「松」下□右半殘缺，左半從「言」。

草言府……□黄司馬□□……事　十二月□日兼……白　一四五九

草言府案行案櫓事　十一月六日兵曹掾□□白　一四六〇

倉曹言屯田……吏烝超……事　……　一四六一

倉曹言……吏唐□蔡迷等所□人□十四人事　嘉禾六年十二月十日書佐吕承封　一四六二

□出所領……　二月十二日……白　一四六三

户曹言□遣私學謝達本正户民不應□遣脱□□事　□月八日領户曹……白　一四六四

【注】「遣」上□左半殘缺，右半從「攵」。

草言府列言□州吏田十九頃七十畝□丈二步事　九月十四日兼□曹□□　□白　一四六五

【注】「州吏」上□上半殘缺，下半爲「干」。

……事　嘉禾□年□□月八日兼録事掾□□封　一四六六

草言府……以今月廿七日□□事　正月……白　一四六七

草言府……事　□月十二日户曹史□□白　一四六八

□□醴陵□李客應科□竟事　〼　□月十三日□曹史趙（？）野（？）白　一四六九

……罪法……事　十月八日……〼　一四七〇

……事　七月□日……白　一四七一

……事　七月五日兼……白　一四七二

……男子張狗……事　八月九日兼……白　一四七三

……事　〼　三月廿四日兼□曹史□□白　一四七四

草言府……事　□月□□日……白　一四七五

草言府部烝□列嘉禾二年……事　□月□□日……白　一四七六

入廣成鄉嘉禾三年私學限米十斛三斗胄畢冡嘉禾二年四月十八日諸丘潘羣關坚閣董基付三州倉吏鄭黑受　一四七七

草言府……事　□月□日……〼　一四七八

草言府中□吏陳□送叛士子弟□□□會詣□□　一四七九

草言告鄉吏……有入……〼　一四八〇

草言府有入租税米五千七百六十一斛四斗□□　□月廿〼　一四八一

草言府……等……　九月五日……〼　一四八二

草言府□科□□吏石彭□□罪法所應事　十一月三日兵曹掾潘棟白　一四八三

……　〼　五月十……〼　一四八四

草言府……　十二月廿日……　一四八五

入中鄉嘉禾二年故吏潘池助佃吏詣巡限米三斛九斗胄畢冡嘉禾三年四月廿五日石文丘潘末關坚閣董基付三州倉吏鄭黑受　一四八六

草言府……　五月四日□獄（？）□〼　一四八七

……事　〼　□月□日……　一四八八

草言……事　……　一四八九

草言爲軍吏區□……　五月十一日……　一四九〇

……事

☑　十二月□□日兼兵曹掾潘棟白　一四九一

草言……事

六月三日兼部曲田曹史□□白　一四九二

草言府傳□叛士文□□□□巡都尉陳平事

八月一日兼兵曹掾番棟白　一四九三

【注】「文」下□左半殘缺，右半從「頁」。

草言……事

□月□□日户曹史……　一四九四

草言□□吏潘政止……所請□□封過所□事

八月三日保質曹掾張□白　一四九五

【注】「張」下□左半殘缺，右半爲「曼」。

録事白□□曹□□□事　……　一四九六

……米□　……　一四九七

草言……自首人名年紀坐狀簿事

……曹掾……　一四九八

草言府□私學烝弭還詣典田掾區光自首事

四月廿三日兼部曲田曹史孫□白　一四九九

【注】「孫」下□右半殘缺，左半從「扌」。

草言……州（？）佃（？）客十人事

六月十八日兼部曲田曹史□□白　一五〇〇

言……事

☑　……　一五〇一

其十六斛私學黃龍三年限米　一五〇二

【注】簡一五〇二至一五六六出土時原爲一坨，揭剥順序參見《揭剥位置示意圖》圖十一。

其一百卌九斛一升黃龍二年税米　一五〇三

承（？）嘉禾元年十二月簿領吴平斛米三萬一千八百卌斛八斗四

升九合　一五〇四

倉吏黃諱潘慮□……　一五〇五

【注】「潘慮」下□右半殘缺，左半從「言」。

其一千九百五十五斛九斗五升嘉禾元年租米　一五〇六

【注】「其」上原有墨筆點記。

其卌八斛七斗一升黃龍二年租米　一五〇七

【注】「其」上原有墨筆點記。

其七斛五斗佃卒黃龍二年限米　一五〇八

【注】「其」上原有墨筆點記。

其卌六斛一升吏備船師栂朋傅忠建安廿六年折咸米　一五〇九

【注】「其」上原有墨筆點記。

其六十七斛郵卒黃龍二年限米　一五一〇

【注】「其」上原有墨筆點記。

其二千一百九十二斛一斗三升嘉禾六年吏帥客限米　一五一一

【注】「其」上原有墨筆點記。

其一百八十一斛六斗五升黃龍二年粢租米　☑　一五一二

【注】「其」上原有墨筆點記。

其卌三斛一斗新吏黃龍三年限米　☑　一五一三

【注】「其」上原有墨筆點記。

其六百卌二斛四斗九升新吏嘉禾元年限米　一五一四

【注】「其」上原有墨筆點記。

其九十五斛……嘉禾元年限米　一五一五

【注】「其」上原有墨筆點記。

其三百一斛一斗嘉禾元年鄭黑陳勳郡士妻子租米　一五一六

【注】「其」上原有墨筆點記。

其一百二斛五斗三升黃龍元年復田税米　一五一七

【注】「其」上原有墨筆點記。

入嘉禾元年租米六十五斛九斗五升　其一斛白米　一五一八

入新還民嘉禾元年限米五斛　一五一九

入吏鄧鐵還價人李綏黃龍二年米廿斛　一五二〇

入私學黃龍元年限米二斛　一五二一

其五十四斛五斗司馬黃升黃龍元年限米　一五二二

【注】「其」上原有墨筆點記。

其一斛四斗新吏周□還□□嘉禾元年……　一五二三

【注】「其」上原有墨筆點記。

其二百卌五斛一斗佃卒嘉禾元年限米　一五二四

【注】「其」上原有墨筆點記。

其一百八十四斛一升黃龍二年稅米　一五二五

【注】「其」上原有墨筆點記。

入司馬黃升嘉禾元年限米四百七十六斛三斗　一五二六

其三斛五斗郡掾利焉黃龍二年限米　一五二七

【注】「其」上原有墨筆點記。

其五十三斛三斗新還民黃龍三年限米　一五二八

【注】「其」上原有墨筆點記。

其卌斛州吏張晶□□□客黃武□年限米　一五二九

【注】「其」上原有墨筆點記。

入吏民備黃武五年租米四斛五斗　一五三〇

入吏帥客黃龍元年限米十一斛九斗五升　一五三一

其六十四斛一斗郡掾利焉黃龍二年限米　一五三二

【注】「其」上原有墨筆點記。

其一千三百八十三斛六斗司馬黃升嘉禾元年限米　一五三三

【注】「其」上原有墨筆點記。

其九百廿八斛一斗九升六合嘉禾元年稅米　一五三四

【注】「其」上原有墨筆點記。

二年七月人月二斛除小月六日嘉禾二年二月十五日付船□曹史
□松□人其二斗一升　一五三五

其……嘉禾元年……　一五三六

【注】「其」上原有墨筆點記。

入郡縣佃吏毛曼張彊潘巡烝椋鄧蔡步（？）□☒　一五三七

其二百一十八斛郡縣□□☒　一五三八

其一百一十六斛監池司馬鄧邵嘉禾元年臨居米　一五三九

其廿九斛一斗黃龍二年私學限米　一五四〇

出倉吏黃諱潘慮所領黃龍三年稅吴平斛米十九斛二斗爲稟斛米廿
斛被督軍糧都尉□☒　一五四一

入黃龍三年稅米二百一十五斛一斗四升　其廿八斛……　一五四二

其三百八十八斛九斗九升嘉禾元年所受襍擿米　一五四三

其卌三斛六斗吏所備嘉禾二年粢租米　一五四四

其一百□十五斛吏帥客黃龍二年限米　一五四五

其八十斛叛士嘉禾元年限米　一五四六

入郡吏士還黃龍元年稅米五十五斛　一五四七

其三萬四千七斛八斗五升……　一五四八

其卌一斛一升吏備船師梅朋傳忠建安廿六年折咸米　一五四九

其一百一十二斛三斗七升嘉禾元年□□租米　一五五〇

其卌□斛□升新吏黃龍二年限米　一五五一

入劉陽縣所還價人李綏嘉禾元年米卌四斛　一五五二

其二百一十八斛四斗四升嘉禾三年粢租☒　一五五三

☒　其二百五斛九升吏帥客黃龍□年限米　一五五四

其……　☒　一五五五

☒　□　正月卅日倉吏黃諱潘慮白　一五五六

其四斛五斗吏潘黃□□☒　一五五七

其三百卌一斛三斗四升郡屯田掾利焉嘉禾二年限米　一五五八

鄉應請□□故事列錢月簿到拘校□典覆白　一五五九

其廿八斛七斗六升吏這□黃龍元年粢租米　一五六〇

【注】「其」上原有墨筆點記。

☒　其……吏帥客黃龍三年限米　一五六一

⧄ 其□百七十二斛二斗四升六合嘉禾元年租米 一五六二
其廿九斛一斗黄龍二年租米 一五六三
【注】「其」上原有墨筆點記。
其五十九斛□斗郵卒嘉禾□年限米 一五六四
【注】「其」上原有墨筆點記。
其八十三斛五斗司馬黄升黄龍二年限米 一五六五
【注】「其」上原有墨筆點記。
其卌二斛二斗一升黄龍二年粢租米 一五六六
入□鄉嘉禾二年税米廿六斛五斗胄畢〼嘉禾二年四月十一日□丘 一五六七
大男烝取關邸閣董基付三州倉吏鄭黑受
【注】本簡可與一五六九簡拼合。簡一五六七至一六二一出土時原爲一坨，揭剥順序參見《揭剥位置示意圖》圖十二。
……郵卒限米十一斛 一五六八
入□鄉嘉禾二年税米廿六斛五斗胄畢〼嘉禾二年四月十一日□丘
大男烝取關邸閣董基付三州倉吏鄭黑受 一五六九
【注】本簡可與一五六七簡拼合。
⧄廿五斛胄畢嘉禾三年正月五日□丘□□關邸閣董基付倉吏鄭黑受 一五七〇
右平鄉嘉禾二年所貸租米一斛 一五七一
入平鄉嘉禾二年火種租米一斛九斗胄畢〼嘉禾三年四月廿四日慮 一五七二
丘□□關邸閣董基付三州倉吏鄭黑受
⧄□□□〼嘉禾三年二月廿二日□□丘烝學關邸閣董基付倉吏鄭黑受 一五七三
入□鄉嘉禾□年……胄畢〼嘉禾二年……丘□□關邸閣董基付倉 一五七四
吏鄭黑受
入平鄉嘉禾二年火種租米二斛胄畢〼嘉禾三年四月十九日慮丘唐 一五七五
沶（？）關邸閣董基付倉吏鄭黑受
入廣成鄉嘉禾二年助佃吏限米一斛胄畢〼嘉禾三年二月廿七日彈溲 一五七六
丘栂賢關邸閣董基付三州倉吏鄭黑受
入廣成鄉嘉禾二年助佃吏限米八斛胄畢〼嘉禾三年二月廿日撈丘 一五七七
吏陳曠關邸閣董基付倉吏鄭黑受
【注】「胄畢」二字應在「〼」號之上。
入平鄉嘉禾二年税米三斛九升胄畢〼嘉禾三年二月十日上和丘縣 一五七八
吏殷連關邸閣董基付三州倉吏鄭黑受
入桑鄉嘉禾二年私學限米十七斛胄米畢〼嘉禾三年正月六日上 一五七九
（？）丘男子謝溺關邸閣董基付三州倉吏鄭黑受
入廣成鄉嘉禾二年租米二斛五斗胄畢〼嘉禾三年三月四日柚丘魯 一五八〇
□關邸閣董基付倉吏鄭黑受
入樂鄉嘉禾二年税米三斛五斗就畢〼嘉禾三年三月八日下象丘大 一五八一
男潘竟關邸閣董基付三州倉吏鄭黑受
右西鄉入佃吏限米十斛 一五八二
入廣成鄉嘉禾二年佃帥限米六斛一斗就〼嘉禾二年二月卅日上薄 一五八三
丘區羽關邸閣董基付三州倉吏鄭黑受
【注】「就」下應脱「畢」字。
右廣成鄉入□□限米五斛 一五八四
入廣成鄉嘉禾二年税米十三斛胄畢〼嘉禾二年二月十四日柤伻丘 一五八五
烝收關邸閣董基付三州倉吏鄭黑受
⧄關邸閣董基付三州倉吏鄭黑受 一五八六
右廣成鄉入□□限米十二斛三斗 一五八七
右……米廿一斛二斗 一五八八
右桑鄉入佃帥限米□斛五斗 一五八九
右小武陵鄉入□吏限米…… 一五九〇
入桑鄉嘉禾二年税米□斛四斗就畢〼嘉禾二年三月廿一日露丘縣 一五九一
吏烝口關邸閣董基付三州倉吏鄭黑受
右□鄉入……米十三斛九斗 一五九二
右……入私學限米廿三斛…… 一五九三
入廣成鄉嘉禾二年佃帥子弟限米六斛九斗胄畢〼嘉禾三年三月十

日平樂丘□□關邸閣董基付倉吏鄭黑受　一五九四

右廣成鄉入□□限米一斛□斗一升　一五九五

入平鄉嘉禾二年……〼嘉禾三年……關邸閣董基付三州倉吏鄭黑受　一五九六

入平鄉嘉禾二年税米三斛胄畢〼嘉禾三年十二月廿日監沱丘周宜
關邸閣董基付三州倉吏鄭黑受　一五九七

入模鄉……〼嘉禾三年□月廿日□□丘□□關邸閣董基付三州倉
吏鄭黑受　一五九八

入桑鄉嘉禾二年租米三斛六斗□升胄畢〼嘉禾三年十一月十八日
丘戴馮關邸閣董基付倉吏鄭黑受　一五九九

【注】「丘」上□右半殘缺，左半從「木」。

入樂鄉嘉禾二年吏客限米九斛……〼嘉禾三年……關邸閣董基付
倉吏鄭黑受　一六〇〇

入模鄉嘉禾二年私學限米三斛四斗畢〼嘉禾三年十一月十七日□
丘謝□關邸閣董基付倉吏鄭黑受　一六〇一

【注】「畢」上應脱「胄」或「僦」字。

入平鄉嘉禾二年租米三斛四斗胄畢〼嘉禾三年□□月十一日□□
丘黃金關邸閣董基付倉吏鄭黑受　一六〇二

右桑鄉嘉禾二年税米七十七斛　一六〇三

【注】「右」上原有墨筆點記。

入平鄉嘉禾二年租米六斛胄畢〼嘉禾三年四月廿七日平樂丘李鹿
關邸閣董基付三州倉吏鄭黑受　一六〇四

入平鄉嘉禾二年助四六佃吏限米七斛僦畢〼嘉禾三年四月十九日
……關邸閣董基付三州倉吏鄭黑受　一六〇五

入樂鄉嘉禾二年吏客子弟限米二斛就畢〼嘉禾三年四月廿日肥狶
丘鄭斗關邸閣董基付三州倉吏鄭黑受　一六〇六

入平鄉二年四六佃吏限米七斛胄畢〼嘉禾三年四月八日東丘吏番
有關邸閣董基付三州倉吏鄭黑受　一六〇七

▨鄉嘉禾二年税米二斛一斗五升胄畢〼嘉禾三年四月十日露丘毛表
關邸閣董基付倉吏鄭黑受　一六〇八

入□鄉屯田司馬黃松嘉禾二年限米廿二斛六斗就畢〼嘉禾三年四
月廿日區母丘屯田帥高蔡關邸閣董基付三州倉吏鄭黑受　一六〇九

入模鄉……〼嘉禾三年五月□□日□丘□□關邸閣董基付倉吏鄭黑受　一六一〇

右樂鄉嘉禾二年吏帥客限米十一斛三斗　一六一一

【注】「右」上原有墨筆點記。

右樂鄉嘉禾二年衛士限米八斛一斗　一六一二

【注】「右」上原有墨筆點記。

▨米廿七斛一斗　一六一三

入平鄉嘉禾二年縣吏番□子弟限米十七斛〼嘉禾二年五月九日東
丘番□關邸閣董基付倉吏鄭黑受　一六一四

入平鄉嘉禾二年吏客限米……〼嘉禾三年五月八日□□丘番□關
邸閣董基付三州倉吏鄭黑受　一六一五

入平鄉嘉禾二年佃吏限米三斛〼嘉禾三年四月十六日寇丘縣吏
鄧　關邸閣董基付倉吏鄭黑▨　一六一六

入樂鄉嘉禾二年衛士限米六斛一斗僦畢〼嘉禾三年□月十九日□
丘朱設關邸閣董基付三州倉吏鄭黑受　一六一七

入桑鄉嘉禾二年私學限米二斛八斗胄畢〼嘉禾三年正月十八日
□□丘男子□□關邸閣▨　一六一八

右□鄉嘉禾□年□米十斛▨　一六一九

【注】「右」上原有墨筆點記。

入□鄉嘉禾二年縣吏□□子弟限米一斛胄畢〼嘉禾三年□月七日
上於丘……▨　一六二〇

凡草及荅書合一百五十三事其九十三事兵曹封 六十事田曹封　▨　一六二一

【注】當時「竹」、「艸」混用，故此處「荅」即「答」。

右模鄉嘉禾二年佃帥限米廿一斛七斗　一六二二

【注】簡一六二三至一六七七出土時原爲一坨，揭剝順序參見《揭剝位置示意圖》圖十三。

……右賊曹史郭邁白　一六二三

□曹言私學郡吏子弟……事

□月廿七日右賊曹史郭邁白　一六二四

言戰具十種事
言入水牛皮二枚事　七月七日倉曹史□□白　一六二五

言□□□李□……事

……　一六二六

言賊黄勳財物錢五萬三千三百卅事

……　一六二七

言……事

九月廿二日兵曹掾潘棟白　一六二八

言□□……等坐……事

四月二日……白　一六二九

【注】「言」下第二□右半殘缺，左半從「言」。

言□□□事

九月六日户曹史□□白　一六三〇

移□□校尉周成事
記……近……事　九月七日賊曹□□□白　一六三一

言……事

□月廿六日田曹史□□白　一六三二

鄮（？）男子□□買生口大女鄭鐵直錢四萬　一六三三

醴陵男子楊英買生口大女張汝直錢五萬五千　屬☑　一六三四

……買生口大女□朝直錢六萬　一六三五

……領……　☑　一六三六

臨（？）湘（？）男子□□買生口大女□□直錢十二萬　☑　一六三七

……入□□□縣……　一六三八

□□都尉周湘（？）買生口□□□□直錢□萬二□已入畢　一六三九

本主所屬人名□牒年紀言君誠惶誠恐叩頭死罪敢言之　一六四〇

□吏頁食買生口　直錢……　一六四一

……人（？）買（？）……　一六四二

有人復言君誠惶誠恐叩頭死罪死罪敢☑　一六四三

三月　日關中部督郵　一六四四

醴陵男子黄昭買生口大女□□直錢四萬　一六四五

【注】「大女」下二□均右半殘缺，左半分别從「米」、「女」。

其廿……☑　一六四六

□大男……買生口一人直錢□萬一千乞以□　一六四七

□買……帛直錢一萬五千　一六四八

其七……區掾……收責已入悉畢　一六四九

□□□□賢買生口大女□□□直錢四萬　已入三萬二千 未畢八千　一六五〇

醴陵男子栂英買生口大女□□直錢四萬　一六五一

醴陵……　一六五二

右□□所買生口四人合直錢十六萬先居在湘西縣界□　一六五三

【注】「右」上原有墨筆點記。

臨湘男子李丞買生口大男……　屬兵曹　一六五四

監賢……　一六五五

右……買生口倹已……　一六五六

【注】「右」上原有墨筆點記。

客買生口大女潘婢直錢五萬（？）　一六五七

郡吏這配買生口區風郭産子男百日直錢廿二萬　一六五八

右□買生口□□直錢七萬……區掾……　一六五九

【注】「右」上原有墨筆點記。

☑𠄡嘉禾二年……關邸閣董基付倉吏鄭黑受　一六六〇

入平鄉嘉禾二年□□限米五斛冑畢𠄡嘉禾二年十二月二日盧丘謝

□關邸閣董基付倉吏鄭黑受　一六六一

入廣成鄉嘉禾二年助新吏吴梨限米一斛四斗冑畢𠄡嘉禾二年十二月

十一日撈丘烝沐關邸閣董基付三州倉吏鄭黑受　一六六二

☑年助新吏黃董限米二斛畢〼嘉禾二年十二月廿五日□下丘縣吏廖　一六六三
□關堅閣董基付倉吏鄭黑受
入桑鄉嘉禾二年故帥朱□子弟毛□限米四斛冑畢〼嘉禾二年十二　一六六四
月二日吏五取（?）關堅閣董基付三州倉吏鄭黑受
入模鄉嘉禾二年縣吏黃原子弟限米六斛僦畢〼嘉禾二年十二月十　一六六五
六日扞枯丘吳肥關堅閣董基付倉吏鄭黑受
入□□鄉嘉禾二年縣吏□□子弟限米三斛冑畢〼嘉禾二年十一月　一六六六
六日上□丘□□關堅閣董基付倉吏鄭黑受
入□鄉嘉禾二年助州吏陳（?）廖謝□限米二斛二斗冑畢〼嘉禾　一六六七
二年十二月廿一日□□丘烝□關堅閣董基付倉吏鄭黑受
□□鄉大男唐□白吏……事
☑　　　　七月十二☑　一六六八
☑　右廣成鄉入新吏限米十三斛二斗　一六六九
【注】「右」上原有墨筆點記。
☑……吏帥客嘉禾二年限米四斛八斗冑畢〼嘉禾二年十二月……丘　一六七〇
李象關閣董基付倉吏鄭☑
□陽□鄧□事
☑　　　　九月十二日……白　一六七一
□男弟□年八歲　一六七二
右小武陵鄉入佃帥限米卌七斛六斗　一六七三
草言府……法遣吏唐晊傳送大男□唐□勝□金恭佃等詣武昌事　一六七四
七月□☑　一六七五
右東鄉入吏帥客限米□□斛□斗六升　一六七六
☑□被督郵勅到受如前辭□□□□□□□空科☑　一六七七
☑……僦畢〼嘉禾二年二月□日……關堅閣董基付三州倉吏鄭黑受　一六七八
盧男弟得年五歲　得男弟平（?）年二歲
【注】簡一六七八至一九七〇出土時原爲一坨，揭剥順序參見《揭剥位置示意圖》圖十四。
右黃家口食六人　訾　五　十　一六七九
【注】「右」上原有墨筆點記。
右旺（?）家口食六人　訾　五　十　一六八〇
【注】「右」上原有墨筆點記。
大男張樵（?）年五十二　一六八一
大男張旺（?）年五十三　妻思年卅六　子男石年六歲　一六八二
趙（?）母□年五十四　趙（?）妻汝年卅　一六八三
子男主年三歲　一六八四
右買家口食四人　其……　訾　五　十　一六八五
【注】「右」上原有墨筆點記。
陽貴里户人公乘□□年卅九苦腹心病　妻□年廿四筭一　一六八六
大男潘原（?）年五十六　一六八七
□妻□年□腫足　女孫乙年七歲　一六八八
……年卅七　曜（?）男弟絡年十三　一六八九
其户下婢□年七十　户下婢子女汝年一歲　一六九〇
□女弟然（?）年五歲　然（?）女弟□年三歲　一六九一
【注】「然女弟」下□右半殘缺，左半從「言」。
護男弟得年六歲　一六九二
陽貴里户人公科雷奴（?）年卌四筭一　妻禿年廿八筭一　一六九三
曜男弟□年八歲　曜子男□年十歲　一六九四
其户下□□年三歲　户下婢□年卅□　一六九五
州吏條曜年卌六　一六九六
右財家口食三人　訾　五　十　一六九七
右盖家口食十五人　訾　五　十　一六九八
州吏□□年□□　一六九九
户下婢□年廿二　户下奴言年六歲　一七〇〇
右曜家口食十一人　訾　五　十　一七〇一

【注】「右」上原有墨筆點記。
妻□年□筭一　子男□年六歲　一七〇二
客男弟谷年十一雀足　一七〇三
婁姑年卅六筭一　子男□年五歲　一七〇四
【注】「子男」下□上半殘缺，下半從「心」。
妻始年卌二　子男貴年六歲　一七〇五
春平里户人公乘周成年七十六踵足　……　一七〇六
春平里户人公乘黄郎年九十一　一七〇七
妻鴒（?）年廿三筭一　護父曼年六十一刑手　一七〇八
春平里户人公乘佃吏劉琀年廿一　一七〇九
右輩（?）家口食四人　一七一〇
子男斷（?）年六歲　斷（?）女弟屯年四歲　一七一一
户下奴棰年十八　户下婢智年卌一　一七一二
客子男□年□歲　▨　一七一三
右成家口食三人　訾　五　十　一七一四
【注】「右」上原有墨筆點記。
春平里户人公乘周郎（?）年卅六筭一　一七一五
妻於年六十五　子女□年十四　一七一六
□男姪文年十歲　文男弟甬年五歲　一七一七
右厚家口食五人　訾　五　十　一七一八
【注】「右」上原有墨筆點記。
春平里户人公乘廖（?）腹年卅八筭一　一七一九
□男弟祀年十三　一七二〇
【注】「男弟」上□左半殘缺，右半從「頁」。
奴母思年六十　子男雙年七歲　一七二一
舅左年六十一踵足　護男姪材年五歲　一七二二
右護家口食五人　訾　五　十　一七二三
春平里户人公乘□厚年十二聾耳　一七二四
盧女弟絮年二歲　絮男弟多年一歲　一七二五
□石母叱年六十九　叱子文婢年十五筭一　一七二六
右動家口食八人　筭三　訾　五　十　一七二七
陽貴里户人公乘吴初年五十八筭一　初妻思年卅一筭一　一七二八
□□年八十五　□妻□年廿三筭一　一七二九
□妻□年卅筭一　一七三〇
子女□年十四　一七三一
【注】「子女」下□上半殘缺，下半從「木」。
□男弟□年十三風病　一七三二
【注】「男弟」下□左半殘缺，右半從「夊」。
右□家口食十九人　筭四　訾　五　十　一七三三
亘女姪益年六歲　亘從男姪陳平年三　一七三四
【注】「三」下脱「歲」字。
……聾耳　□右母妾年五十九　一七三五
□男弟養年六歲　養女弟金年四歲　一七三六
□子男□年六歲　□男弟□年一歲　一七三七
兒男弟赤年一歲　一七三八
屯女弟兒年四歲　一七三九
吉妻勉年十六筭一　一七四〇
雙男弟治年五歲　治男弟得（?）年二歲　一七四一
陽貴里户人公乘縣（?）吏（?）孫（?）五（?）年卌四　五
（?）母汝年七十七　一七四二
陽貴里户人公乘吴勤年五十三筭一　勤妻湘年卅三筭一　一七四三
右奴家口食六人　筭二　訾　五　十　一七四四
春（?）妻强年十六筭一　一七四五
右畺家口食十人　筭二　訾　五　十　一七四六
靖子女□年四歲　畺男姪□年九歲　一七四七
畺男弟靖年廿八筭一　靖妻□年廿四筭一　一七四八
樂男弟丑年八歲　一七四九

一七五〇 湘子女兒年四歲
一七五一 維男弟赤年六歲
一七五二 維母婢年五十一筭一
一七五三 右御（？）家口食五人　訾　五　十
一七五四 男姪□年六歲

【注】「男姪」下□左半殘缺，右半從「隹」。

一七五五 進渚里户人公乘廖（？）盡（？）年五十一筭一
一七五六 龍男弟邽年十五筭一風病
一七五七 子男馱年三歲刑手
一七五八 妻□年卌一筭一
一七五九 野男弟□年六歲
一七六〇 □男弟□年六歲
一七六一 右□家口食六人　筭……
一七六二 右服家口食三人　訾　五　十
一七六三 妻姑年卌五筭一　子男丞（？）年八歲
一七六四 紀男弟和年四歲
一七六五 □□里户人公乘□亘年六十四風病
一七六六 檄妻盡年十五（？）
一七六七 民女弟郭年五歲
一七六八 凡　口　七　人　筭二　訾　五　十
一七六九 檄女弟嫂年十歲
一七七〇 龍妻客年卌筭一
一七七一 母□年七十一
一七七二 呂男弟自年八歲
一七七三 萇男姪呂年十一
一七七四 宜陽里户人公乘李客年六十四
一七七五 右四户中品
一七七六 右萇家口食十一人　筭二　訾　五　十
一七七七 奴妻宣年十六筭一
一七七八 龍妻弟赳年十三腹心病
一七七九 凡　口　五　人　筭二　訾　五　十
一七八〇 進渚里户人公乘周龍年卌筭一
一七八一 高子男民年七歲
一七八二 從男弟陳肬（？）年卌二筭一苔病
一七八三 □子男福年七歲　初男姪由奴年廿八筭一
一七八四 宜陽里户人公乘謝禺（？）年卌一筭一
一七八五 檄（？）女陵年八歲
一七八六 萇男姪客年十一
一七八七 凡　口　五　人　筭□　訾　五　十
一七八八 母□年七十二
一七八九 宜陽里户人公乘文達年卅二腫兩足
一七九〇 妻筭年卅一筭二
一七九一 達大母區妾年六十五
一七九二 進渚里户人公乘李政（？）年六十七　風病
一七九三 陽貴里户人公乘私學□□年卅六筭一
一七九四 子女兒年四歲
一七九五 右銀家口食三人　筭二　訾　五　十
一七九六 妻銀年卅八筭一
一七九七 □子女□年二歲
一七九八 宜陽里户人公乘廖露年卅三筭一
一七九九 凡　口　六　人　筭二　訾　五　十
一八〇〇 □妻陽年卌二筭一　踵兩足
一八〇一 妻□年卅九筭一

【注】「妻」下□右半殘缺，左半從「女」。

一八〇二 妻銀年廿六筭一
一八〇三 露婦男弟萇年十六　踵兩足

一八〇四　鴻（?）男弟是年六歲
一八〇五　凡　口　五　人　筭一　訾　五　十
一八〇六　宜陽里户人公乘潘市年卅六　筭一
一八〇七　宜陽里户人公乘陳蔣年六十五卌刑左足
一八〇八　縱（?）男姪黄亥年八歲
一八〇九　右龍家口食七人　筭三　訾　五　十
【注】「右」上原有墨筆點記。
一八一〇　蒑母妾年六十一
一八一一　凡　口　五　人　筭一　訾　五　十
一八一二　子男脩年二歲
一八一三　子女綈（?）年七歲
一八一四　肒（?）母思年八十一
一八一五　妻婢年廿六筭一
一八一六　子女□年十一
一八一七　菓妻姑年廿五筭一
一八一八　菓母□年六十二
一八一九　妻敝年五十一
一八二〇　妾子男陳年十三
一八二一　菓子男赦年四歲
一八二二　妻汝年卌一刑左足
一八二三　進渚里户人公乘劉怚年卌七筭一
一八二四　妻汝年卅五筭一
一八二五　吉陽里户人公乘五魯年廿四筭一
一八二六　魯妻謹年廿二筭一
一八二七　郭男弟伯年四歲
一八二八　伯男弟員年二歲
一八二九　高從父石明年五十六筭一
一八三〇　明姪黑年七歲
一八三一　高從男弟巴年卅五腫（?）病
一八三二　吉陽里户人公乘潘羊年卅七筭一
一八三三　巴母紙（?）年七十一
一八三四　妻糜年卅一筭一
一八三五　妻吴（?）年五十一筭一
一八三六　妻汝年卅一筭一
一八三七　子女仨年十五筭一
一八三八　右明家口食六人　筭二　訾　五　十
一八三九　市男弟斗年十二
一八四〇　腒男弟明年十七筭一
一八四一　斗（?）女弟衍（?）年十一
一八四二　羊妻春年廿七筭一
一八四三　交男弟鼎（?）年六歲
一八四四　□子男奴年七歲
一八四五　□妻□年七十九　被病物故
一八四六　□栂妻姑年卅一筭一
一八四七　其五户佃帥吏客
一八四八　子男頭年七歲
一八四九　陳（?）男弟舉年十一腫兩足
一八五〇　子男交年七歲
一八五一　虞女弟回年十二
一八五二　子男務（?）年五歲
一八五三　箕（?）男弟吏（?）年四歲聾耳
一八五四　魯女弟筭（?）年十四
一八五五　子男與年九歲
一八五六　□男弟水年二歲
一八五七　任妻□年廿筭一
一八五八　定領吏民凡（?）卌二户

圓女弟當年七歲　一八五九
天税里户人公乘□□年六十二　一八六〇
【注】吴簡屢見「夫秋里」，未見「天税里」，此處「天税」應爲「夫秋」之省誤。
妾堇年卌一筭一　一八六一
其一户步侯還民　一八六二
妻營年卅三　一八六三
右魯家口食五人　筭二　訾　五　十　一八六四
【注】「右」上原有墨筆點記。
□子男□年七歲　一八六五
吉陽里户人公乘李買年□□□　一八六六
子男□年十一風矢病　一八六七
魯大父陽年七十一　一八六八
其一户郵卒　一八六九
□男弟車年二歲　一八七〇
妻□年六十二　一八七一
任男弟召年九歲聾右耳　一八七二
召男弟客年六歲　一八七三
吉陽里户人公乘私學□脱年卌二筭一聾耳　一八七四
思子女□年七歲　一八七五
夫秋里户人乘常敬年卅刑右手　一八七六
【注】「乘」上脱「公」字。
其一户郡吏　一八七七
買男弟雙年六歲　一八七八
右李家口食五人　一八七九
……　魁　吴　明　主　一八八〇
其一户郵卒　一八八一
敬母大女妾年七十一　一八八二
定領見人三百一人　一八八三

妾□姉姑年八十　一八八四
右買家口食六人　筭二　訾　五　十　一八八五
□□里户人公乘李貞年五十腹心病　一八八六
其一户軍吏　一八八七
男姪養年十　一八八八
茹女弟思年五十筭一　一八八九
天税里户人公乘吴生年五十筭一　一八九〇
【注】吴簡屢見「夫秋里」，未見「天税里」，此處「天税」應爲「夫秋」之省誤。
吉陽里户人公乘曹勝年七十　踵左足　一八九一
右斂家口食六人　筭四　訾　五　十　一八九二
□男弟何年六歲　一八九三
□妻文年卅五筭一　一八九四
怛男弟知年十五筭一風病　一八九五
知妻思年十七筭一　一八九六
□妻婢年卌六筭一　一八九七
斂女聟王知年十六筭一苦腹心病　一八九八
□女弟歧年二歲　一八九九
黨男弟常年一歲　一九〇〇
蓂男姪□年十六筭一　一九〇一
□妻臣（？）年廿五筭一　一九〇二
從男姪宗年十三　一九〇三
□妻□年廿一筭一　一九〇四
子女何年廿五筭一　一九〇五
凡口六人　筭二　訾　五　十　一九〇六
子男限年三歲　一九〇七
鼎男弟鼠（？）年三歲　一九〇八
右□家口食四人　筭二　訾　五　十　一九〇九
進渚里户人公乘李興年卌一筭一　一九一〇

右益家口食七人　筭四　訾　五　土　一九一一
□女弟膽（？）年十三　一九一二
達男弟得年十四　一九一三
頭男弟兒年四歲　一九一四
綍男弟逸年四歲　一九一五
陽貴里户人公乘郡吏□□年卌五　□母□年七十三　一九一六
陽貴里户人公乘□□年□□□筭一　給卒　一九一七
□□弟□年三歲　一九一八
得（？）男弟□年十一苦聾耳　一九一九
益從男姪胡水年十八筭一　一九二〇
□女弟任年四歲　寡女□年卅筭一　一九二一

【注】「寡女」下□下部殘缺，上部从「皿」。

□妻婢年廿二筭一　□子男種年六歲　一九二二
□男弟□年八歲　一九二三
益妻大女汝年卅八筭一　子男眼（？）年十七筭一　一九二四
妻□年廿九筭一　子男市年七歲　一九二五
平樂里户人公乘郡吏曹□年□筭一　子男□……　一九二六
右床家口食六人　訾　五　十　一九二七

【注】「右」上原有墨筆點記。

右區（？）家口食七（？）人　筭二　訾　五　十　一九二八
右□家口食□人　筭三　訾　五　十　一九二九
□男姪主年廿一筭一　一九三〇
主妻常（？）年十五筭一　一九三一
右困家口食五人　筭二　訾　五　十　一九三二
□男弟□年七歲　⧄　一九三三
要思年六十四　⧄　一九三四
右愚家口食七人　⧄　一九三五
兒男弟榼（？）年三歲　一九三六
陽貴里户人公乘潘湘年卅九踵兩足　妻大女怒年十九筭一　一九三七
文男弟買年六歲　一九三八
□女弟□年七歲□　□男弟盖年三歲　一九三九
右文家口食四人　訾　五　十　一九四〇
兒男弟□年七歲　□女弟鼠年五　一九四一

【注】二□均左半殘缺，右半從「邑」。又，「五」下脱「歲」字。

妻□年廿九筭一　子男船（？）年二歲　一九四二
朋子女□年三歲　一九四三
羊男弟恙年十二　一九四四

【注】「子女」下□右半殘缺，左半從「糸」。

春平里户人公乘區文年五十三　腹心病　一九四五
右單家口食五人　訾　五　十　一九四六
大女徐汝年九十三　一九四七
妻汝年卌一筭一　從男姪報年卌一　一九四八
妻汝年卅六筭一　一九四九
右牛家口食四人　訾　五　土　一九五〇
男弟□年卅一踵足　妻□年廿七筭一　一九五一
户下婢昧年六十五　一九五二
大男陳赳年廿　一九五三
[illegible]王母汝年六十五　□男弟界年七歲　一九五四
取（？）男弟□年□□　□女弟宗年一歲　一九五五
凡口六人　筭一　訾　五　十　一九五六
宗女弟脩（？）年九歲　一九五七
右高家口食十七人　筭五　訾　□　□　一九五八
子男□年□歲　一九五九
春平里户人公乘朱床年卅一聾耳筭一　一九六〇
妻雅（？）年十九筭一　床寡嫂綺年卅二筭一　一九六一
□父□年八十一苦腹心病　□□□□□　一九六二

陽貴里户人公乘吏客文□年卌四筭一　妻思年十九筭一　一九六三
右汝家口食□人　訾　五　十　一九六四
其九斛男子郭元所買賊黄勳□黄龍三年牛賈米　一九六五
【注】「其」上原有墨筆點記。
其卌九斛五升郵卒黄龍二年限米　一九六六
其廿八斛七斗六升吏張廟周宗備黄武六年subscription租米　一九六七
【注】「其」上原有墨筆點記。
……　中　一九六八
其五百六十斛五斗新吏黄龍三年限米　一九六九
【注】「其」上原有墨筆點記。
虎男弟沈年六歲　沈男弟采年三歲　一九七〇
嘉禾二年十月丁巳朔廿日丙子　安成長君□叩頭死罪敢言之　一九七一正
安成長印
月旦□□□　卒史　白解　領　史　□　一九七一背
中鄉大男唐□故户下品出錢□⧄　一九七二正
入錢畢民自送牒還⧄　一九七二背
⧄　侯相　嘉禾⧄　一九七三正
⧄不得持還鄉典　一九七三背
⧄故户下品出錢□□⧄　一九七四正
⧄民自送牒還縣⧄　一九七四背
中鄉縣吏吕陽故户下品出錢□⧄　一九七五正
入錢畢民自送牒還⧄　一九七五背
⧄……⧄　一九七六正
【注】本簡有字跡，無法辨識。
⧄　□錢（？）⧄　一九七六背
⧄……⧄　一九七七正
【注】本簡有字跡，無法辨識。
⧄田吏及帥⧄　一九七七背
户下婢妾年十四　一九七八
【注】簡一九七八至二二〇六出土時原爲一坨，揭剥順序參見《揭剥位置示意圖》圖十五。
大女陳單年六十五　一九七九
麦男弟兒年八歲　一九八〇
其卅九斛□斗□升嘉禾□年限米　一九八一
春妻昭年廿二　春男弟龍（？）年十七　一九八二
其二千廿一斛九斗嘉禾元年限米　一九八三
【注】「其」上原有墨筆點記。
⧄□吏民備黄武二年租米　一九八四
右□家口食七人　筭二　一九八五
【注】「右」上原有墨筆點記。
其九斛九斗……　一九八六
【注】「其」上原有墨筆點記。
其廿九斛五斗嘉禾元年火種租米　一九八七
【注】「其」上原有墨筆點記。
其九十五斛一斗三州倉運黄龍二年subscription租米　一九八八
【注】「其」上原有墨筆點記。
其一萬八千二百六十二斛八斗九升嘉禾元年税米　一九八九
【注】「其」上原有墨筆點記。
其一百廿一斛五斗三升私學黄龍元年限米　一九九〇
【注】「其」上原有墨筆點記。
其廿五斛州佃吏郭□黄武□年限米　一九九一
【注】「其」上原有墨筆點記。
入司馬黄升嘉禾元年屯田限米九十一斛三斗　一九九二
……倉吏劉仨米一千卌斛劉陽倉吏這牧（？）毛李（？）米三千　一九九三
二斛吴昌倉吏唐□米□□　一九九三
其廿六斛九斗八升嘉禾二年所受襍擿米　一九九四
【注】「其」上原有墨筆點記。
其廿一斛郡掾利焉黄龍元年限米　一九九五

【注】「其」上原有墨筆點記。
出倉吏黄諱潘慮所領嘉禾元年稅吴平斛米二百斛爲稟斛米二百八
十斛三斗三升□勺　一九九六
其七斛五斗吏民備黄武五年租米　一九九七
【注】「其」上原有墨筆點記。
其卅二斛佃吏□□所備黄龍三年限米　一九九八
【注】「其」上原有墨筆點記。
其二斛八斗……　黄武（？）二年租米　一九九九
【注】「其」上原有墨筆點記。
其□百五十八斛二斗吏帥客黄龍二年限米　二〇〇〇
【注】「其」上原有墨筆點記。
其九千五百六十一斛二斗七升嘉禾元年稅米　二〇〇一
【注】「其」上原有墨筆點記。
其二百九十一斛八斗三升嘉禾二年租米　三斛二斗□升……　二〇〇二
【注】「其」上原有墨筆點記。
入嘉禾元年稅米九十一斛五斗　其□斛一斗三州倉米　二〇〇三
入嘉禾元年租米一百一十七斛一斗四升　其三斛九斗□米　二〇〇四
其卅四斛五斗嘉禾二年……　二〇〇五
【注】「其」上原有墨筆點記。
其二斛八斗郡士及都尉陳□□區六升士妻子租米　二〇〇六
【注】「其」上原有墨筆點記。
其廿九斛一斗黄龍二年私學限米　二〇〇七
【注】「其」上原有墨筆點記。
入故吏鄧楨（？）臧錢米十七斛四斗　二〇〇八
其一百卌六斛一斗吏帥客黄龍三年限米　二〇〇九
【注】「其」上原有墨筆點記。
其一百八十七斛七升黄龍三年稅米　二〇一〇
【注】「其」上原有墨筆點記。
其四百八十三斛五斗司馬黄升嘉禾元年限米　二〇一一
【注】「其」上原有墨筆點記。

其九千九十八斛二斗七升四合嘉禾元年稅米　二〇一二
【注】「其」上原有墨筆點記。
其六十二斛郵卒黄龍二年限米　二〇一三
【注】「其」上原有墨筆點記。
其三斛一斗一升嘉禾元年稅米　二〇一四
【注】「其」上原有墨筆點記。
入郡縣佃吏谷葛番昌唐怡蔡喬番春等嘉禾元年限米……斛三斗五升　二〇一五
其七斛四斗東部烝口倉吏孫陵備黄龍元年稅米　二〇一六
出倉吏黄諱潘慮所領黄龍三年租吴平斛米廿一斛一斗二升爲稟斛
米廿二斛□斗□□　二〇一七
禾二年七月人月三斛除小月月人六日其年二月十二日付典軍曹
史□松傍人吴□□奴　二〇一八
郎中郭據被督軍糧都尉嘉禾二年二月九日己卯書給……　二〇一九
【注】據陳垣《魏蜀吴朔閏異同表》，嘉禾二年二月朔爲辛卯，九日爲己亥。張培瑜《魏蜀吴朔閏異同表》同。
入嘉禾元年粢租米二斛二斗　二〇二〇
入司馬黄升黄龍元年限米一斛五升　二〇二一
和孫呂等十一人嘉禾二年二月直人二斛其年二月十日付梔師徐
和孫呂　二〇二二
其卅三斛八斗五升黄龍三年□士限米　二〇二三
【注】「其」上原有墨筆點記。
其七斛佃卒黄龍元年限米　二〇二四
【注】「其」上原有墨筆點記。
其卅斛四斗三升私學黄龍元年限米　二〇二五
【注】「其」上原有墨筆點記。
其一千一百廿一斛四斗五升五合……　二〇二六
【注】「其」上原有墨筆點記。
其七斛二斗三升新吏黄龍二年限米　二〇二七

【注】「其」上原有墨筆點記。

其一百五十八斛二斗吏帥客黄龍二年限米 二〇二八

【注】「其」上原有墨筆點記。

☑萬九千三百卌二斛八斗七升五合□□米 二〇二九

☑□□五十一户口食……人 二〇三〇

☑□被督軍糧都尉嘉禾二年五月十二日…… 二〇三一

草言府縣不取吏民所市船事
六月十七日□曹掾番□白 二〇三二

出倉吏黄諱番慮所領嘉禾元年税吴平斛米卌五斛三斗二升爲稟斛
米卌七斛二斗 二〇三三

人月二斛除小月嘉禾二年三月廿日付監運掾□□ 二〇三四

八合堅閣左郎中郭據被督軍糧都尉移右節度府嘉禾二年六月十
一日己 二〇三五

申書給右大倉曹都典典事劉旦孫高……起嘉禾元年九月訖二年
□☑ 二〇三六

其廿九斛九斗民還黄龍二年税米 二〇三七

【注】「其」上原有墨筆點記。

其十九斛四斗六升價人李綏黄龍二年米 二〇三八

【注】「其」上原有墨筆點記。

其八千四百八十八斛六斗四升嘉禾元年税米 二〇三九

【注】「其」上原有墨筆點記。

其三百卌二斛五斗四升吏帥客嘉禾元年限米 二〇四〇

【注】「其」上原有墨筆點記。

其……斛八斗七升嘉禾元年税米 二〇四一

【注】「其」上原有墨筆點記。

出倉吏黄諱潘慮所領嘉禾元年税米十三斛九斗八升爲稟斛米卌三
斛四斗堅閣右郎中 二〇四二

其□百九十八斛三斗九升郡縣佃吏嘉禾元年限米 二〇四三

【注】「其」上原有墨筆點記。

其七斛五斗黄武七年麦種粺米 二〇四四

【注】「其」上原有墨筆點記。

其二斛八斗郡士及都尉區弈嘉禾元年佃米 二〇四五

【注】「其」上原有墨筆點記。

其一百七十斛五斗私學嘉禾元年限米 二〇四六

【注】「其」上原有墨筆點記。

☑平斛米一萬四千四百一十六斛九斗五升五合 二〇四七

其卌一斛監池司馬鄧邵嘉禾元年限錢米 二〇四八

【注】「其」上原有墨筆點記。

承四月旦簿餘吴平斛米一萬四千一百卌四斛七斗三升七合 二〇四九

其七十九斛州佃吏徐昌嘉禾元年限米 二〇五〇

【注】「其」上原有墨筆點記。

其卌六斛五升司馬黄升黄龍元年限米 二〇五一

【注】「其」上原有墨筆點記。

其十四斛一斗五升叛士黄龍元年限米 二〇五二

【注】「其」上原有墨筆點記。

其二斛三斗嘉禾元年……米 二〇五三

【注】「其」上原有墨筆點記。

其八百八十七斛六斗一升嘉禾元年盈（？）米 二〇五四

【注】「其」上原有墨筆點記。

其一百四斛一斗嘉禾二年盈（？）米 二〇五五

【注】「其」上原有墨筆點記。

其一百一十一斛五斗郵卒嘉禾元年限米 二〇五六

【注】「其」上原有墨筆點記。

其廿七斛衛士嘉禾元年限米 二〇五七

【注】「其」上原有墨筆點記。

其五斛嘉禾二年火種租米 二〇五八

【注】「其」上原有墨筆點記。

其六百廿九斛□斗三升吏帥客嘉禾元年限米 二〇五九

【注】「其」上原有墨筆點記。

其六十四斛八斗八升佃卒黄龍元年限米　二〇六〇
【注】「其」上原有墨筆點記。
其九斛州佃吏董基黄龍二年限米　二〇六一
【注】「其」上原有墨筆點記。
其十七斛六斗三升佃吏□□黄龍二年限米　二〇六二
【注】「其」上原有墨筆點記。
其二百八十二斛六斗私學黄龍元年限米　二〇六三
【注】「其」上原有墨筆點記。
四月入月三斛……　二〇六四
出倉吏黄諱潘慮所領嘉禾元年税吳平斛米三斛八斗四升爲稟斛米
四斛塈閣右郎中　二〇六五
其十九斛四斗六升價人李綏黄龍二年米　二〇六六
【注】「其」上原有墨筆點記。
其廿斛州佃吏鄭脩黄武六年限米　二〇六七
其卅九斛一斗黄龍二年私學限米　二〇六八
【注】「其」上原有墨筆點記。
其十九斛四斗六升價人李綏黄龍二年米　二〇六九
【注】「其」上原有墨筆點記。
馮禄（？）吏　二〇七〇
其廿六斛六斗三州倉所簿黄龍元年□米　二〇七一
【注】「其」上原有墨筆點記。
其□九斛一斗黄龍三年私學限米　二〇七二
【注】「其」上原有墨筆點記。
其□□□五斛五斗五升吏帥客黄龍二年限米　二〇七三
【注】「其」上原有墨筆點記。
其五十斛七斗三升黄龍三年盈溢米　二〇七四
【注】「其」上原有墨筆點記。
其七斛九斗新吏烝勉還運道縣黄武六年米　二〇七五
【注】「其」上原有墨筆點記。

中李嵩被督軍糧都尉嘉禾二年四月十七日丁□書給監運掾諸慎
所領吏　二〇七六
入郡縣佃吏嘉禾元年限米七十五斛五斗　二〇七七
其一百五十斛九斗故吏番觀所備船師張盖建安廿六年折咸米
二〇七八
【注】「其」上原有墨筆點記。
出倉吏黄諱潘慮所領嘉禾元年税吳平斛米一百二斛二斗四升爲稟
斛米一百六斛五斗塈閣右　二〇七九
卌九人嘉禾二年閏月食其一人三斛十五人人二斛五斗廿三人
人二斛其年四月□□日□□書史　二〇八〇
【注】據陳垣《魏蜀吳朔閏異同表》，嘉禾二年閏五月。張培瑜《魏蜀吳朔閏異同表》同。
其卅四斛故（？）吏□□所備黄武□年擿折咸限米　二〇八一
【注】「其」上原有墨筆點記。
其一百一十九斛嘉禾二年郵卒限米　二〇八二
【注】「其」上原有墨筆點記。
入新吏黄龍三年限米卌一斛　二〇八三
其卌斛三斗六升吏帥客黄龍二年限米　二〇八四
【注】「其」上原有墨筆點記。
李嵩被督軍糧都尉嘉禾二年四月七日丁酉書給右選曹尚書郎貴
倩所將諸　二〇八五
入三州倉運黄龍二年佃卒限米二斛八斗　二〇八六
其七十九斛六斗新吏黄龍三年限米　二〇八七
【注】「其」上原有墨筆點記。
其五十九斛私學黄龍二年限米　二〇八八
【注】「其」上原有墨筆點記。
其二千二百卌一斛六斗九升吏帥客嘉禾元年限米　二〇八九
【注】「其」上原有墨筆點記。
其六百一十七斛四升嘉禾元年新吏限米　二〇九〇

【注】「其」上原有墨筆點記。

入三州倉運民還黃龍二年私學限米五斛　二〇九一

宜陽里户人公乘李僉（？）年五十三　二〇九二

其三百七斛四斗七升二合黃龍三年吏帥客限米　二〇九三

【注】「其」上原有墨筆點記。

其六十三斛五斗五升新還民嘉禾元年限米　二〇九四

【注】「其」上原有墨筆點記。

入三州倉運黃龍二年新吏限米廿八斛八升　二〇九五

入三州倉運黃龍二年税米八百一十四斛七斗五升　其二斛白米　二〇九六

其五十七斛私學黃龍三年限米　二〇九七

【注】「其」上原有墨筆點記。

入三州倉運黃龍二年吏帥客限米□斛七斗六升　二〇九八

其三百五十八斛四斗六升黃龍三年租米　二〇九九

【注】「其」上原有墨筆點記。

其九十一斛三斗司馬黃升嘉禾元年限米　二一〇〇

【注】「其」上原有墨筆點記。

入三州倉運郎中王毅（？）黃武六年佃禾准米三斛　二一〇一

【注】「其」上原有墨筆點記。

其六斛私學嘉禾二年限米　二一〇二

【注】「其」上原有墨筆點記。

關司馬□興書史周□黃龍二年三月直其年五月十□日……　二一〇三

其二百一十一斛二斗四升八合黃龍三年税米　二一〇四

【注】「其」上原有墨筆點記。

右出襍（？）吳平斛米九百卌六斛四斗九升四合　二一〇五

【注】「右」上原有墨筆點記。

今餘吳平斛米三萬七千三百五十九斛七斗四升三合　二一〇六

【注】「今」上原有墨筆點記。

其二百八十一斛九斗四升私學嘉禾元年限米　二一〇七

【注】「其」上原有墨筆點記。

其廿七斛六斗民還黃龍元年税米　二一〇八

【注】「其」上原有墨筆點記。

其七百廿五斛二斗四升六合嘉禾元年税米　二一〇九

【注】「其」上原有墨筆點記。

草言……事

□月□□〼　二一一〇

入嘉禾元年火種租米三升　二一一一

入三州倉運嘉禾元年粢租米一百八十九斛六斗四升　二一一二

入嘉禾元年税米五百八十四斛二斗三升　其五百一斛三斗三升三

州倉運米　二一一三

〼帥客嘉禾元年限米二百七十三斛□升

其二百斛白米　二一一四

其一百四斛一斗嘉禾元年盈米　二一一五

出三千七百二萬四百五十五斛七斗九升運詣集所給稟將□　二一一六

入民還二年所貸嘉禾元年吏帥客限米一百九斛六斗　二一一七

其五十斛□斗佃吏鄭□嘉禾元年限米　二一一八

其五十四斛□斗黃武五年税米　二一一九

【注】「其」上原有墨筆點記。

其廿七斛六斗三升故吏□□黃龍三年臧錢米　二一二〇

【注】「其」上原有墨筆點記。

其一千六十九斛八斗四升新吏嘉禾元年限米　二一二一

【注】「其」上原有墨筆點記。

其二千五百九十九斛八斗七升吏帥客嘉禾元年限米　二一二二

【注】「其」上原有墨筆點記。

其一百卌七斛七斗新還民嘉禾元年限米　二一二三

【注】「其」上原有墨筆點記。

其……佃吏嘉禾元年限米　二一二四

【注】「其」上原有墨筆點記。

君教 重校 已核　丞珍如掾　掾烝脩如曹　期會掾烝若校

主記史陳嗣省　嘉禾三年正月十五日白嘉禾二年起四月一日訖閏月卅日襍米旦簿草　二一二四（一）

【注】本簡爲小木牘。「重校」、「已核」爲批語，「珍」、「嗣」為花押。又，據陳垣《魏蜀吴朔閏異同表》，嘉禾二年閏五月。張培瑜《魏蜀吴朔閏異同表》同。

其卅六斛三升新吏黃龍二年限米 二一二五

【注】「其」上原有墨筆點記。

其五斛一斗郡士及都尉區步嘉禾元年租米 二一二六

【注】「其」上原有墨筆點記。

入黃龍三年税米卅斛 二一二七

入三州倉運黃龍三年郵卒限米十一斛五斗 二一二八

入私學黃龍元年限米…… 二一二九

入新吏黃龍元年限米十四斛二斗 二一三〇

其五斛一斗一升嘉禾元年復民租米 二一三一

【注】「其」上原有墨筆點記。

入私學嘉禾元年限米廿七斛九斗 二一三二

入嘉禾二年租米五百卌七斛一斗四升 二一三三

其二萬九百斛五升四合嘉禾元年税米 二一三四

【注】「其」上原有墨筆點記。

其……斛六斗八升嘉禾元年麦種租米 二一三五

入監池司馬鄧邵嘉禾二年限米卅六斛四斗 二一三六

其六百七十四斛九斗一升嘉禾元年襍盈米 二一三七

兵曹言大男樂會等三人傳任事

嘉禾六年三月二日書佐吕承封 二一三八

□曹言州中倉米二百八斛□司馬王□等卌五人事

嘉禾六年十二月九日書佐吕承封 二一三九

其一百斛五斗八升監運掾妊度漬米 二一四〇

【注】「其」上原有墨筆點記。

其十斛州佃吏鄭脩黃龍元年限米 二一四一

【注】「其」上原有墨筆點記。

入私學嘉禾元年限米十八斛四斗五升　中 二一四二

入吏帥客嘉禾元年限米卅九斛八斗　其十斛五斗三州倉運米　中 二一四三

其五十九斛四斗民還二年所貸黃龍三年税米 二一四四

【注】「其」上原有墨筆點記。

其廿二斛五斗吏烝若等備黃武五年租米 二一四五

【注】「其」上原有墨筆點記。

其廿斛三州倉運佃卒黃武五年限米 二一四六

【注】「其」上原有墨筆點記。

右襍米二萬三千二斛九斗八升 二一四七

其卅六斛三升新吏黃龍二年限米 二一四八

【注】「其」上原有墨筆點記。

其七十五斛四斗四升新吏周章……黃龍二年限米 二一四九

【注】「其」上原有墨筆點記。

其卅三斛五斗嘉禾元年火種租米 二一五〇

【注】「其」上原有墨筆點記。

其二百廿七斛六斗八升吏帥客嘉禾元年限米 二一五一

【注】「其」上原有墨筆點記。

其三斛郵卒嘉禾二年限米 二一五二

【注】「其」上原有墨筆點記。

其十四斛吏帥客嘉禾二年限米 二一五三

【注】「其」上原有墨筆點記。

⧄州佃吏徐晶嘉禾元年限米廿一斛 二一五四

入嘉禾元年税米廿九斛 二一五五

其五十五斛五升郵卒黃龍三年限米 二一五六

【注】「其」上原有墨筆點記。

其二百一十八斛郡掾利焉嘉禾元年限米 二一五七

【注】「其」上原有墨筆點記。

其三斛四斗郎中王毅黃武六年佃卒淮米 二一五八

【注】「其」上原有墨筆點記。

其卅四斛五斗叛士黃龍二年限米 二一五九

【注】「其」上原有墨筆點記。

其[七][十][九]斛六斗新吏黃龍三年限米　二二六〇
其七十一斛州佃吏鄭脩徐[圖]嘉禾元年限米　二二六一
其一斛船師何春備建安廿七年折咸米　二二六二
其六百八十三斛三斗五升嘉禾元年租米　二二六三
其三百八十七斛二斗三升黃龍三年租米　二二六四
其一萬三千五百卌一斛一斗二升[嘉][禾]元年稅米　二二六五
其十斛三斗佃卒黃龍二年限米　二二六六
其一百卅五斛二斗五升嘉禾二年稅米　二二六七
其四百四斛八斗五升郡縣佃吏嘉禾元年限米　二二六八
【注】「其」上原有墨筆點記。
年叛士限米一百廿一斛三斗私學黃龍元年限米與倉吏監賢米七
十一[斛]☐☐　二二六九
入民還二年所貸嘉禾元年私學限米十七斛　二二七〇
其卌斛三斗六升吏帥客黃龍二年限米　二二七一
【注】「其」上原有墨筆點記。
入民還二年所貸嘉禾元年新吏限米十斛五斗　二二七二
其廿六斛六斗七升賊黃勳黃龍三年財[物]賈米　二二七三
☑二百三斛九斗一升黃龍二年稅米　二二七四
直嘉禾二年正月奉其年三月廿九日吏潘喜　二二七五
其一斛五斗三州倉運黃[武][七]年稅米　二二七六
入民還二年所貸嘉禾元年租米廿七斛　二二七七
……五千六百一十五斛四斗……　二二七八
其廿七斛六斗民還二年所貸黃龍元年稅米　二二七九
【注】「其」上原有墨筆點記。
其五斛司馬黃升黃龍二年限米　二二八〇
其十斛三斗佃卒黃龍二年限米　二二八一
【注】「其」上原有墨筆點記。
其九斛州佃吏董基黃龍二年限米　二二八二
【注】「其」上原有墨筆點記。
其五斛二斗黃龍二年稅米　二二八三
其一千九百廿八斛[五]斗八升吏帥客……米　二二八四
其五斛二斗黃龍二年稅米　二二八五
[入]民還二年所貸嘉禾元年稅米三百卅四斛一斗　二二八六
入監池司馬鄧邵嘉禾二年限錢米一百一十五斛　二二八七
月一日承八月餘米☐十一月卅日旦簿領襍米五萬六千七百斛　二二八八
其卌四斛五斗☐吏[黃][龍]……　二二八九
其[卅][四]斛五斗叛士黃龍二年[限][米]　二二九〇
入民還二年所貸……私學限米一斛九[斗]　二二九一
入新還民嘉禾元年限米七斛　二二九二
其十斛州佃吏鄭脩黃龍二年限米☑　二二九三
其廿七斛吏番[諮]（？）☐[黃][龍]元年吏帥客限米　二二九四
其四斛五斗[鄧][遂]☐☐……賊黃勳黃龍三年絹　二二九五
☑☐黃龍元年[限][米]　二二九六
☑……[賈]米　二二九七
其卅斛三斗六升吏帥客黃龍二年[限]　二二九八
其六十一斛三斗[新]還民黃龍三年限米　二二九九
其[卌]六斛五斗四升叛士黃龍三年限米　二三〇〇
【注】「其」上原有墨筆點記。
其廿二斛州佃吏[蔡][雅]董基黃龍三年限米　二三〇一
【注】「其」上原有墨筆點記。
入嘉禾二年火種租米七十九斛二斗　二三〇二
入民還二年所貸吏區光備黃龍元年……　二三〇三
☑　其七十三斛一斗五升司馬黃升黃龍三年[屯][田]限米　二三〇四
【注】「其」上原有墨筆點記。
☑　其六[百]☐十三斛三斗五升嘉禾元年租米　二三〇五
【注】「其」上原有墨筆點記。
其卌八斛四斗[嘉][禾][元]☑　二三〇六

入都鄉嘉禾二年所貸嘉禾元年税禾還米三斛〓嘉禾二年十二月廿日東溪丘男子毛布關邸閣李嵩付倉吏黃諱潘慮　二二〇七

【注】簡二二〇七至二二六〇出土時原爲一坨，揭剥順序參見《揭剥位置示意圖》圖十六。

☑督郡　二二〇八

右中鄉入民所貸嘉禾元年吏帥客限米卌□斛六斗五升　二二〇九

【注】「右」上原有墨筆點記。

入都鄉嘉禾二年所貸嘉禾税米三斛七斗胄畢〓嘉禾二年十一月□□日□下丘□□關邸閣李嵩付倉吏黃諱潘慮受　二二一〇

【注】「税米」字上脱「元年」二字。又，「下丘」上□左半殘缺，右半爲「且」。

入廣成鄉嘉禾二年貸食嘉禾元年税禾還米九斗〓嘉禾二年十一月六日□□丘男子廖園關邸閣李嵩付倉吏黃諱潘慮　二二一一

右模鄉入民所貸嘉禾元年吏帥客限米卌一斛　二二一二

【注】「右」上原有墨筆點記。

入都鄉嘉禾二年民所貸嘉禾元年税米六斛〓嘉禾三年正月十二日畢山丘男子鄭日關邸閣李嵩付倉吏黃諱潘慮　二二一三

入都鄉二年所貸元年税禾還米七斛五斗〓嘉禾二年十一月廿二日進渚丘大男劉怚關邸閣李嵩付倉吏黃諱史潘慮受　二二一四

入小武陵鄉還二年所貸嘉禾元年子弟限米二斛五斗〓嘉禾二年十一月□日□丘□□關邸閣李嵩付倉吏黃諱史潘慮受　二二一五

入小武陵鄉二年所貸嘉禾元年税禾還米一斛〓嘉禾二年十一月十六日武龍丘男子朱客關邸閣李嵩付倉吏黃諱史潘慮受　二二一六

入模鄉二年貸食嘉禾元年租米□斗〓嘉禾二年十一月十□日□丘大男□□關邸閣李嵩付倉吏黃諱史潘慮受　二二一七

【注】「丘」上□左半殘缺，右半爲「且」。

右諸鄉入貧民所貸嘉禾元年税米三百卌四斛六斗　二二一八

【注】「右」上原有墨筆點記。

入西鄉二年貸食嘉禾元年子弟限禾還米六斛〓嘉禾二年十月廿七日曠柔丘男子李□關邸閣李嵩付倉吏黃諱潘慮受　二二一九

入西鄉二年所貸嘉禾元年税禾還米□斛〓嘉禾二年十月二日黃連丘男子文悟關邸閣李嵩付倉吏黃諱潘慮　二二二〇

入都二年所貸嘉禾元年吏帥客限米三斛〓嘉禾二年十月十五日東溪丘男子莫得（？）關摶閣李嵩付倉吏黃諱史潘慮受　二二二一

【注】「都」下脱「鄉」字。

入小武陵鄉還二年所貸嘉禾元年税米卅九斛〓嘉禾二年□月□日□丘大男□□關邸閣李嵩付倉吏黃諱史潘慮　二二二二

入西鄉還二年貸食嘉禾元年私學限米一斛二斗〓嘉禾二年九月廿九日楊溲丘大男劉利關邸閣李嵩付倉吏黃諱潘慮受　二二二三

右都鄉入貧民所貸嘉禾元年吏帥客限米三斛　二二二四

【注】「右」上原有墨筆點記。

入都鄉二年所貸嘉禾元年税禾還米二斛〓嘉禾二年十月廿日木唐丘男子唐禾關邸閣李嵩付倉吏黃諱史潘慮受　二二二五

入小武陵鄉二年貸食嘉禾元年税禾還米十四斛〓嘉禾二年十月廿一日州上丘男子烝弱關摶閣李嵩付倉吏黃諱史潘慮受　二二二六

入□鄉二年所貸嘉禾元年税禾還米十二斛□斗五升〓嘉禾二年十月廿日□元丘男子鄭□關邸閣李嵩付倉吏黃諱史潘慮　二二二七

右小武陵鄉入貧民所貸嘉禾元年税米九十三斛　二二二八

【注】「右」上原有墨筆點記。

入都鄉二年所貸嘉禾元年税米四斛二斗五升〓嘉禾二年十月十七日蕢瘦（？）丘大男□□關邸閣李嵩付倉吏黃諱潘慮受　二二二九

☑□□貸食嘉禾元年……〓嘉禾二年十二月廿一日進□丘□□□關邸閣李嵩付倉吏黃諱史潘慮受　二二三〇

右□鄉入民所貸嘉禾□年私學限米□斛　二二三一

【注】此簡僅存右半。「右」上原有墨筆點記。

入小武陵鄉嘉禾二年所貸食司馬黃升嘉禾元年屯田限禾米三斛五斗〓嘉禾二年十月廿二日□唐丘男子周同關邸閣李嵩付倉吏黃諱史潘慮受　二二三二

【注】此簡僅存右半。「限禾」下脱「還」字。

右西鄉入二年所貸嘉禾元年私學限米十斛二斗　二二三三

【注】「右」上原有墨筆點記。

右小武陵鄉入二年民所貸嘉禾元年屯田限米三斛五斗　二二三四

【注】「右」上原有墨筆點記。

……⊠嘉禾二年十月廿日厭下丘大男□□關堅閣李嵩付倉吏黃諱潘慮　二二三五

【注】本簡僅存左半。

入西鄉二年所貸嘉禾元年稅米四斛⊠嘉禾二年十月十五日上俗丘
男子烝軍關堅閣李嵩付倉吏黃諱潘慮受　二二三六

入中鄉二年所貸嘉禾元年吏客限禾還米七斛七斗⊠嘉禾二年十一
月十四日緒中丘男子□□關堅閣李嵩付倉吏黃諱潘慮　二二三七

入小武陵鄉二年貸食嘉禾元年稅米十三斛四斗⊠嘉禾二年……關
堅閣李嵩付倉吏黃諱潘慮　二二三八

【注】本簡僅存右半。

入中鄉還二年貸食嘉禾元年子弟限米□斛⊠嘉禾二年十月四日空
溲丘大男周□關堅閣李嵩付倉吏黃諱潘慮　二二三九

入中鄉所貸嘉禾元年吏帥客限米八斛⊠嘉禾二年十月四日桐佃丘
男

子朱忠關堅閣李嵩付倉吏黃諱潘慮　二二四〇

入中鄉二年所貸吏帥客嘉禾元年大（？）米八斛⊠嘉禾二年十月
十七日唐下丘大男潘船關堅閣李嵩付倉吏黃諱潘慮　二二四一

右小武陵鄉入貧民所貸嘉禾元年佃吏限米四斛□斗　二二四二

【注】「右」上原有墨筆點記。

入中鄉二年所貸嘉禾元年稅禾還米十二斛五斗⊠嘉禾二年十一月
八日大田丘李南關堅閣李嵩付倉吏黃諱史潘慮受　二二四三

入小武陵鄉二年所貸嘉禾元年新吏限米四斛五斗⊠嘉禾二年十月
廿九日合丘□□關堅閣李嵩付倉吏黃諱潘慮　二二四四

入中鄉二年所貸嘉禾元年吏帥客限米二斛九斗⊠嘉禾二年十月三
日進□丘黃□關堅閣李嵩付倉吏黃〼　二二四五

【注】本簡上部僅存右半。

右模鄉入民所貸嘉禾元年私學限米五斛　二二四六

【注】「右」上原有墨筆點記。

入都鄉嘉禾二年所貸元年禾還米二斛一斗⊠嘉禾二年十一月□□
日

□□丘大男□□關堅閣李嵩付倉吏黃諱史潘慮受　二二四七

【注】本簡下部僅存右半。「禾還米」上脱「稅」字。

入西鄉二年所貸嘉禾元年稅禾還米二斛⊠嘉禾二年十一月十八日
下俗丘□□關堅閣李嵩付倉吏黃諱潘慮　二二四八

【注】「丘」下第二□左半殘缺，右半爲「者」。

入□鄉二年所貸嘉禾元年稅禾還米四斛⊠嘉禾二年……關堅閣李
嵩付倉吏黃諱史潘慮受　二二四九

入西鄉二年所貸嘉禾元年稅禾還米四斛⊠嘉禾二年十一月八日租
下丘李□關堅閣李嵩付倉吏黃諱史潘慮受　二二五〇

入西鄉二年貸嘉禾元年稅米二斛八斗⊠嘉禾二年十一月十八日錫
丘男子周𥏻（？）關堅閣李嵩付倉吏黃諱番慮　二二五一

入平鄉還二年所貸嘉禾元年子弟限米□斛⊠嘉禾二年十二月十□
日□□丘大男□□關堅閣李嵩付倉吏黃諱〼　二二五二

入□鄉二年所貸嘉禾元年子弟限禾還米□斛⊠嘉禾二年十一月廿
八日□丘□□關堅閣李嵩付倉吏黃諱潘慮　二二五三

入都鄉民還貸食嘉禾元年稅禾還米五斛⊠嘉禾二年十二月廿二日
逢渚丘王大關堅閣李嵩付倉吏黃諱潘慮　二二五四

入□鄉二年所貸嘉禾元年子弟限米一斛⊠嘉禾二年……關堅閣李
嵩〼　二二五五

入西鄉二年所貸嘉禾元年稅禾還米六斛七斗五升⊠嘉禾二年十一
月十八日□□丘□□關堅閣李嵩付倉吏黃諱潘慮　二二五六

【注】本簡下部僅存左半。「丘」上第一□右半殘缺，左半從「木」。

右模鄉入民所貸嘉禾元年佃吏限米七斗七升　二二五七

右模鄉入民所貸嘉禾元年吏師客限米一斛　二二五八

右中鄉入民所貸嘉禾元年私學限米三斛　二二五九

右諸鄉入民所貸嘉禾元年吏師客限米百九斛六斗　二二六〇

【注】「右」上原有墨筆點記。

其卌五畝卌一步　水敗不收　二二六一

【注】簡二二六一至二三九一出土時原爲一坨，揭剥順序參見《揭剥位置示意圖》圖十七。

嘉禾四年六月戊申朔十一日戊午南鄉勸農掾謝韶叩頭死罪敢言之　二二六二

上鄉里户人唐□年卌六踵足　▨　二二六三

右□家口食六人　其□□▨　二二六四

【注】「右」上原有墨筆點記。

▨□里户人區□年卌三刑左足　妻汝年廿六　▨　二二六五

其一百八十四人男　二二六六

□子男□年五歲　二二六七

【注】「子男」上□右半殘缺，左半從「木」。

妻大女□年廿九　二二六八

宜（？）都里户人公乘……　二二六九

其八十一人女　二二七〇

右□家口食十五人　其十三人男二人女　二二七一

□妻大女□年□□　子男□年五歲　二二七二

右□家口食□人　其三人男□人女　二二七三

右□家口食四人　訾　五　十　二二七四

【注】「右」上原有墨筆點記。

右□家口食□人　其□人男□人女　二二七五

【注】「右」上原有墨筆點記。

右□家口食三人　……▨　二二七六

□子男赤年十五　赤男弟通年十一　二二七七

宜都里户人公乘徐□年□十八　訾　五　十　二二七八

【注】「徐」下□右半殘缺，左半從「言」。

右學家口食□人　其□人男□人女　二二七九

妻大女□年卅□　男弟賢年十三　二二八〇

其五户郡縣吏　□□　二二八一

華男弟娟年六歲　二二八二

益妻大女姑年卅　子男□年九歲　二二八三

其六十四斛一斗郡掾利焉黄▨　二二八四

子男萇年十二　姪子男華年廿　二二八五

□男弟□年□歲　二二八六

宜都里户人公乘潭學年□□　訾　五　十　二二八七

妻大女汝年卌　二二八八

宜都里户人公乘潭□年卅□　訾　五　十　二二八九

□□□年十六　□妻大女□年□□　二二九〇

▨　其□人男□人女　二二九一

▨□年五歲　□女弟兒年三歲　二二九二

宜陽里户人□□年廿四軍吏　父慈年六十一　慈妻□年卌……　二二九三

鄉（？）過（？）年領吏民粢田廿四畝廿二步　二二九四

田（？）户（？）曹謹列諸鄉嘉禾四年……數簿　二二九五

凡口六事四　筭四事　二二九六

稹妻姑年廿八　稹男弟□年十三　二二九七

習子男赿年八歲　習姪子男純年八歲佳右手　二二九八

右平家口食三人　其二人男一人女　二二九九

【注】「右」上原有墨筆點記。

其二户限佃民　下品　二三〇〇

☒　右平家口食三人　其二人男一人女　二三〇一
【注】「右」上原有墨筆點記。
其二百九十二斛一斗新還民黃龍☒　二三〇二
右十戶下戶之下　二三〇三
【注】「右」上原有墨筆點記。
☒　其二百廿六斛八斗四升吏帥黃龍元年限米　☒　二三〇四
右□家口食□人　訾　五　☒　二三〇五
【注】「右」上原有墨筆點記。
春平里戶人公乘□□年……　妻從年卅三筭一　二三〇六
右稂家口食八人　筭☒　二三〇七
【注】「右」上原有墨筆點記。
合朱石父自實得田四頃五畝　二三〇八
高遷里戶人公乘□□年六十二盲左目　訾　五　十　二三〇九
高遷里戶人公乘鄧陽年六十九　訾　五　十　二三一〇
高遷里戶人公乘□□年……　訾　五　十　二三一一
平母大女妾年六十九　平妻大女□年……　二三一二
男弟驚年六歲　……　二三一三
平男弟□年十七筭一　季父調年七十五刑右足　二三一四
妻大女姿年五十一筭一　子男□年十三　二三一五
凡口六事五　筭一事　二三一六
妻大女思年卅五筭一　子男□年三歲　二三一七
姪子男□年五歲　二三一八
高遷里戶人公乘李□年卅五筭一腹心病　訾　五　十　二三一九
凡口五事一　……　二三二〇
□男弟□年三歲　姪子男□年四歲腹心病　二三二一
姪子男客年六歲　客男弟□年四歲　二三二二
凡口七事六　筭二事一　二三二三
凡口六事□　筭二事一　二三二四
其卅五斛嘉禾元年……米　二三二五
【注】「其」上原有墨筆點記。
其二百卅二斛監池司馬鄧邵嘉禾元年限米　二三二六
【注】「其」上原有墨筆點記。
出倉吏黃諱潘慮所領嘉禾元年稅吳平斛米二百卌斛爲稟斛米二百
五十斛□□　二三二七
其十二斛五斗六升……　二三二八
其卅三斛黃龍二年叛士限米　二三二九
【注】「其」上原有墨筆點記。
其三百一十七斛五斗二升黃龍三年稅米　二三三〇
【注】「其」上原有墨筆點記。
其九千一百八十三斛五斗嘉禾元年稅米　二三三一
【注】「其」上原有墨筆點記。
□子男□年四歲　姪子男□年十三　二三三二
高遷里戶人公乘吳容（？）年廿筭一　訾　五　十　二三三三
右承餘新入吳平斛米二萬四千一百五十七斛六斗三升六合　二三三四
【注】「右」上原有墨筆點記。
□子男□年四歲……　二三三五
妻大女奇年卅二筭一　子男□年七歲　二三三六
□女弟□年七歲　二三三七
其四百六十三斛九斗嘉禾元年新還民……☒　二三三八
□男弟沛年九歲　沛男弟□年六歲　二三三九
妻大女妾年卅五筭一　子女□年□歲　二三四〇
……年十三　□男弟□年……　二三四一
妻大女□年卅二筭一　男弟賢年十三　二三四二
其十九斛四斗六升價人李綏黃龍二年米　二三四三
【注】「其」上原有墨筆點記。
其一百斛州佃吏蔡雅董基嘉禾元年限米　二三四四
【注】「其」上原有墨筆點記。

其七斛三斗佃卒黃龍二年限米　二三四五

【注】「其」上原有墨筆點記。

宜陽里户人區平年……　妻汝年卌九　平男姪顔年七歲　二三四六

宜陽里户人區多年八十五　妻□年六十七　子男晶年□一……　二三四七

右丑家口食五人　訾　五　十　二三四八

〼嘉禾二年正月十八日己卯書給監運掾周羡所領吏士九十〼　二三四九

賢男弟吴年九歲　二三五〇

右□家口食四人　訾　五　〼　二三五一

【注】「右」上原有墨筆點記。

〼子女□年七歲　姪子男□年十一佳□足　二三五二

宜陽里户人□曾年五十　妻汝年卅　曾子男斗年七歲腹心病　二三五三

純男弟蒡年四歲　□姪子男馬年五歲　二三五四

……　□兄子鄧年十六　二三五五

右□家口食二人　訾　五　十　二三五六

【注】「右」上原有墨筆點記。

□□□公（?）私（?）文（?）書（?）……　二三五七

入黃龍二年租米四斛二斗□升　……　二三五八

其六百七十四斛七斗一升嘉禾元年襍盈米　二三五九

【注】「其」上原有墨筆點記。

其八十三斛五斗……〼　二三六〇

【注】「其」上原有墨筆點記。

其九十斛叛士黃龍元年限米　二三六一

【注】「其」上原有墨筆點記。

〼□□年五十□　□□男弟倍年十四　二三六二

其一十二斛一斗五升司馬黃升〼　二三六三

【注】「其」上原有墨筆點記。

領士李已等四人嘉禾二年五月直人二斛其二年五月十三日付屯

士李黑　二三六四

其二千二百卌一斛六斗九升吏帥客嘉禾元年限米　二三六五

【注】「其」上原有墨筆點記。

其……廿八斛七斗監池司馬鄧邵嘉禾元年□魚賈米　二三六六

【注】「其」上原有墨筆點記。

盧妻□年十……　盧妻男弟棟年八歲　二三六七

上鄉里户人吴般年卅三踵足　母妾年七十四　般妻汝年卅一　二三六八

右□家口食三人　訾　五　十　二三六九

其十户郡縣吏　二三七〇

出倉吏黃諱番慮所領嘉禾元年税吴平斛米卅三斛八斗墅閣右郎中

李嵩被　二三七一

□男弟未年七歲　……　二三七二

子男丙年五歲　二三七三

〼……≡×……關墅閣李嵩……　二三七四

〼……□米二百九十一斛……黃龍三年限米〼　二三七五

其七十一斛一斗私學黃龍二年限米　二三七六

【注】「其」上原有墨筆點記。

其十六斛郡吏士還所貸黃龍元年税米　二三七七

【注】「其」上原有墨筆點記。

入吏帥客黃龍二年限米卅三斛二斗　二三七八

其一百廿六斛……〼　二三七九

【注】「其」上原有墨筆點記。

入平鄉還所貸嘉禾元年子弟限米三斛≡×嘉禾二年十一月十七日僕

丘男子漳佃關墅閣李嵩付倉吏黃諱番慮受　二三八〇

〼□米二千三百廿六斛七斗九升　二三八一

其廿一斛郡掾利焉黃龍二年限米　二三八二

【注】「其」上原有墨筆點記。

宜陽里户人李□年六十一　子男頭年十九　頭妻□年十□　二三八三

右平家口食四人　訾　五　〼　二三八四

其廿六斛三升新吏黃龍元年限米　二三八五

【注】「其」上原有墨筆點記。

☑妻朱年七十二　子男盖年卌八　二三八六

☑　昌從兄岑年八十刑右手　昌姪子男客年六歲盲目　二三八七

☑　其卌斛四斗郡掾□□所貸𧶘黄勳黄龍三年絹賈米　二三八八

其五戶佃帥　二三八九

【注】「其」上原有墨筆點記。

入郵卒黄龍三年限米二斛　二三九〇

☑元年不領豆租無所條列事　六月十一日兼倉曹史趙野白　二三九一

高遷里戶人公乘衞□年五十四　訾　五　☑　二三九二

【注】簡二三九二至二四二三出土時原爲一坨，揭剥順序參見《揭剥位置示意圖》圖十八。

右示家口食九人　其六人男 三人女　二三九三

【注】「右」上原有墨筆點記。

右彊家口食十二人　其九人男 三人女　二三九四

【注】「右」上原有墨筆點記。

高遷里戶人公乘蔡嬰年□八給縣吏　訾　五　十　二三九五

右□家口食四人　其二人男 二人女　二三九六

【注】「家」上□右半殘缺，左半從「糸」。

聲母大女□年九十五　聲妻大女㮚年廿三　二三九七

☑……淹年五十一……　訾　五　十　二三九八

高遷里戶人公乘張鄭年卅七給州吏　訾　一　□　二三九九

其九戶給郡縣吏　二四〇〇

其一百一十二人女　二四〇一

□子男□年五歲　二四〇二

其二戶給州吏　二四〇三

右萇家口食三人　其二人男 一人女　二四〇四

妻大女妾年卅二　子女兒年四歲　二四〇五

吉陽里戶人公乘廖萇年卅五　二四〇六

吉陽里戶人公乘大女鄭妾年五十七　二四〇七

□子男兔年十五腫兩足　兔男弟虎年八歲　二四〇八

姪子男世年十二　純姪子男碩年九歲　二四〇九

姪子男汙年八歲　二四一〇

右設家口食五人　其四人男 一人女　二四一一

設母老女妾年六十三　設男弟斗年十六　二四一二

右純家口食六人　其五人男 一人女　二四一三

□子男□年九歲　□女弟□年四歲　二四一四

【注】「子男」上□右部殘缺，左部从「月」。

倿母大女椎年卅三　倿妻大女汝年十五　二四一五

右妾家口食八人　其四人男 四人女　二四一六

吉男弟兒年三歲　二四一七

右傳家口食六人　其四人男 二人女　二四一八

【注】「右」上原有墨筆點記。

陵男弟石年五歲　姪子德年五歲　二四一九

【注】「姪子」下脱「男」或「女」字。

平陽里戶人公乘文啟年五十四　二四二〇

妻大女思年卅　子男角（?）年五歲　二四二一

☑　子男學年五歲　學弟奉年三歲　二四二二

【注】「弟」上脱「男」或「女」字。

□女弟□年十二　從父公乘待七十一腫足　二四二三

【注】「七十」上脱「年」字。

妻大女□年□十五　子男咸年廿一腫足　二四二四

【注】簡二四二四至二四四五出土時原爲一坨，揭剥順序參見《揭剥位置示意圖》圖十九。

暘男弟岑年九歲　暘從父□年卅一腫足　二四二五

待妻大女□年五十一　姪子男□年七歲踵足　二四二六

□□里户人公乘□□年□十□　二四二七

高遷里户人公乘□□年□□　訾　五　十　二四二八

□女弟□年三歲　二四二九

妻大女禾年卌六　小妻大女妾年卅　二四三〇

子男巴年廿二　巴妻大女思年廿四　二四三一

右□家口食□人　其二人男 □人女　二四三二

【注】本簡僅存右半。「右」上原有墨筆點記。

右□家口食□人　其□人男 □人女　二四三三

【注】本簡僅存左半。「右」上原有墨筆點記。

右謂家口食六人　其五人男 一人女　二四三四

【注】「右」上原有墨筆點記。

宜（？）陽里户人公乘烝進年卅八　二四三五

妻大女曲年卅一　子男及（？）年八歲　二四三六

謂□父公乘寅（？）年八十一　二四三七

右□家口食四人　其二人男 二人女　二四三八

【注】「右」上原有墨筆點記。

□□里户人公乘□□年九十六　妻大女妾年七十四　二四三九

右取家口食四人　其一人男 三人女　二四四〇

【注】「右」上原有墨筆點記。

姪子男□年五歲刑左手　二四四一

平陽里户人公乘劉兑年五十八　訾　五　十　二四四二

平陽里户人公乘朱樱年……　訾　五　十　二四四三

平陽里户人公乘烝困年六十五　訾　五　十　二四四四

子女縣（？）年十六　縣（？）男弟武（？）年六歲　二四四五

□□里户人公乘……　二四四六

【注】簡二四四六至二四七〇出土時原爲一坨，揭剥順序參見《揭剥位置示意圖》圖二十。

□□里户人公乘……　二四四七

右敦家口食五人　其三人男 □人女　二四四八

平陽里户人公乘鄭租（？）年卅　訾　五　十　二四四九

右租（？）家口食一人　其一人男　二四五〇

右署（？）家口食五人　其四人男 一人女　二四五一

【注】「右」上原有墨筆點記。

姪子男逞年十　外姪子男棟年七歲苦雀（？）手　二四五二

右□家口食四人　其二人男 二人女　二四五三

【注】「右」上原有墨筆點記。

妻大女□年卅　姪子女思年六歲　二四五四

□男弟盖年五歲　二四五五

妻大女取年卅三　子女吉年十　二四五六

右緈（？）家口食三人　其一人男 二人女　二四五七

【注】「右」上原有墨筆點記。

脩女弟兒年四歲　二四五八

妻大女妾年十六　緈妻母大女曾年卅一　二四五九

告（？）女弟姑年八歲　二四六〇

……　子男□年八歲　二四六一

□□子女君年八歲　君男弟□年六歲　二四六二

右□家口食八人　其四人男 四人女　二四六三

【注】「右」上原有墨筆點記。「家」上□右半殘缺，左半從「扌」。

東外甥貴年七十三　二四六四

新成里户人公乘文栗年七十二　五年十一月十九日物故　妻大女
思年六十□　二四六五

右有家口食八人　其三人男 五人女　二四六六

【注】「右」上原有墨筆點記。

新成里户人公乘黄取年卌□　妻大女思年廿四　子男狗年七歲　二四六七

草言被……五行大男許迪陳佐事
……五日……書史……　二四六八

……事　……　二四六九

☑　右純家口食三人　其一人男二人女　二四七〇

右栗家口食四人　其二人男二人女　二四七一

【注】「右」上原有墨筆點記。簡二四七一至二五一八出土時原爲一坨，揭剥順序參見《揭剥位置示意圖》圖二十一。

□□□□□佃卅……步　☑　二四七二

【注】第五□左半殘缺，右半從「攵」。

妻大女貞年六十一　子男鵠年十七　二四七三

妻大女□年卌二　子ㄋ慮年廿二　二四七四

【注】「大女」下□左半殘缺，右半爲「青」。

右杲家口食五人　其三人男二人女　二四七五

【注】「右」上原有墨筆點記。

右斑家口食六人　其四人男二人女　二四七六

【注】「右」上原有墨筆點記。

庾陽里户人公乘朱覬年卌二踵兩足　二四七七

妻大女□年卌二筭一　子男曰年七歲踵兩足　二四七八

……□□□□……□三　二四七九

子男□年□歲　二四八〇

妻……　……年三歲　二四八一

妻大女絞年五十　子女糸年六歲　二四八二

右逋（？）家口食四人　其三人男一人女　二四八三

【注】「右」上原有墨筆點記。

庾陽里户人公乘鄧樵年六十四　二四八四

……年五十腫足　……年□歲　二四八五

銀（？）妻大女□年廿七　銀子女早（？）年六歲　二四八六

彊妻大女□年廿八　子男末年四歲　二四八七

【注】「大女」下□左半殘缺，右半從「頁」。

巴男弟敀年十五　敀妻大女澂年廿一　二四八八

□男弟□年七歲　偲（？）男弟銀年卅五　二四八九

【注】前「男弟」下□下半殘缺，上半從「广」。

庾陽里户人公乘朱□年卅七給軍吏　二四九〇

【注】「朱」下□右半殘缺，左半從「食」。

姪子男彊年十五筭一　彊妻大女造年十九筭一　二四九一

將姪子男□年卌八　□子男林年七歲　二四九二

右郡家口食四人　從男弟□年五歲　其三人男一人女　二四九三

□妻大女姑年廿　□男弟□年七歲　二四九四

妻大女思年廿八　子男佰年九歲　一名□　二四九五

右□家口□食三人　其二人男一人女　二四九六

【注】「右」上原有墨筆點記。

右和家口食七人　其五人男二人女　二四九七

姪子男弟□年五歲　□姪男政年七歲　二四九八

【注】「男弟」下□右半殘缺，左半從「亻」。「姪男」上□右半殘缺，左半從「牛」。又，「姪男」間應脱「子」字。

上鄉里户人……　妻大女□年五十一　二四九九

□男弟恭年五十九　□妻大女□年卌八　二五〇〇

□女弟屈年六歲　二五〇一

□男弟貴年……　貴男弟□年□踵右足　二五〇二

□男弟□年十　□女弟這年五歲　二五〇三

見從姪子男雝年六歲　姪子男□年十二　二五〇四

【注】「男弟」下□右半殘缺，左半從「禾」。

□男弟難年卄六　難男弟思年十　二五〇五

右□家口食四人　其二人男 二人女　二五〇六

【注】「右」上原有墨筆點記。「家」上□右半殘缺，左半爲「生」。

……年卄二　……年□歲　二五〇七

□從男弟堂年十二　□男弟鼠年五歲　二五〇八

……事

十月五日……白　二五〇九

高遷里户人……年卅　……　二五一〇

宗男弟徐年五歲　員姪子大女□年卅一　二五一一

右馬家口食五人　其三人男 二人女　二五一二

【注】「右」上原有墨筆點記。

右□家口食四人　其二人男 二人女　二五一三

【注】「右」上原有墨筆點記。

嬰男弟頭年十一　二五一四

排（？）母大女妾年六十五　排妻大女思年卅八　二五一五

高遷里户人公乘五暘年卅□　訾　五　十　二五一六

……年……　二五一七

子女□年十五　□□□☐　二五一八

中鄉大男□□故户下品出錢四千四百侯相　嘉禾□年正月十二日　二五一九正

都鄉典田掾爰史白

入錢畢民自送牒還縣不得持還鄉典田吏及帥　二五一九背

【注】簡二五一九至二五五〇出土時原爲一坨，揭剥順序參見《揭剥位置示意圖》圖二十二。

中鄉大男□□故户下品出錢四千四百侯相　嘉禾□年正月十二日

模鄉典田掾蔡忠白　二五二〇正

入錢畢民自送牒還縣不得持還鄉典田吏及帥　二五二〇背

中鄉縣吏□衣故户下品出錢四千四百侯相　嘉禾□年正月十二日

模鄉典田掾蔡忠白　二五二一正

入錢畢民自送牒還縣不得持還鄉典田吏及帥　二五二一背

中鄉大男□□故户下品出錢四千四百侯相　嘉禾□年正月十二日

模鄉典田掾蔡忠白　二五二二正

入錢畢民自送牒還縣不得持還鄉典田吏及帥　二五二二背

中鄉大男陳丙故户下品出錢四千四百侯相　嘉禾□年正月十二日

都鄉典田掾爰史白　二五二三正

入錢畢民自送牒還縣不得持還鄉典田吏及帥　二五二三背

中鄉大男□□故户下品出錢四千四百侯相　嘉禾□年正月十二日

都鄉典田掾爰史白　二五二四正

【注】此爲正面，背面無字。

中鄉大男□□故户下品出錢四千四百侯相　嘉禾□年正月十二日

□鄉典田掾□□白　二五二五正

入錢畢民自送牒還縣不得持還鄉典田吏及帥　二五二五背

匿用米一百七十斛□□以四月九日有辭以米一斛……所……買□其　二五二六

所應不得告……督郵書史……　二五二七

中鄉大男壬平故户下品出錢四千四百侯相　嘉禾□年正月十二日

模鄉典田掾蔡忠白　二五二八正

入錢畢民自送牒還縣不得持還鄉典田吏及帥　二五二八背

中鄉大男胡□故户下品出錢四千四百侯相　嘉禾□年正月十二日

模鄉典田掾蔡忠白　二五二九正

入錢畢民自送牒還不得持還鄉典田吏及帥　二五二九背

【注】「還」下脱「縣」字。

惶誠恐叩頭死罪死罪敢言之　二五三〇

……筭一　訾　五　十　二五三一

中鄉大男唐□故户下品出錢四千四百侯相　嘉禾□年正月十二日

模鄉典田掾蔡忠白　二五三二正
入錢畢民自送牒還縣不得持還鄉典田吏及帥　二五三二背
月九日……所覺……　二五三三
中鄉大男這□故户下品出錢四千四百侯相　嘉禾□年正月十二日
模鄉典田掾蔡忠白　二五三四正
入錢畢民自送牒還縣不得持還鄉典田吏及帥　二五三四背
嘉禾□年十二月己巳書付大男陳忞運詣州中倉□以其年□月□日
關坠閣……　二五三五
中鄉大男□□故户下品出錢四千四百侯相　☑　二五三六正
入錢畢民自送牒還縣不得持還鄉典田吏☑　二五三六背
……事
嘉禾五年五月十二日書佐呂承封　二五三七
【注】本簡僅存左半。
領吏黃諱五年祠録山牛皮一枚　二五三八
嘉禾五年五月九日書佐呂承封　二五三九
領五年祠明星牛皮一枚　二五四〇
中鄉大男□□故户下品出錢四千四百侯相　嘉禾□年正月十二日
□鄉典田掾□□白　二五四一正
入錢畢民自送牒還縣不得持還鄉典田吏及帥　二五四一背
中鄉大男五兒故户下品出錢四千四百侯相　☑　二五四二正
入錢畢民自送牒還縣不得持還鄉典田吏及帥☑　二五四二背
帥……事
☑　……　二五四三
倉曹言入吏張□……事
二月十六日……　二五四四
【注】「張」下□右半殘缺，左半從「忄」。
功曹言……事
嘉禾□年三月十□日書佐呂承封　二五四五

……買　二五四六
丞言監□掾孫儀受民租税白米留□民自持解□□□□☑　二五四七
……吏□所委□故□丞□□中閒□□□無□　二五四八
□□叩頭死罪敢言之　二五四九
大秋里……　二五五〇
草言……事
十一月一日□曹掾□□白……　二五五一
【注】「曹」上□右半殘缺，左半從「月」。簡二五五一至二六八二出土時原爲一坨，揭剥順序參見《揭剥位置示意圖》圖二十三。
草言……事
……　二五五二
右曰家口食六人　其四人男 二人女　二五五三
【注】「右」上原有墨筆點記。
其□斛五升……☑　二五五四
宜陽里户人公乘□益年……　二五五五
右□家口食八人　其三人男 五人女　二五五六
【注】「右」上原有墨筆點記。
宜陽里户人公乘廖平年卅　二五五七
草言□□□結□□□□□□罪法事
□月□日……白　二五五八
草言□□大男陳□……　二五五九
……東（？）……　二五六〇
草言中州倉……史……　二五六一
【注】「中州」應爲「州中」之倒。
金曹言諸中租錢有入九萬米卅斛事
嘉禾四年十一月廿□日書佐呂承封　二五六二
其三百五十九斛四斗二升種所料詭種禾　二五六三

督郵□□□　……　二五六四

部曲田曹言屯田民限米前後有入一萬二千三百五十二斛就畢事
嘉禾□年十一月十四日書佐呂承封　二五六五

兵曹言部……事
嘉禾五年□月……　二五六六

嘉禾四年五月十日□黄沽賣買（？）齒（？）三月卅日角　二五六七

（？）米生民……　二五六八

□曹言傳……事
嘉禾□年□月□□日書佐呂承封　二五六八

草言……事
三月五日倉曹史□□白　二五六九

田曹言市……事
嘉禾五年四月十三日書佐呂承封　二五七〇

草言……同□□□事
三月十九日領田曹史□賢白　二五七一

領市吏孫儀所入吏民私□祠祀麂皮五枚蹄蹓卌枚　二五七二

合領皮八枚蹄蹓卌枚……　二五七三

……嘉禾五年侯相米一千六百九十七斛八斗事
嘉禾六年正月廿一日史烝□□封　二五七四

□□言……縣吏……事
嘉禾□年……書佐呂承封　二五七五

□曹言部吏何□……事
嘉禾六年三月七日書佐呂承封　二五七六

……祠祀麂皮二枚嘉禾二年……　二五七七

吏潘有謹列所領祠祀生□蹄蹓枚數簿　二五七八

兵曹言部吏壬□□□户品限吏民上中下品出銅斤數要簿事
嘉禾四年七月廿一日書佐呂承封　二五七九

〼……　□妻大女何年十九　二五八〇

草言府故吏胡□□屬備官□□五丈□□領事　十月六日□曹掾
□□白　二五八一

右谷家口食七人　其六人男 一人女　二五八二

【注】「右」上原有墨筆點記。

草言……□出……事　□月□日……白　二五八三

【注】「出」上□右半殘缺，左半從「金」。

中賊曹言□丘大男□□罪法事
嘉禾六年三月一日書佐呂承封　二五八四

兵曹言部諸鄉典田掾蔡忠等重復隱核鍛師事
嘉禾六年三月十四日書佐呂承封　二五八五

倉曹言大男謝歸大男謝待被病事
嘉禾六年二月十八日書佐呂承封　二五八六

其二户州吏　下品　二五八七

南鄉入鹽賈米十五斛六斗　二五八八

右□家口食二人　其一人男 一人女　二五八九

【注】「右」上原有墨筆點記。

兵曹言……其一人□四人論後營□□事
嘉禾四年十一月廿日書佐呂承封　二五九〇

□曹言……簿事
嘉禾……封　二五九一

模入鹽賈米一百六十五斛六斗　二五九二

【注】「模」下脱「鄉」字。

……事　嘉禾五年七月廿二日書佐呂承封　二五九三
□鄉入鹽賈米……　二五九四
……得……入二……　二五九五
受民租稅禶米……合三千三百八十四斛……　二五九六
……事　四月五日領□曹掾……白　二五九七
……受米謹（？）答（？）□□誠惶誠恐叩　二五九八
善妻冒年五十四　善妻男弟□年十三　二五九九
宜陽里户人公乘毛平（？）年卌　訾　五　十　二六〇〇
書佐何□言事□□□□□□監……　二六〇一
對（？）曹言落士王客還縣界事　嘉禾六年□月九日書佐謝□封　二六〇二
倉曹言吳昌吏謝番殷□罪法……事　三月七日倉曹掾□□封　二六〇三
□曹言……　二六〇四
平妻滬年卌□　平子女□年十　二六〇五
魯妻大女□年十六　善寡嫂市年卌五　二六〇六
……監池司馬鄧邵□□　二六〇七
兵曹言……事　嘉禾□年□月十一日書佐呂承封　二六〇八
其八百……錢　二六〇九
草言……事　……曹史□□白　二六一〇
……白（？）　二六一一
……知（？）□□　二六一二
□曹言……事　……　二六一三
□曹……逋……　二六一四
草言……事　六月廿五日兵曹掾□□白　二六一五
右□家口食□人　其□人男 □人女　二六一六
右□家口食□人　其□人男 □人女　二六一七
……　妻大女□年卌九　□子男小年九歲　二六一八
右□家口食三人　其一人男 二人女　二六一九
【注】「右」上原有墨筆點記。
凡口三事　筭二〼　二六二〇
右負（？）家口食二人　其一人男 一人女　二六二一
【注】「右」上原有墨筆點記。
□男弟□年□歲　□子男客年三歲　二六二二
□男弟□年七歲　□男弟□年七歲　二六二三
新成里户人公乘□□年卌九……　二六二四
新成里户人公乘□妾年五十□　妾母□年七十四　妻大女□年卌□　二六二五
右□家口食五人　其一人男 四人女　二六二六
【注】「右」上原有墨筆點記。
新成里户人公乘董□年卌□　□□□年十二月十日被病物故　子男□年九歲　二六二七
……　□子男□年□□　妻□年□□□兩足　二六二八
廣成鄉勸農掾區光叩頭死罪白前被制（？）絞促二鄉粢租米有入上道言　二六二九
右宜都里魁聶□所領妻子兄弟合二百六十五人　二六三〇
【注】「右」上原有墨筆點記。

☒里户人大女吴貞年七十五　孫子男□年□□　□□年六十一踵足　二六三一

妻大女令年廿七　子男兒年四歲　二六三二

右連家口食九人　其五人男 四人女　二六三三

【注】「右」上原有墨筆點記。

□子男□年七歲　二六三四

凡口五事　筭二事　二六三五

【注】「子男」上□右半殘缺，左半從「女」。

☒户人公乘□□年……　妻大女□年……　訾　五　十　二六三六

其卅六斛九斗……☒　二六三七

□子男□年卅　□男弟□年十一　二六三八

【注】「子男」上□右半殘缺，左半從「女」。

□曹言長吏□□事

嘉禾六年五月廿日史吴衡封　二六三九

☒其二户給堅閣民口合二人　二六四〇

□□□故□一百五十九户三品九□合一百五十六簿□☒　二六四一

凡口五事　筭四事　二六四二

……民苻叛丞缺　二六四三

……十五日勸農掾□□白　二六四四

鄉領粢租米廿五斛六斗已入畢付倉吏鄭黑掾史黄□鄧謀　二六四五

【注】「黄」下□右半殘缺，左半從「木」。

高遷里户人苗謙年六十二踵兩足　訾☒　二六四六

兼録曹掾潘琬校　二六四七

……主簿……　二六四八

□領九百……十錢爲吴平斛米五百五十……　二六四九

其一户給園父……☒　二六五〇

其廿二户官將（？）民口合六十一人　二六五一

……事

……封　二六五二

肥姪子男□年十一　姪子男斗年三歲　二六五三

【注】前「男」爲補字。

其廿户限佃客口合八十□人　二六五四

草言鄉吏區□□□等二人直六月日稟事

十二月廿日……☒　二六五五

已入廿□斛□□　二六五六

凡口六事　筭□事　二六五七

已入……九升　二六五八

右十一户領粢田□頃六畝卅六步　二六五九

【注】「右」上原有墨筆點記。

姪子男智年十八筭一　□寡嫂大女曲年卅一筭一　曲姪子男張

年十五筭一　二六六〇

高遷里户人大女烝肥年卅□筭一　訾　五　十　二六六一

凡口七事六　□妻大女思年十七筭一　筭□事□　二六六二

凡口七事五　筭五事四　二六六三

□□故郡將拉（？）發（？）……☒　二六六四

草言……事

五月廿□日……　二六六五

高遷里户人公乘潘□年卅九筭一　訾　五　十　二六六六

高遷里户人公乘□□年□□筭一　訾　五　十　二六六七

男弟□年卅五筭一　□妻大女趙年廿四筭一　二六六八

妻大女□年廿筭一　□男弟川年□□筭一　二六六九

子男逆年□□筭一　逆妻大女□年十九筭一　二六七〇

高遷里户人公乘朱就年十六刑右手　訾　五　十　二六七一

凡口三事二　筭一事　二六七二

其一户給笥（？）公師口合四人　二六七三

高遷里户人公乘亭□年卅筭一　訾　五　十　二六七四

妻大女起年六十三　子男贏年十二刑左足　二六七五
凡口三事　……　二六七六
妻大女□年卌五　……　二六七七
高遷里户人公乘李□年五十一踵兩足　訾　五　十　二六七八
□子男□年九歲……　二六七九
【注】「子男」上□右半殘缺，左半從「目」。
高遷里户人公乘□□年五十腹心病　訾　五　十　二六八〇
妻大女姿年六十　子男□年廿筭一踵兩足　二六八一
□□里户人公乘□□年……給縣吏　訾　五　十　二六八二
☐年八月廿七日□☐　二六八三
☐付三州倉吏鄭黑受　二六八四
□簿（？）領（？）☐　二六八五
☐……七斗……　☐　二六八六
☐斛米……☐　二六八七
☐□掾□霜□□☐　二六八八
【注】「霜」上□左半殘缺，右半爲「且」。
☐□所貸嘉禾□年☐　二六八九
☐□曹别主言部□□☐　二六九〇
☐子男土年　二六九一
☐五　十　二六九二
☐□貸食嘉禾☐　二六九三
☐關堅閣李嵩☐　二六九四
新成里☐　二六九五
☐　連受　二六九六
☐九日東扶丘□□☐　二六九七
☐……五升二合　二六九八
☐禾□年郵卒限米一斛七升☐　二六九九
出倉吏黄諱潘慮☐　二七〇〇
☐……還嘉☐　二七〇一
☐……嘉禾元年□☐　二七〇二
草言府從黄龍元年☐　二七〇三
右嘉禾☐　二七〇四
☐　〼嘉禾元年☐　二七〇五
☐年卅五腫兩　二七〇六
☐四日筭下丘男子☐　二七〇七
草言府……☐　二七〇八
☐五斛〼嘉禾三年五月☐　二七〇九
☐吏殷連受　二七一〇
☐嘉禾四年　二七一一
☐潘慮受　二七一二
……貴米畢☐　二七一三
☐□□年七十二　☐　二七一四
☐年十四　□□☐　二七一五
☐□功曹史劉恒白　二七一六
右□☐　二七一七
☐□□☐　二七一八
【注】第一□左半殘缺，右半爲「文」。
☐魯□□☐　二七一九
【注】「魯」下第一□右半殘缺，左半從「禾」；第二□左半殘缺，右半爲「隹」。
☐□禾三□☐　二七二〇
☐……不□□□□☐　二七二一
□事
☐　十月十二日……白　二七二二
入中鄉……　二七二三
☐　二月　入　倉　二七二四
☐十五斛六斗□☐　二七二五

☐　□□□安□☐　二七二六

☐草☐　二七二七

【注】第一□右半殘缺，左半爲「古」。

☐□左□☐　二七二八

……給賓……☐
事　二七二九

☐　……☐　二七三〇

……貸食嘉禾元年……☐
……事　二七三一

☐　六月十日功曹史□□白　二七三二

草言……入宫事☐　二七三三

☐　五月十三日户曹掾……曹史趙野白　二七三四

☐□……□曰筭……市租米□□□☐
……事　二七三五

☐　六月……☐
……事　二七三六

☐　嘉禾□年四月廿□日……白
……　二七三七

☐　嘉禾五年五月廿七日中田曹史張□白　二七三八

草言……☐　二七三九

☐　其四人男一人女　二七四〇

☐年稅吳平斛米十七斛……☐　二七四一

☐□□□賈人王宣錢　二七四二

領五十一斛九斗□□☐　二七四三

☐　呰　五　十　二七四四

草言府……☐　二七四五

☐年子弟限米……≡×□☐　二七四六

入新吏嘉禾□年☐　二七四七

草言……☐　二七四八

☐　四　月　入　倉　二七四九

☐　嘉禾六年五月☐　二七五〇

入……五年稅米……☐　二七五一

右廣成嘉禾二年□□☐　二七五二

【注】「廣成」下脫「鄉」字。

☐□年十五　二七五三

右□家口食五人　☐
……事　二七五四

☐　……月廿三日……白　二七五五

☐□□五十斛七斗□升六勺……☐
……　二七五六

☐　五月四日……白　二七五七

草言府……事☐　二七五八

☐≡×嘉禾六年正月廿一日掾丘□□關堅☐　二七五九

其□☐　二七六〇

【注】「其」上原有墨筆點記。

☐　四月廿五日户曹史監賢白　二七六一

☐廣成……☐　二七六二

☐殿連受　二七六三

☐吏殷連受　二七六四

☐序付庫吏殷☐　二七六五

右□家口食☐　二七六六

草言府□□□□□□□□□☐　二七六七

☐士限米二斛僦畢≡×嘉禾六年四月廿八日☐　二七六八

☐百八十斛其年四月五日付德□☐　二七六九

大男……☐　二七七〇

☐殿連受　二七七一

☒董基付倉吏鄭黑受　二七七二

☒□師（？）佐（？）……☒　二七七三

☒嘉禾四年五月八日書佐☒　二七七四

入三州倉受嘉禾三年郵卒☒　二七七五

☒奉其年正月一日付右倉曹☒　二七七六

☒□五斛□斗四升胄畢〼　二七七七

草言府諸將吏士食□☒　二七七八

☒書佐張樂言　二七七九

☒□官關邸閣☒　二七八〇

☒殷連受　二七八一

入都鄉嘉禾二年□□☒　二七八二

☒其五人男　□□□☒　二七八三

☒十二□☒　二七八四

其□☒　二七八五

【注】「其」上原有墨筆點記。

☒户人公乘朱□☒　二七八六

☒……郡掾☒　二七八七

草言……☒　二七八八

☒禾□年限米　二七八九

入三州倉運嘉禾三年私學限米□□☒　二七九〇

☒……月十二日……　二七九一

☒嘉禾二年十二月廿五日新成丘大男張石關閣董基付倉吏鄭☒　二七九二

☒□日新成丘大男李□關邸閣董基付倉吏鄭黑受　二七九三

……其□□□　二人□☒　二七九四

宜都里户人公乘鄧畢年卅八　☒　二七九五

右州中倉吏李金起十月一日訖廿一日訖廿一日☒　二七九六

其二百户下品　☒　二七九七

入嘉禾三年税米六千五百廿七斛☒　二七九八

□□里户人公乘□□年十八☒　二七九九

凡口六事☒　二八〇〇

☒□枅年六十八☒　二八〇一

☒黑受　二八〇二

☒□出用餘見☒　二八〇三

☒　砦☒　二八〇四

☒督軍糧☒　二八〇五

入嘉禾三年☒　二八〇六

☒董基付倉吏☒　二八〇七

☒米别□邸閣倉☒　二八〇八

☒　右□家口食□☒　二八〇九

【注】「右」上原有墨筆點記。

☒暘男姪發☒　二八一〇

……月　入　倉　二八一一

☒□家口食□☒　二八一二

☒倉吏鄭☒　二八一三

☒□母□年六十四　二八一四

入嘉禾三年□米卅一斛☒　二八一五

【注】「米」上□右半殘缺，左半從「禾」，可能爲「租」，亦可能爲「税」。

其七十八户下户之下　☒　二八一六

年三百卅一斛一斗……閤事

☒　十一月三日右田曹史烝堂白　二八一七

年粢租米五百五十四斛☒　二八一八

嘉禾五年常遷里……☒　二八一九

□女弟□年……☒　二八二〇

☒二年貸嬴還民限米八十六斛……☒　二八二一

二八二二 ☑筭一

二八二三 □貧民種粻事
☑　閏月二日田曹史烝堂白

【注】據陳垣《魏蜀吳朔閏異同表》，嘉禾二年閏五月，嘉禾五年閏二月。張培瑜《魏蜀吳朔閏異同表》同。

二八二四 ☑年七歲

二八二五 □爲簿事
☑　嘉禾六年☑

二八二六 ☑□□病（？）

二八二七 ☑日兼兵曹掾……☑

二八二八 宜都里户人公☑

二八二九 草言府……☑

二八三〇 ☑日兵曹掾□□白

二八三一 右□家口食四人　☑

【注】「右」上原有墨筆點記。

二八三二 入三州倉運嘉禾三年税米四千☑

二八三三 入嘉禾三年四六佃吏限米六十四斛☑

二八三四 ☑　七月五日金曹史……白

二八三五 ☑斛三斗四升 十一斛民自入 十二月入

二八三六 入嘉禾三年税米一百六十四斛八斗　☑

二八三七 入嘉禾三年四六佃吏限米四斛　☑

二八三八 右□家☑

【注】「右」上原有墨筆點記。

二八三九 ☑　連受

二八四〇 ☑≡×嘉禾元年□月廿□日☑

二八四一 ☑□≡×嘉禾□年……☑

二八四二 ☑事　八月六日兼功曹史□□白

二八四三 ☑米一百八十斛二斗　☑

二八四四 ☑　筭六事　☑

二八四五 出嘉禾□年☑

二八四六 ☑黄諱☑

二八四七 ☑□不□□爲□□嘉禾元年□☑

二八四八 ☑子弟限米五□五□☑

二八四九 ☑　平　□　□　倉

二八五〇 賜子男☑

二八五一 ☑　五月十四日兵曹掾謝□白

二八五二 ☑□十五　女姪思年八歲

二八五三 宜陽里户人公乘魯政年卌三☑

二八五四 ☑襍錢米事　☑

二八五五 ☑吏李金

二八五六 入□鄉嘉禾二年……☑

二八五七 □鄉謹列□□☑

二八五八 ☑月十日領兼兵曹☑

二八五九 ☑年五月十五日萇世丘☑

二八六〇 禾二年正月☑

二八六一 ☑斗□升八合□☑

二八六二 ☑殿連受☑

二八六三 入枰鄉二年貸食嘉禾☑

二八六四 入模鄉嘉禾二年所貸☑

二八六五 ☑　其二百一十一斛☑

二八六六 ☑……嘉禾元年税禾還☑

二八六七 ☑……四（？）斛（？）八（？）斗（？）☑

二八六八 ☑日史潘（？）☑

二八六九 ☑統　☑

【注】本字爲簽署，僅存左半，從「糸」，疑爲「馬統」之「統」，故補全。

二八七〇 右出米☑

【注】「右」上原有墨筆點記。

☑□日栗里涫丘吳☑　二八七一

入平鄉三年所貸食黃☑　二八七二

☑嵩付倉吏☑　二八七三

☑佃卒限米☑　二八七四

☑吏限米……☑　二八七五

故（？）□……一枚（？）☑　二八七六

☑胄米畢☒☑　二八七七

草答所□□丞……屯田☑　二八七八

☑二年私學限米☑　二八七九

☑吏李金　二八八〇

大刀二口　二八八一

右□家口☑　二八八二

【注】「右」上原有墨筆點記。

☑公乘□長年☑　二八八三

☑簿一　二八八四

☑嘉禾元年租米□☑　二八八五

☑付庫吏殷　☑　二八八六

☑　連受　二八八七

□□部縣領五年租稅襍米十一萬……斛未畢二萬六千一百五十七斛……　二八八八

【注】簡二八八八至二九四九出土時原爲一坨，揭剥順序參見《揭剥位置示意圖》圖二十四。

草言……事
……　二八八九

□女弟□年十六　□子男□年□歲　二八九〇

出州吏張勳所買生口徐賈錢一萬九千八百准入米十五斛二斗三升
☒嘉禾五年十二月十七日掾蔡忠關坚閣馬統付倉吏郭勳馬欽　二八九一

□男弟□年……　□男弟□年九歲　二八九二

中賊曹言□□蔡……事
嘉禾五年十二月一日書佐呂承封　二八九三

金曹言大男胡□被病事
嘉禾六年二月十七日書佐呂承封　二八九四

妻大女姑年五十二　子男□年……　二八九五

草記告諸鄉……船師詣柏所事
十月廿日船曹掾潘椎白　二八九六

☑州吏……張……事　☑　二八九七

鴿男弟□年七歲　二八九八

草言……事
十一月一日……白　二八九九

草言府部諸鄉典田掾溫光等逐捕假（？）僮子吳和不在縣界事
六月十六日兼戶曹別主史張惕白　二九〇〇

草言□□屯田掾鄭欣隱核郡吏王衣不鄉界事
十二月十六日戶曹史□□白　二九〇一

【注】「不」下脱「在」字。

……　嘉禾六年……書佐呂承封　二九〇二

宜陽里戶人公乘瀆莨年卌八　二九〇三

右莨家口食五人　其三人男二人女　二九〇四

【注】「右」上原有墨筆點記。

妻大女曲年卌一　姪子男□年十五　二九〇五

以給貸貧民爲佃種糧貧民還償當詣州中倉入不得收斂訖□□　二九〇六

妻大女□年卅……　子女□年六歲　二九〇七

☑里戶人烝宗年卌五　□□　訾　五　十　二九〇八

妻大女涸年卌四　子男巴年十九　二九〇九

入領米不得復收民斂米具分別答言紀叩頭叩頭死罪死罪敢言之　二九一〇

……　三月十日從掾史李思白　二九一一

姪子男智年十五　智妻大女思年十七　二九一二

……稅米六十三斛三斗五升　二九一三

右州中倉吏諸掾入□吏區兒鹽賈米五百卅七斛八斗五升　二九一四

右……吏入鹽賈米□百五十六斛　……　二九一五

草言府諸鄉□度田户曹……事
七月廿七日田曹史番（？）宗白　二九一六

草上言遣吏謝達傳送吏逢眷卒朱德所得（？）□□□一枚事
十一月十八日……白　二九一七

〼……　二九一八

【注】本簡有字跡，無法辨識。

……　二九一九

【注】本簡有字跡，無法辨識。

……　若男弟□年……　二九二〇

……平……黃……年二月十九日……〼　二九二一

單子男□□〼　二九二二

……事
〼　七月十四日……白　二九二三

……嘉禾□年……　二九二四

……事
……白　二九二五

……事
六月廿四日……白　二九二六

……事
〼　五月九日……白　二九二七

草言……所買……事
……〼　二九二八

草言□□宣詔……事
……〼　二九二九

〼□□鹽賈錢九千八百九十准入米五斛三斗≡嘉禾五年十二月十七
日掾蔡忠關坒閣馬統付倉吏郭勳馬欽　二九三〇

〼……升≡嘉禾五年十二月十七日掾蔡忠關坒閣馬統付倉吏郭勳
馬欽　二九三一

黃諱潘慮領（？）　二九三二

草言府……事
嘉禾□年……封　二九三三

其二百五十……　二九三四

【注】「其」上原有墨筆點記。

凡口五……　二九三五

草言府部屯田掾梁□區勉等……事
正月四日田曹史□□白　二九三六

草白……事
六月廿四日兵曹掾□□白　二九三七

草言……張思等合三人□□兵曹領取事
二月廿日右□曹史□□白　二九三八

草言……事
……月……日兵曹掾□□白　二九三九

其一百五十六斛四斗□升付州中坒閣李嵩倉吏黃諱番慮領　二九四〇

姪子男客年六歲　客男弟定年四歲　二九四一

……有入合三百四十三萬二千五百三……事
三月八日兼户曹史□□白　二九四二

□誠惶誠恐叩頭死罪敢言之……　二九四三

宜陽里户人公乘鄧邵年卌九　二九四四

……枚黃……留……事
……　二九四五

户曹言……事
……書佐吕承封　二九四六

右□家口食五人　其四人男 一人女　二九四七

【注】「右」上原有墨筆點記。

……□昌□□部□□□事　嘉禾六年五月卅一日書佐吕承封　二九四八

草言府被書部□吏潘喜孫儀□象□□□事　十月廿日兼兵曹掾
□□白　二九四九

草言府□□貸食□留……事　……　二九五〇

【注】簡二九五〇至二九八〇出土時原爲一坨，揭剥順序參見《揭剥位置示意圖》圖二十五。

草答曹軍書移壁閣倉監列溢米爲運事　四月廿三日兼金户曹史趙
野白　二九五一

……事　六月廿二日兼……　二九五二

草言府……事　七月十日兼金户曹史趙野白　二九五三

金曹言……事　……月廿日……白　二九五四

草言府……事　十一月廿一日兼……白　二九五五

草言府……軍糧□左……事　十一月一日兼左……白　二九五六

草言府部丞尉佚（？）突山野欲得好林逗留輅伏事　六月廿六日
兵曹掾謝□白　二九五七

【注】「輅」疑爲「蟄」之通假。

草言府……事　四月十六日兵曹掾□□白　二九五八

草言府縣界無有□吏留……事　十月十六日遣（？）……白　二九五九

草言府部鄉……事　……白　二九六〇

草言府□丞尉……事　五月……☑　二九六一

草言府……事　……月六日☑　二九六二

☑□屯田掾蔡忠區光等□□□私學謝邵（？）等十一人事　正月
十九日功曹史劉□白　二九六三

☑田掾蔡忠區光謝邵等將民言□黃□□□事　三月廿九日兼獻曹
史□□白　二九六四

……事　……白　二九六五

右倉曹言入五年白米卌四斛一斗五升事
嘉禾六年正月廿一日書佐吕承封　二九六六

☑……書到□□丞……　二九六七

草言……事　……　二九六八

草言府……部屯田……付吏□□昭事　十月廿月廿三日兼户曹史
張惕白　二九六九

草言府依科結正武陵倉吏黃朋熊浩所應事　……月十日兼倉曹史
□□白　二九七〇

☑……事　十月廿一日……白　二九七一

草言府……事　……月……日……白　二九七二

☑曹言……人死叛定見爲簿事　八月廿一日兼田曹史□□白　二九七三

☑……取縣民鄧倚劉□等八家事　五月十七日兼户曹掾五□史張
惕白　二九七四

草言□民……限佃民……事　……白　二九七五

☑……事　……白　二九七六

草言府縣吏……爲簿當實便（？）言事
十二月十二日功曹史廖□白　二九七七

……事　……白　二九七八

草言……男子朱□□萇已入……租米事　六月廿四日户曹史張惕白　二九七九

草言府吏利赤孫儀潘□傳送吏民牛二百二頭不付吏事　六月廿三

日虞曹史烝□白　二九八〇

☐……斛三斗八升　十　一　月　入　倉☐　二九八一

【注】簡二九八一至三〇六三出土時原爲一坨，揭剥順序參見《揭剥位置示意圖》圖二十六。

草言……事　……白　二九八二

右護家口食六人　訾　五　十　二九八三

窋妻□年廿七　窋從兒安年六歲　二九八四

窋小父喜年六十一　喜妻通年卌一　二九八五

□妻大女□年卌六　□□年六十二　二九八六

草言價人曹智傅山趙益……事　十月廿三日兼金曹史□□白　二九八七

☐……斛二斗　四　月　入　倉　二九八八

☐……嘉禾□年米廿二斛二斗二升　五　月　入☐　二九八九

桑樂二鄉謹列嘉禾四年租税襍米已入未畢要簿　二九九〇

都中二鄉領粢租米……斛□斗　二九九一

□中鄉領粢租米五十斛九升四合　二九九二

□子女□年二歲　定小妻□年卅七　二九九三

【注】「小妻」下□左半殘缺，右半爲「缶」。

吉陽里户人公乘□□年六十　二九九四

妻大女皴（？）年五十一　子男仢（？）年六歲　二九九五

其一户□□　二九九六

佳男弟宍年六歲　二九九七

【注】「宍」爲「肉」之古字。

大男□□年……　二九九八

大男□□……米四斛　二九九九

【注】本簡由二殘片拼接，但上下内容不符，疑拼接有誤。

☐……吏民田七百卅九頃七十七畝一十步事　□月十二日田曹史　三〇〇〇

蔡□白　三〇〇一

妻大女汝年卅二　子女□年□歲　三〇〇二

……米十二斛四斗　三〇〇三

☐……☐　三〇〇四

【注】本簡有字跡，無法辨識。

草言……事　……掾史□□白　三〇〇五

□妻大女妾年卌三筭一　姪子男根年廿六刑右手　三〇〇六

宜陽里户人□□年廿六刑右足□□　□妻□年□□　三〇〇七

草言府陳……鄧……事　……曹掾謝韶史□□白　三〇〇八

……吏民……

【注】本簡由二殘片拼接，但内容似乎不符，疑拼接有誤。

都鄉過年領粢田六……　三〇〇九

□妻大女□年□筭一　三〇一〇

未畢卅五斛四斗子米絞促得見米卌五斛四斗二升二分遣民鄧若丞　三〇一一

數二百卅二斛七斗□□□郡士妻子吏民粢不收租……　三〇一二

定領……　三〇一三

山野棲停□□□□輒亟言案文書被書輒革寫部丞睪紀右尉陶悍　三〇一四

……爲□□□□事　六月九日船曹掾潘椎白　三〇一五

【注】「停」下□左半殘缺，右半爲「子」。

妻汝年卅九筭一　男姪宗年六歲　三〇一六

右汝家口食六人　其□人男 □人女　三〇一七

草調諸鄉出禮撐杖事　嘉禾五年……白　三〇一八

草言府……事　……白　三〇一九

草言□遣吏……事　七月廿七日兵曹掾□□白　三〇二〇

草言府屯田……事　十一月十一日……白　三〇二一

☐……　五月廿三日……白　三〇二二

好男弟東年七歲　東男弟□年五歲　三〇二三

半妻姑年十五筭一　半女弟蔣年九歲　三〇二四

陽貴里户人公乘朱因年卌筭一　妻紫年廿四筭一　三〇二五

入嘉禾三年佃卒限米五十六斛九升　□　月　入　□☒　三〇二六
入三州倉運嘉禾三年佃卒限米五百斛四升　十二　月　入　倉　三〇二七
入嘉禾三年新吏限米□斛七斗　□　月　入　倉　三〇二八
草言……　三〇二九
草言府吏……事　十一月十六日户曹史張惕白　三〇三〇
草言……佃吏……事　十二月四日……白　三〇三一
困小妻薦年卌九　子男労（？）年三歲　三〇三二
右利家口食五人　其三人男 二人女　三〇三三
【注】「右」上原有墨筆點記。
猗（？）男弟帥年九歲　帥男生年五歲　三〇三四
【注】「男」下脱「弟」字。
☒……事　十二月廿□日……白　三〇三五
……事　☒　三〇三六
户下婢吏（？）年六十　户下奴鼠年卌八腫足　三〇三七
草言府……事　九月十□日……白　三〇三八
箄（？）男弟碓年四歲　箄（？）姪男沐年六歲　三〇三九
草言府□吏張光黄欣……事　十一月十一日……白　三〇四〇
☒……訾　五　十☒　三〇四一
□男弟尾年六歲　三〇四二
☒……　□　月　入　倉　三〇四三
右□家口食四人　☒　三〇四四
【注】「家」上□右半殘缺，左半從「礻」。
□曹言夷民……事　八月廿□日……白　三〇四五
……大男朱……事　六月……日……☒　三〇四六
草言府……三年督將出……事　六月十九日兵曹掾廖韶白　三〇四七
☒……區光……白　三〇四八
草吏趙□□小□十一頭事　六月廿三日……曹史□椎白　三〇四九
草言府□□園父……事　十二月廿二日□☒　三〇五〇
春平里户人公乘李□年卌六腹心病　三〇五一
右郡家口食四人　訾　五　十　三〇五二
□子女季年七歲　季男弟□年六歲　三〇五三
子男□年十五刑□足　□男弟□年十聾耳　三〇五四
草言府部吏唐王董生典田掾蔡忠……事　十月十七日兼……白　三〇五五
草言縣……事　☒　三〇五六
☒……關坙閣李嵩付倉吏黄諱潘慮　三〇五七
草言……事　……☒　三〇五八
☒□回關坙閣李嵩付倉吏黄諱史潘慮　三〇五九
☒□府……　……白　三〇六〇
入……米三萬三千九百……斛四斗　三〇六一
□男弟兒年三歲　三〇六二
斗母客年卌六筭一　斗女弟好年十歲　三〇六三
其四斛□斗郡士謝宮烝李等黄武六年租米　三〇六四
【注】簡三〇六四至三一二二出土時原爲一坨，揭剥順序參見《揭剥位置示意圖》圖二十七。
……年卌一筭一踵兩足　三〇六五
入□鄉嘉禾二年貸食元年税米……斛≡嘉禾二年……☒　三〇六六
入東鄉嘉禾二年縣吏……　三〇六七
入西鄉所貸食嘉禾元年税禾還米一斛八斗五升≡嘉禾二年十二月　三〇六八
十九日□□丘男子烝□關　☒　三〇六九
其……烝□倉……米　三〇七〇
□妻□年八十二　☒　三〇七一
……嘉禾元年……六斛五斗……米　三〇七二
☒十一月廿六日夫下丘黄度關坙閣董基付三州倉吏鄭黑受　三〇七三
☒□貸食嘉禾元年税米九斗一升……李嵩付三州☒
□□里户人公乘□□年……　□妻☒
……事

⊘　　□月□□日……白　三〇七五

右西鄉入民所貸嘉禾元年租米□斛　三〇七六

【注】「右」上原有墨筆點記。

入小武陵鄉二年貸食元年税禾還米三斛〼嘉禾二年十一月十五日

鄭（？）丘大男吴平關邸閣李嵩付倉吏黃諱潘慮受　三〇七七

入模鄉貸食嘉禾元年租米……〼嘉禾二年四月十八日楷（？）丘

男子□□關邸閣李嵩付倉吏黃諱潘慮受　三〇七八

入模鄉嘉禾二年貸食元年禾還米三斛一斗〼嘉禾二年十一月廿

二日沔田丘區潼關邸閣李嵩付倉吏黃諱番慮受　三〇七九

……斛二斗　三〇八〇

……五家（？）卌一士（？）民作□湘爲入□□□□□□　三〇八一

九月十二日丙戌白　三〇八二

【注】據「九月十二日」爲「丙戌」，推知是月朔爲「乙亥」。查陳垣《魏蜀吴朔閏異同表》，在吴簡起訖時間内，僅黃龍二年九月朔爲乙亥，十二日爲丙戌。張培瑜《魏蜀吴朔閏異同表》同。

……五斛四斗……　三〇八三

□入四百一十二斛四斗一升八合　三〇八四

……　詣田曹　三〇八五

其二百卅斛四斗五升□合　佃吏李金　⊘　三〇八六

倉曹言……事

　　嘉禾六年三月五日書佐吕承封　三〇八七

□□月十一日丙寅白　三〇八八

【注】據「十一日」爲「丙寅」，推知該月朔爲「丙辰」。查陳垣《魏蜀吴朔閏異同表》，在吴簡起訖時間内，僅嘉禾二年十二月朔爲丙辰，十一日爲丙寅。張培瑜《魏蜀吴朔閏異同表》同。

□月□□日戊寅白　三〇八九

□月□□日□□白　三〇九〇

□□里户人……　妻大女⊘　三〇九一

東鄉謹列四年……已入未畢要簿　三〇九二

草言移州中三州李董二邸閣料四年所白入租税襍米事　十二月四

日倉曹史趙野白　三〇九三

□曹言……詣（？）宮事

　　嘉禾六年五月□□日……封　三〇九四

……私學限米二斛……書佐……　三〇九五

……吏謝□傳送詣大屯……　三〇九六

草言部吏……吏……主□罰□遣□□各（？）李問（？）草　八

月一日兼金曹史李味白　三〇九七

草言府大男□□米□□事　閏月廿□日……白　三〇九八

【注】據陳垣《魏蜀吴朔閏異同表》，嘉禾二年閏五月，嘉禾五年閏二月。張培瑜《魏蜀吴朔閏異同表》同。

草言……□□□責事　正月十一日兼録事掾潘□白　三〇九九

草言……事　四月廿一日兼户曹史張惕……白　三一〇〇

草言……軍法事　正月廿五日兼兵曹掾□□白　三一〇一

草言……領（？）民周平等（？）十人……事　九月廿五日兼倉

曹掾□□白　三一〇二

右見□□□百卌□斛（？）　三一〇三

【注】「右」上原有墨筆點記。「賈」上□右半殘缺，左半從「木」。

其一頃□畝二百廿二步□□吕步侯及……　三一〇四

出吏郭嗣買生口賈錢四萬五千准入米卌四斛六斗一升　〼嘉禾五

年十二月十七日掾蔡忠關邸閣馬統付倉吏張㝃受　三一〇五

草言……事

　　五月十八日□□□書佐吕承白　三一〇六

草答□□遣馬德妻三人封（？）居（？）事

　　十月廿五日……白　三一〇七

【注】「答」下□右半殘缺，左半從「馬」。

定領……十五斛二斗　三一〇八

草言……部督郵金……事

四月□日……封 三一〇九

草言……事
……書佐呂承白 三一一〇

入……貸食黃龍三年屯田限米十六斛 三一一一

府中部督郵辛丑書曰　部吏郭宋區光謝韶黃欣等以四年見令 三一一二

其十九斛一斗一升付吏張惕給稾南赴　卒范□……白 三一一三

……領吏民粢田合十頃…… 三一一四

……十步 三一一五

其六畝六十步郡屯粢田 三一一六

□□郡（？）田（？） 三一一七

☑罪法事　…… 三一一八

入……貸食黃龍三年□□限米二斛□斗…… 三一一九

☑貸食黃龍三年新吏限米廿八斛七斗□升 三一二〇

縣領四年粢租米……斛四斗九合 三一二一

☑□州中倉吏□□起十月一日訖廿一日領吏……米斛數簿 三一二二

廣成鄉謹列嘉禾四年吏民粢田頃畝要簿 三一二三

【注】簡三一二三至三一五二出土時原爲一坨，揭剥順序參見《揭剥位置示意圖》圖二十八。

弟子潘郡再拜　問起居　字元國 三一二三（一）

【注】本簡爲小木牘。

□妻大女□年十五 三一二四

……步 三一二五

宜都里户人公乘謝□年卅一聾□耳　訾　五　十 三一二六

□鄉謹列嘉禾四年……簿 三一二七

□鄉謹列嘉禾四年□民部曲所種田頃畝要簿 三一二八

西鄉勸農掾叩頭死罪白所言被書部□□隱實□□□ 三一二九

……一百卌步 三一三〇

小武陵西二鄉謹列嘉禾四年粢租米已入未畢要簿 三一三一

……牒盡力料校遺脱□簿草言□□□□ 三一三二

……田曹史烝堂關掾（？）烝循（？） 三一三三

實度今年粢田謹列頃畝爲簿□□悉訖當（？）會……月……日 三一三四

……主簿尹□省　六月四日 三一三五

凡貞（？）恐諸縣丞劉翌等前勅有發扶助求書（？）業（？）已
就□□皆期□ 三一三六

□陵殷連等不處□各以何日被前記實度今年吏所 三一三七

□羅列爲簿遣丞詣府言會五月…… 三一三八

實今已訖未所用吏年紀主者□悉佩等□伍（？）並□☑ 三一三九

已訖未歲月已邁簿尚侯定訖到羅列爲簿遣 三一四〇

……□□□□□□各掾所部 三一四一

……田户曹掾李晃谷能廖（？）孟鮑葛佩縣國□ 三一四二

五月日臨湘侯相君丞容諸鄉勸農掾郭宋謝韶區光黃欣 三一四三

□□詣府言□□□叩頭死罪死罪案文書前分 三一四四

【注】前二□均上半殘缺，下半分別爲「史」、「貝」。

鮑蔦佩吳昌各□□□□□□何慎五□等興□ 三一四五

【注】「五」下□右半殘缺，左半從「糸」。

……吏郭宋謝韶區光黃欣五陵殷連等紀（？） 三一四六

列遣吏民……頃畝收□斛數爲簿下見各部何吏隱實□列草 三一四七

限數多而諸縣扶行或未畢據□所得僦少宜勤事督攝分布扶行 三一四八

草言□重□絹見…… 三一四九

其十七斛一斗稚准米□□□准□帥吳□…… 三一五〇

【注】「米」下第三□左半殘缺，右半從「刂」。

……事
嘉禾六年十二月廿一日書佐呂承封 三一五一

……言…… 三一五二

☑　其……☑ 三一五三

【注】「其」上原有墨筆點記。簡三一五三至三一九五出土時原爲一坨，揭剥順序參見《揭剥位置示意圖》圖二十九。

〼□年六月廿八日書佐呂承封　三一五四甲

兵曹言叛士鄧平等不在縣界無□〼　三一五四乙

□尹盛白問對□淵丘□諸……㵩……今所……　三一五五

【注】「尹盛」上□左半殘缺，右半從「攵」。「諸」上□左半殘缺，右半從「力」。

……事

……十二月　……　三一五六

草白佃帥朱□□應□□□事　……部曲田曹史揖白　三一五七

□縣令長□□□下書謝鮑宪（？）等亟各攝所部縣□勅丞尉吏民各　三一五八

□唐青烝貿等將丞□倉輒入未得還簿　三一五九

部曲田曹……斛事　……　三一六〇

……　嘉禾□年……　三一六一

草言府被書部吏唐王等逐捕叛□簡□張□□事　五月廿二日中賊曹史張惕白　三一六二

……事

四月十二日兼……白　三一六三

言府三品調吏民出銅一萬四百斤事　七月廿七日兵曹掾番棟白　三一六四

草言府咎州或不佐郡官調吏民所作船事　閏月廿三日船曹掾潘椎白　三一六五

【注】據陳垣《魏蜀吳朔閏異同表》，嘉禾二年閏五月，嘉禾五年閏二月。張培瑜《魏蜀吳朔閏異同表》同。

草言……事　五月一日兵曹掾潘□史□□白　三一六六

草言府……事

嘉禾□年……月廿一日兼金曹史李□白　三一六七

草言府部吏鄭宋區光實欣等逐……兒事　八月一日兼兵曹掾潘□白　三一六八

草言部……事　二月一日兼□曹史張□白　三一六九

……堅閣……罪法事　三月十九日兼……白　三一七〇

草言□府別……　三一七一

【注】「草言」下□右半殘缺，左半從「言」。

草言府……吏……　三月十一日兼□曹史張惕白　三一七二

草言府部吏收□吏父兄子弟遣家事

十二月四日兵曹掾潘棟白　三一七三

草言府□□䆃運傳送別部□□□□事　十月廿五日兼户曹史張惕

田曹史呂□白　三一七四

草言府遣吏……事　六月……白　三一七五

草言府被詔鄉勸農掾郭宋周□妻子合七人軍中遣吏□□□送……事

二月五日兼□曹史□□白　三一七六

草言……大男……　……兼户曹史張惕白　三一七七

□事

〼　……白　三一七八

草言府……　八月四日……白　三一七九

今□□得□□　三一八〇

草言府遣吏潘喜這□□□□□□□皮事　十二月八日兼户曹掾張惕白　三一八一

草言府鄉吏郭宋□□□□勸農掾□□□事　九月廿三日……田曹

……白　三一八二

草言府……事　十月廿三日兼□曹□□□白　三一八三

草言府□□父□□□□□□署子弟應□事

六月十八日兼……白　三一八四

草言府……軍吏……建業宮事　□月七日兼兵曹掾□□白　三一八五

……大男……管……事　六月廿六日兼賊曹史□□白　三一八六

草言府記（？）諸鄉吏依書注條列郎吏以下所有客奴婢縣吏死子　三一八七

弟事　七月……白　三一八八

草言……事　……月□□日□曹史□□白　三一八九

□鄉領粢田八十畝土步　三一九〇

定領吏民粢田七十三畝　三一九一

嘉禾四年六月戊申朔□日……叩頭死罪敢言之　三一九二

平陽里户人公乘李□年卌一　訾　五　十　三一九三

嘉禾四年十月丙午朔　日臨湘侯相君□□叩頭死罪敢言之　三一九四

其一百六十二斛八斗六升付三州倉吏鄭黑　三一九五

其八畝一百一十七步屯田民粢田　三一九六

六月十日丁巳白　三一九七

【注】簡三一九六至三二二八出土時原爲一坨，揭剥順序參見《揭剥位置示意圖》圖三十。

鄉領粢租米八斛

丞缺録事掾潘　琬校

君教若

嘉禾四年八月廿二日兼田曹史

兼主簿　蔡　忠省巻揖白料諸鄉粢租已入未畢事

三一九七（一）

【注】本簡爲小木牘。「若」爲濃墨批字，覆蓋在「君教」二字上。

其十四斛五斗二升付州中倉吏李金　三一九八

未畢八斛五斗二升　其七斛三斗六升付三州倉吏鄭黑　三一九九

西鄉領粢租米卅三斛一斗六升八合已入畢　三二〇〇

宜陽里户人公乘□□年五十……　三二〇一

縣女弟兒年四歲　三二〇二

右□家口食八人　其 四人男 四人女　三二〇三

其一百十七人男　三二〇四

妻大女姑年廿三筭一　子男除年八歲　三二〇五

□子男客年五歲　三二〇六

右樵家口食四人　其 二人男 二人女　三二〇七

【注】「右」上原有墨筆點記。

平陽里户人公乘謝難年廿一　給縣吏　三二〇八

右□家口食三人　其 二人男 一人女　三二〇九

【注】「右」上原有墨筆點記。

……二百六十九人　三二一〇

右□家口食三人　其 二人男 一人女　三二一一

【注】「右」上原有墨筆點記。

右免家口食五人　其 三人男 二人女　三二一二

【注】「右」上原有墨筆點記。

平陽里户人公乘烝金年卅七筭一　訾　五　十　三二一三

金男弟生年十八　生男弟兒年八歲　三二一四

平陽里户人公乘烝□年六十□　訾　五　十　三二一五

妻大庂（？）年卌四　樓子女金年廿八　三二一六

【注】「大」下脱「女」字。

平陽里户人公乘黄□年卅　苦腹心病　訾　五　十　三二一七

實妻大灌年廿　三二一八

【注】「大」下脱「女」字。

右樓家口食四人　其 二人男 二人女　三二一九

□子男□年十一　□男弟專年七歲　三二二〇

新成里户人公乘文□年卅四　妻大女□年廿八　□男弟□年九歲　三二二一

右困家口食四人　其 三人男 一人女　三二二二

右□家口食二人　其 一人男 一人女　三二二三

兄子男□年七歲　嫂姪子女貞年六歲　三二二四

□男弟□年□歲　□子男義年五歲　三二二五

新成里户人公乘□□年卌一　妻大女□年卌五腫足　子女見年十二　三二二六

□姪子男佫年十二　招姪子男龍年五歲　三二二七

新成里户人公乘□□年卌二　妻大女姑年卌七　三二二八

□□里户人公乘張□年……筭一　三二二九

今年户黍自實□八十畝卌步　三二三〇

【注】簡三二二九至三三一三出土時原爲一坨，揭剥順序參見《揭剥位置示意圖》圖三十一。

……筭一　三二三一

民謝將還二年所貸……　三二三二

定領七十三畂畂收八斗爲米五十八斛四斗　三二三三

……卅……黍田不收錢　三二三四

……黍田不收錢　三二三五

▨……謹列……爲簿言……　三二三六

嘉禾四年領吏民黍田八十九畝　三二三七

定領……　三二三八

中鄉領郡士黍田十頃□畝卌步　三二三九

□鄉領郡士黍田……　三二四〇

右二鄉領大常……民黍田合……　三二四一

嘉禾四年六月戊申朔七日甲寅南都鄉勸農掾郭宋叩頭死罪敢言之　三二四二

……掾□懿白　三二四三

……畝□五步……　三二四四

黍田合……卌二畝二百□□步　三二四五

都中鄉謹列今年黍租米已入未畢事　三二四六

都中鄉領今年黍租米一百五十斛四升四合　三二四七

……七十二斛　三二四八

……六斛　三二四九

東鄉勸農掾殷連叩頭死罪白前言催促所領黍租米負者民有入言□□　三二五〇

西鄉領黍田十三畝二百步畝收八斗爲米十斛一斗六升八合　三二五一

入嘉禾三年□□限米……四斛八斗四升　十　二　月　入　倉　三二五二

實度今年吏民黍田悉訖條列頃畝收已……　三二五三

廣成平二鄉謹列所領嘉禾四年黍租米已入未畢要簿　三二五四

其……　三二五五

模鄉謹列嘉禾四年吏民黍租要簿　三二五六

入嘉禾三年税米一萬三千四百一十五斛七斗五升　其一百八十……
三州倉米　十二月▨　三二五七

入三州倉運嘉禾三年税米四千六百廿八斛　六　月　入　三二五八

入……斛　□　月　入　倉　三二五九

入運三州倉嘉禾三年税米六百五十三斛六斗　六　月▨　三二六〇

……吏帥客限米　三二六一

……四千（？）一百卌斛六斗□升一合　三二六二

入屯田掾利焉嘉禾三年襍小米八斛六斗　十　二　月　入▨　三二六三

右嘉禾三年黍租米三百六斛四斗一升　六十六斛一斗民自入　二百卌斛三斗……三州倉運　三二六四

右嘉禾三年新吏限米八百七十四斛一斗六升　四百卌一斛九斗一升民自入　四百卌二斛……　三二六五

……　十　二　月　入　倉　三二六六

□□二斛五斗……給貸嘉禾四年貧民爲種粮　三二六七

▨千四百六十六斛二……　三二六八

▨□年卅八　□男弟曼年卅二　三二六九

入嘉禾三年税米二百九十三斛五斗　嘉禾三年九月入倉　三二七〇

高平里户人公乘伍斗年十六筭一 三二七一
右依家口食三人　訾　五　十 三二七二
【注】「右」上原有墨筆點記。
户下婢□年七歲　妻大□年卅 三二七三
【注】「大」下脱「女」字。
入嘉禾三年𠩄贏民□米七斛　十　二　月　入　⧄ 三二七四
入嘉禾三年郵卒限米七斛二斗　十　二　月　入　倉 三二七五
右□家口食九人　訾　五　十 三二七六
【注】「右」上原有墨筆點記。
入嘉禾三年郵卒限米十一斛二斗　正　月　入　倉 三二七七
右斗家口食六人　訾　五　十 三二七八
【注】「右」上原有墨筆點記。
入嘉禾三年私學限米廿六斛　二　月　入　倉 三二七九
入嘉禾三年白米六斛二斗　三　月　入　倉 三二八〇
入嘉禾三年租米廿二斛九斗八升　正　月　入　倉 三二八一
入嘉禾三年白米十一斛　五　月　入　倉 三二八二
右蓑家口食三人　訾　五　十 三二八三
【注】「右」上原有墨筆點記。
右仲家口食五人　訾　五　十 三二八四
【注】「右」上原有墨筆點記。
⧄□五斛　十　二　月　入　倉 三二八五
⧄□年衛士限米廿五斛三斗　十　一　月　入　倉 三二八六
……　□□□年六十一　□姑年卅□ 三二八七
右□家口食□人　訾　五　十 三二八八
【注】「右」上原有墨筆點記。
□吏□番年廿一 三二八九
入嘉禾三年白米廿一斛四斗五升　五　月　入　倉 三二九〇
右嘉禾三年私學限米一千七百九十四斛八斗⧄ 三二九一
入三州倉運嘉禾三年吏帥客限米二百斛　四　月　⧄ 三二九二
入嘉禾三年□□限米六百八十三斛二斗三升　⧄ 三二九三
……年卅三　…… 三二九四
入三州倉運嘉禾三年佃帥限米四百一斛　三　月⧄ 三二九五
右領嘉禾三年税□乃粢租米合五百卅七斛六斗八升 三二九六
⧄年𠩄贏還民限米十一斛六斗 三二九七
入嘉禾三年吏帥客限米八百卅四斛五斗四升 三二九八
入嘉禾三年私學限米四斛九斗　五　⧄ 三二九九
右嘉禾三年郵卒限米六百六十三斛八升　其五百六十三斛八升民　其一百斛三州運⧄ 三三〇〇
入嘉禾三年還民限米四斛　正　月　入　倉 三三〇一
【注】「三州」下脱「倉」字。
入嘉禾三年吏帥客限米三斛　十　月　⧄ 三三〇二
其廿一斛四斗運集中倉付吏李金 三三〇三
入三州倉運嘉禾三年租米九十七斛　十　二　月　入　倉 三三〇四
入三州倉運嘉禾三年叛士限米卅九斛六斗　五　月　入　倉 三三〇五
入嘉禾三年私學限米六百六十斛五斗三升　十　二　月⧄ 三三〇六
……　十　二　月　入　倉 三三〇七
入嘉禾三年佃卒限米二斛二斗　⧄ 三三〇八
入三州倉運嘉禾三年税米一千七百六十四斛四斗六升　其四百一十四斛□斗民自入　⧄ 三三〇九
入嘉禾三年吏帥客限米一千九百九十六斛六斗九升　十　二　月　入　倉 三三一〇
入嘉禾三年税米二千三百一十二斛八斗　正　⧄ 三三一一
入三州倉運嘉禾三年私學限米一百卅斛　⧄ 三三一二
入三州倉運嘉禾三年𠩄贏民限米五十一斛四斗　五　月　入　倉 三三一三
□男弟□年十一　…… 三三一四
入三州倉運嘉禾三年佃帥限米六百一十斛　四　月　入　倉 三三一五

入嘉禾三年佃帥限米三百一十一斛十一月入倉　三三一六
入嘉禾三年租米九斛　十　月　入　倉　三三一七
入嘉禾三年……　三三一八
入嘉禾三年租米二百卌一斛二斗五升　十　一　月　入　倉　三三一九
入三州倉運嘉禾三年租米……斗　九　月　入　倉　三三二〇
史潘慮謹料刺州中倉吏李金所領嘉禾三年襍米要簿　三三二一
　右嘉禾三年租米二千一百一十七斛二斗二升
其六百八十三斛五斗二升民自入
其一千四百卌三斛七斗三州運　三三二二

【注】「三州」下脱「倉」字。

……倉吏黃諱……　三三二三
入屯田掾利焉嘉禾三年餘力稅米一百卌九斛　六　月　入　倉　三三二四
入屯田掾利焉嘉禾三年餘力稅米二斛　二　月　入　倉　三三二五
右嘉禾三年稅米三萬七千九百廿七斛六斗二升　☒　三三二六

【注】「右」上原有墨筆點記。

入嘉禾三年吏帥客限米二百八十一斛　三　月　入　☒　三三二七
……　倉　三三二八
入嘉禾三年郵卒限米一百一十一斛　十　一　月　入　倉　三三二九
入嘉禾三年白米十八斛六升　☒　三三三〇
領嘉禾三年粢租米二百六十四斛一斗八升　嘉禾三年八月九月入倉　三三三一
入二年貧民……　三三三二
　妻大女□年五十一　☒　三三三三
☒吏黃諱潘慮　三三三四
☒□倉吏黃諱潘慮　三三三五
☒□平斛米爲稟☒　三三三六
☒□□月廿三日□……☒　三三三七
☒□□二月十九日☒　三三三八
☒李嵩付倉☒　三三三九
☒潘慮受☒　三三四〇
☒□堅☒　三三四一
☒十二月廿四日☒　三三四二
☒□白　三三四三
☒□米十五斛≡×嘉☒　三三四四
☒□其四千四斛九斗☒　三三四五
☒年稅米一斛三□☒　三三四六
☒□□□黃□關堅閣☒　三三四七
☒≡×嘉禾二年十月☒　三三四八
☒付倉吏鄭黑受　三三四九
　五斗被督□☒　三三五〇
入□□鄉嘉禾二年……☒　三三五一
☒稅米　三三五二
□□州中倉吏潘慮☒　三三五三
入廣成鄉五年稅米十四斛☒　三三五四

【注】簡上有朱筆塗痕。

☒二百五十斛八升　六十二斛七斗四升民自入☒　三三五五
其四百卌四斛二斗二升……☒　三三五六
其二百一十一斛五斗運集藍□□□□縣□☒　三三五七
入三州倉運嘉禾三年粢租米一百……☒　三三五八
　右嘉禾三年襍米二百六十二☒　三三五九
　右嘉禾三年襍米二千三百卌斛□☒　三三六〇
☒運詣中倉……　三三六一
☒堅閣李嵩付倉吏黃諱潘慮　三三六二
☒……斛嘉禾二年四月十八日□□丘大男文　三三六三
☒　姪子男高年四歲　三三六四

其二萬六千七百六十☒ 三三六五
【注】簡上有朱筆塗痕。
右模鄉入黄龍□☒ 三三六六
【注】「右」上原有墨筆點記。
☒……所……☒ 三三六七
☒　五　十 三三六八
吉陽里户人公乘謝受年卅六　☒ 三三六九
汝男弟□年□□☒ 三三七〇
【注】「男弟」下□左半殘缺，右半從「又」。
☒吏孫陵備黄龍元年吏帥客限米 三三七一
☒□八十斛　三　月　入　倉 三三七二
春男弟□年☒ 三三七三
嘉禾五年常遷里户人公乘宋連年☒ 三三七四
☒□刑佐足盲佐目 三三七五
【注】「佐」爲「左」之通假。
☒□十四斛六斗九升□□☒ 三三七六
入□鄉嘉禾二年所貸嘉禾元年……☒ 三三七七
☒□吴平斛……☒ 三三七八
☒嵩付倉吏黄諱☒ 三三七九
☒倉吏□勳（？）受 三三八〇
☒　其五十四斛☒ 三三八一
☒龍三年襍米☒　☒ 三三八二
☒年十月廿四日□□丘大男□□關坣☒ 三三八三
☒□鄉嘉禾二年所貸嘉禾☒ 三三八四
入西鄉嘉禾二年□☒ 三三八五
☒禾二年粢租米☒ 三三八六
☒□受≡✕嘉禾二年四月廿七日☒ 三三八七
入西鄉嘉禾二年☒ 三三八八
☒……二年三…… 三三八九
☒□還民□☒ 三三九〇
☒四年□□☒ 三三九一
☒黑受 三三九二
☒□吏□☒ 三三九三
入桑鄉嘉禾☒ 三三九四
☒十一斛八斗五升□□☒ 三三九五
【注】簡上有朱筆塗痕。
☒□六尺　☒ 三三九六
☒　十　一　月　入　倉 三三九七
其七十二户下户之下新☒ 三三九八
☒□斛四斗　☒ 三三九九
【注】簡上有朱筆塗痕。
其廿一斛五斗九升□☒ 三四〇〇
☒運集中倉付吏李金　☒ 三四〇一
☒□二斛 三四〇二
☒禾四年十二月十□日☒ 三四〇三
右西鄉入私學☒ 三四〇四
【注】「右」上原有墨筆點記。
入嘉禾二年税……☒ 三四〇五
☒男朱□關坣閣☒ 三四〇六
入模鄉嘉禾□年……☒ 三四〇七
☒□日途丘男子張□☒ 三四〇八
☒倉吏鄭黑受 三四〇九
☒□胄畢≡✕嘉☒ 三四一〇
☒年十月廿四日租下丘男子文有關坣閣董基付倉吏黄諱潘慮☒ 三四一一
☒□百八十□斛一斗三升嘉禾三年襍擿米 三四一二

右都鄉入稅米一千四百廿六斛四斗　☒　三四一三
□□繼（?）運（?）事
☒　八月廿三日兼金曹史李□白　三四一四
☒……嘉禾二年稅米……　三四一五
石□家口食□☒　三四一六
入中鄉嘉禾二年稅米一斛五斗☒嘉禾二年十月四日桐梁丘男子☒　三四一七
……事
☒　……白　三四一八
今餘吳平斛米一萬二千五百卅二斛三斗一升☒　三四一九
☒□□鄉嘉禾二年……　三四二〇
録事條府所統下衆期假諸曹答竟事　☒　三四二一
四月　日問中部督郵　☒　三四二二
☒黃（?）諱（?）潘（?）慮（?）受（?）　三四二三
白事部吏□☒　三四二四
出倉吏黃諱☒　三四二五
☒　其士四斛六斗☒　三四二六
☒……下和丘□□□☒　三四二七
☒黃諱番慮受　三四二八
☒……□丘高新……☒　三四二九
妾子男□年卅筭一　遲妻大☒　三四三〇
【注】「子男」下□右半殘缺，左半從「⻊」。
其廿七斛☒　三四三一
【注】「其」上原有墨筆點記。
……事
☒　五月□□日兵曹掾……白　三四三二
☒□監池司馬鄧邵嘉禾元年□魚賈米☒　三四三三
☒　五月卅日録事掾番琬白　三四三四

☒……事　八月廿七日兼□□曹掾丞□白　三四三五
入廣成鄉嘉禾二年私學限米十六斛☒嘉禾二年十月☒　三四三六
☒畢☒嘉☒　三四三七
☒嘉禾二年稅☒　三四三八
☒佃（?）卒（?）限（?）米（?）☒　三四三九
☒叛士☒　三四四〇
☒稅米　其二斛□☒　三四四一
☒訾　五　十　三四四二
入中鄉嘉禾二年稅米十二斛☒嘉禾☒　三四四三
☒……黃龍元年限米　三四四四
□妻大女☒　三四四五
【注】「妻」上□右半殘缺，左半從「言」。
□男弟□年□□☒　三四四六
八人嘉禾二年五月直其五人人二斛☒　三四四七
☒　九月四日兼……白　三四四八
七月八日關坒閣李嵩付三州倉吏☒　三四四九
☒……船事　☒　三四五〇
☒鄭黑☒　三四五一
☒閣李嵩付倉☒　三四五二
☒閣李嵩付倉吏☒　三四五三
郎中李嵩☒　三四五四
☒大男□□☒　三四五五
☒□斛一斗六升黃龍三年□☒　三四五六
出倉吏黃諱潘慮所領嘉禾☒　三四五七
☒領襍吳平斛米一萬五千一百卅九斛☒　三四五八
☒限米五斛　三四五九
☒　九月六日領兵曹掾□監白　三四六〇
☒□佃卒黃龍元年限米四斛五□　三四六一

三四六二　其廿八斛▨
三四六三　草言被詔下鉐□□三錢（？）藏餘（？）事▨
三四六四　右領山里魁謝倉所領□▨
【注】「右」上原有墨筆點記。
三四六五　▨租米八十四斛二斗一升冑畢〓▨
三四六六　▨……丘男子黄□關▨
三四六七　▨壬一百八十六斛一斗五升黄▨
三四六八　入小武陵鄉嘉禾二年佃帥限米十六斛冑畢〓▨
三四六九　其廿七斛▨
三四七〇　草言府部吏……▨
三四七一　其二▨
三四七二　▨〓嘉禾五年十一月五日泊如丘男子▨
三四七三　▨……九百八十七斛三斗□升……▨
三四七四　▨……日佃帥毛生關邸閣李嵩付倉吏黄▨
三四七五　其十六斛……▨
【注】「其」上原有墨筆點記。
三四七六　▨〓嘉禾二年十月廿九日新唐丘鄧馮關邸閣董基▨
三四七七　高平里户人廖□年六十……　妻汝年卌九　▨
三四七八　▨丞渡丘大男文百關邸閣李嵩付倉吏黄諱番慮受
三四七九　入四年稟租米廿九斛一斗▨
三四八〇　▨黄龍元年税米
三四八一　入□鄉嘉禾二年吏所□□▨
三四八二　▨……關邸閣……▨
三四八三　入桑鄉嘉禾二年新吏限米▨
三四八四　▨□里户人區步年六十▨
三四八五　入中鄉區打□▨
三四八六　入中鄉嘉禾二年税米卌三斛二斗〓嘉禾二年十月廿▨
三四八七　▨……□子男□年五歲

三四八八　▨□妻思年卅三
三四八九　▨□斗二升
三四九〇　▨　其七十九斛五斗吏帥客▨
三四九一　入臨湘中鄉五年税米▨
三四九二　▨六日大渡丘男子米□▨
三四九三　入樂鄉嘉禾二年税▨
三四九四　嘉禾二年正月▨
三四九五　▨軍糧都尉……▨
三四九六　糧都尉嘉禾二▨
三四九七　▨□佃吏限米……▨
三四九八　▨付倉吏黄諱潘慮受▨
三四九九　▨　妻大女□年卅四
三五〇〇　入平鄉嘉禾二年税米廿□▨
三五〇一　▨　□月□日……白
三五〇二　妻大女▨
三五〇三　▨年十月十日平眺丘男子鄭六關邸閣李嵩▨
三五〇四　▨……運事　八月廿日兼倉曹史蔡宜白
三五〇五　▨……三州邸閣董倉吏鄭黑□▨
【注】「董」下脱「基」字。
三五〇六　□子男小年七歲　……
三五〇七　▨嘉禾二年十月廿七日下俗丘張增關邸閣李▨
三五〇八　▨春建安廿七年折咸米
三五〇九　▨　蔡姪子男岑年十一刑左足
三五一〇　▨倉吏黄諱潘慮受
三五一一　▨……嘉禾二年十一月十八日□▨
三五一二　▨黄諱潘慮受
三五一三　今餘吴平▨
【注】「今」上原有墨筆點記。

右嘉禾三年襍米二百▨　三五一四
其六百六十四斛七斗四升▨　三五一五
▨嘉禾二年税米卅斛▨▨　三五一六
▨□年廿五縣吏　▨　三五一七
▨　五　月　入　倉　三五一八
▨　九（？）　月　入　倉　三五一九
▨　連受　三五二〇
▨諱史潘慮受　三五二一
▨李嵩付倉吏黄諱潘慮受　三五二二
▨　其五百卅三斛二斗嘉禾元▨　三五二三
其五十四斛□▨　三五二四
……視□□▨　三五二五
▨關堅閣李嵩付倉吏黄諱潘慮受　三五二六
▨二年九月四日唐下丘大男陳羿關堅閣李嵩▨　三五二七
▨……　其□□□ 一人女　▨　三五二八

【注】簡三五二八至四〇六五出土時原爲一坨，揭剥順序參見《揭剥位置示意圖》圖三十二。

……年卅二□□　▨　三五二九
吉陽里户人公乘胡㹠年七十一盲右目　▨　三五三〇
子男□年二歲　▨　三五三一
吉陽里户人公乘張設年卅九　□□□　▨　三五三二
右黄家口食四人　其 二人男 二人女　三五三三
吉陽里户人公乘陳□年五十九　三五三四

【注】「陳」下□右半殘缺，左半從「亻」。

吉陽里户人乘逢陵年……　三五三五

【注】「乘」上脱「公」字。

妻大女勤年卅九　子男兵年八歲　三五三六
佳女弟稟年十二　稟女弟兒年五歲　三五三七
兵女弟踵年六歲　踵男弟告年四歲　三五三八
寡嫂集年廿盲左目　三五三九
思男弟佳年四歲　佳女弟牙（？）年三歲　三五四〇
惕母大女汝年六十五　惕妻大罴年廿四　三五四一

【注】「妻大」下脱「女」字。

吉陽里户人公乘嚴追年廿九　給州吏　三五四二
吉陽里户人公乘張惕年卌八　給縣吏　三五四三
裕姪子□年五歲　户下婢尾年五十一　三五四四

【注】「姪子」下脱「男」或「女」字。

吉陽里户人公乘吕灌年廿六　給郡吏　三五四五
右裕家口食九人　其 五人男 四人女　三五四六
右怒家口食六人　蘑（？）子女莒年四歲　三五四七
□子男□年三歲　裕男弟杭年廿　三五四八
宣（？）從男弟次年廿　次妻大女楊年十八　三五四九
妻大女思年卌　子女汝年七歲　三五五〇
成男弟啓年九歲　裕女相年十一　三五五一
橋妻大女集年廿五　□男弟崗（？）年廿三給□吏　三五五二
次男弟奉年七歲　三五五三
妻大女婢年廿五　子小女欣年二歲　三五五四
吉陽里户人公乘張喬年卌九　給縣吏　三五五五
右追家口食六人　其 三人男 三人女　三五五六
明子男事年十七給郡吏　姪子男客年九歲　三五五七
橋兄橀（？）年卅八刑左足　姪子男城年五歲　三五五八
頭兄明年六十五苦盲（？）腫病　明妻汝年卅二　三五五九
顗（？）妻大女毛年卅二　子小女好年十五　三五六〇
吉陽里户人公乘朱客年卅七　給縣吏　三五六一
右楊家口食十五人　其 五人男 十人女　三五六二

【注】「右」上原有墨筆點記。

信子男業年四歲　楊男弟建年卅　三五六三

鳸男弟鼠年五歲　楊小妻大女信年卅九　三五六四

吉陽里户人公乘胡楊年卌　給州吏　三五六五

右顯（?）家口食九人　其六人男三人女　三五六六

客女弟思年九歲　思男弟得年五歲　三五六七

吉陽里户人公乘鄭□年卅四　給郡吏　三五六八

妻大女汝年卅　子男受年十三　三五六九

妻大女婢年卅五　子女市年四歲　三五七〇

□母思（?）年七十三　思（?）子伯年七歲　三五七一

□女弟山年九歲　喬母□年七十□　三五七二

□陽里户人公乘勇顯（?）年卌給州吏　三五七三

□女弟兒年三歲　户下婢蓬年廿二　三五七四

逢妻大女姑年廿三　姪子女絮年五歲　三五七五

户下婢新年卌　户下婢嚴（?）年十三　三五七六

圖（?）妻大女汝年卅　圖（?）男山年七歲　三五七七

【注】「男」上脱「子」字。

右喬家口食九人　其五人男四人女　三五七八

右客家口食五人　其二人男三人女　三五七九

妻大女□年廿五　子女絲年三歲　三五八〇

右□家口食三人　其一人男二人女　三五八一

吉陽里户人公乘逢杲年卌　給郡吏　三五八二

杲母大女巡（?）年七十六　妻大女盡年廿六　三五八三

吉陽里户人公乘張禁年七十□　三五八四

妻大女汝年六十五　子男卒年三歲　三五八五

姪子男辭年五歲　姪子尊（?）年廿一盲右目　三五八六

【注】後「姪子」下疑脱「男」或「女」字。

麗父□年七十一　麗妻大女妫年卅□　三五八七

麗兄湮年卌一給郡吏　湮妻大女思年卅四　三五八八

舅父黑年卅　黑妻大女□年廿九　三五八九

姪子男豬（?）年三歲　依食少交年十二盲左目　三五九〇

黑子男招年五歲　三五九一

姪子豫年十　依食少汪年七歲　三五九二

【注】「姪子」下脱「男」或「女」字。

右杲家口食六人　其二人男三人女　三五九三

黑子女草年五歲　麗子男兒年七歲　三五九四

麗兄黑年五十　黑妻大女客年卌五　三五九五

妻弟□年七歲　三五九六

妻姪子男脱年七歲踵兩足　脱男弟□年三歲　三五九七

吉陽里户人公乘魯盧（?）年五十六刑足　三五九八

右麗家口食九人　其五人男四人女　三五九九

右暢家口食十一人　其九人男二人女　三六〇〇

吉陽里户人公乘魯年卅五　三六〇一

【注】「魯」上下有脱字。

吉陽里户人公乘文得年廿五　三六〇二

妻大女□年五十二　子男□年廿七盲左目　三六〇三

【注】「大女」下□右半殘缺，左半從「女」。

右啓家口食六人　其二人男四人女　三六〇四

勞（?）女弟盡年十八　盡女弟□年十五　三六〇五

張（?）父敍年七十五　張妻大女妾（?）年廿九　三六〇六

□陽里户人公乘區張年廿八給州卒　三六〇七

張男弟叒（?）年廿六　叒（?）妻大女麗年廿四　三六〇八

德男弟布（?）年四歲　三六〇九

妻大女徹（?）年卅二　姪子男山年八歲　三六一〇

妻（?）母大女妾年七十五　三六一一

右羊家口食四人　其二人男 二人女　三六一二

吉陽里户人公乘文毛年六十三刑兩足　三六一三

吉陽里户人公乘胡草年卅五　三六一四

草母大女妾年六十三　草妻大女貞（?）年卅三　三六一五

姪子黄年八歲　黄男弟潃（?）年七歲　三六一六

【注】「姪子」下脱「男」或「女」字。

得母大女妾年六十一　得女弟�年十七　三六一七

吉陽里户人公乘□角年卅一　三六一八

妻大女貞年廿三　三六一九

姪子石年四歲　三六二〇

【注】「姪子」下脱「男」或「女」字。

右角家口食三人　其二人男 一人女　三六二一

妻大女金年卌三　子男名年十　三六二二

名男弟□年八歲　外（?）姪士伍碓（?）年五歲　三六二三

妻大女禹年十九　子小女宋年六歲　三六二四

右陵家口食六人　其四人男 二人女　三六二五

蒂男弟賁（?）年七歲　妾子女成（?）年七歲　三六二六

偖母大女姑年六十五　三六二七

吉陽里户人公乘□式年卅給縣吏　三六二八

吉陽里户人公乘陳潘（?）年卅　三六二九

右毛家口食五人　其一四 ▨　三六三〇

妻大女慈（?）年卅三　姪（?）子男衣（?）年十　三六三一

吉陽里户人公乘文倩年廿　三六三二

式妻大女婢年十六　式男弟淦年廿三　三六三三

妻外（?）姪子男狗年四歲　妻外姪子男仲年五歲　三六三四

偖（?）季父慈年六十四盲左目　慈妻大女汝年五十七　三六三五

右潘家口食三人　三六三六

右得家口食五人　其三人男 二人女　三六三七

子男□年三歲　姪子男告年四歲　三六三八

【注】前「子男」下□右半殘缺，左半從「言」。

右買家口食五人　其三人男……二人女　三六三九

吉陽里户人公乘胡□年七十踵兩足　三六四〇

【注】「胡」下□右半殘缺，左半從「日」。

妻大女思年卌九　子男得年十一　三六四一

右要家口食四人　其三人男 一人女　三六四二

得男弟矛年五歲　三六四三

慈子男吾年十　三六四四

右偖家口食五人　其三人男 二人女　三六四五

□□里户人公乘□□年□八　妻大女□年……　三六四六

右專家口食五人　其三人男 二人女　三六四七

吉陽里户人公乘張宗年五十七苦腹心病　三六四八

覓姪子男淮年三歲　男弟乾年三歲　三六四九

妻（?）外（?）姪子男張碩年十二腹心病　三六五〇

右宗家口食四人　其二人男 二人女　三六五一

右□家口食四人　其三人男 一人女　三六五二

【注】「家」上□右半殘缺，左半從「日」。

妻大女桌年五十二　子男覓年廿一刑兩足　三六五三

□陽里户人公乘黄元年廿四給軍吏　三六五四

其廿四户故吏　其二户上品 九户中品 十三户下品　三六五五

蚤女弟思年六歲　姪子男斗年十五踵左足　三六五六

其一户新占民　三六五七

高遷里户人公乘□□年……給郡吏　三六五八

妻大女汝（?）年卅六　子女蚤（?）年十五　三六五九

□□里户人公乘□年廿二　三六六〇

【注】「公乘」與「年」間有脱字。

妻大女姑年廿八　子女兒年六歲　三六六一

其八户限佃民　其二户中品 其六户下品　三六六二

下之品下□　其□□户限佃民　三六六三

【注】前五字原爲倒書，讀作「□下品之下」。

雙男弟親年六歲　親女弟汝四歲　三六六四

【注】「四歲」上脱「年」字。

定應役民廿三户　三六六五

妻大女□年卅二　子男生年八年歲　三六六六

【注】「八年歲」中「年」爲衍字。

□女弟是年六歲　三六六七

妻大女□年十五　霜兄俸年廿　三六六八

【注】「大女」下□右半殘缺，左半從「女」。

妻大女遑年六十一　子男□年卅　三六六九

婁妻大女獮年廿九　婁男弟訊（?）年十五　三六七〇

霜姪子男加年十五　霜子男三（?）年四歲　三六七一

□母大女米年六十　三六七二

右柞家口食三人　其一人男 二人女　三六七三

右聲家口食七人　其二人男 五人女　三六七四

【注】「右」上原有墨筆點記。

高遷里户人公乘唐顛年五十一　訾　五　十　三六七五

……　姪子男贊年六歲　三六七六

右宜家口食五人　其四人男 一人女　三六七七

【注】「右」上原有墨筆點記。

右顛家口食五人　其二人男 三人女　三六七八

【注】「右」上原有墨筆點記。

高遷里户人公乘□□年七十六踵□足　訾　五　十　三六七九

外（?）　姪子男屈年八歲　屈男弟□年五歲　三六八〇

□兄公乘涓年八十一　☐妻大女思年六十一　三六八一

□女弟兒年八歲　三六八二

右霜家口食五人　其四人男 一人女　三六八三

【注】「右」上原有墨筆點記。

右頭家口食七人　其五人男 二人女　三六八四

【注】「右」上原有墨筆點記。

高遷里户人公乘潘堅年七十三　訾　五　十　三六八五

高遷里户人公乘蔡隱年卅□　訾　一　百　三六八六

高遷里户人公乘張奉年六十四　訾　五　十　三六八七

姪子男就年廿　利妻大女姑年十七　三六八八

妻大女妾年五十二　小妻大女汝年卅　三六八九

妻大女□年五十一　子男奴年七歲　三六九〇

右□家口食六人　其三人男 三人女　三六九一

【注】「右」上原有墨筆點記。

妻大女姑年六十七　子女冷年六歲　三六九二

高遷里户人公乘鄭宜年六十　訾　五　十　三六九三

姪子男抗（?）年廿一　三六九四

右常家口食二人　其一人男 一人女　三六九五

右力家口食六人　其四人男 二人女　三六九六

【注】「右」上原有墨筆點記。

妻大女巢年卅一　子男得年八歲　三六九七

高遷里户人公乘鄧惕年六十四　𦘦　五　十　三六九八

男弟得年十二　得女弟思年九歲　三六九九

高遷里户人公乘聶首年七十□　𦘦　五　十　三七〇〇

姑子男頌年四歲　三七〇一

妻大女嬰年卅　男弟水年廿五　三七〇二

妻大女汝年廿一　睢（？）子女糸年四歲　三七〇三

右董家口食四人　其二人男 二人女　三七〇四

【注】「右」上原有墨筆點記。

高遷里户人公乘張衆年卅七盲左目　𦘦　五　十　三七〇五

高遷里户人公乘聶礼年六十二　𦘦　五　十　三七〇六

……□年十二　三七〇七

□子男婁年五歲　三七〇八

妻大女姑年廿　子男兒年四歲　三七〇九

高遷里户人公乘彭容年五十　𦘦　五　十　三七一〇

妻大女黄年五十　子男遅年五歲　三七一一

右惕家口食五人　其二人男 三人女　三七一二

高遷里户人公乘謝脩（？）年卅　𦘦　五　十　三七一三

妻大女姑年卅九　户下婢大女然（？）年卅　三七一四

高遷里户人公乘王孫年六十三　𦘦　五　十　三七一五

右□家口食四人　其三人男 一人女　三七一六

【注】「右」上原有墨筆點記。

高遷里户人公乘雷少（？）年卅七　𦘦　五　十　三七一七

妻大女妾年卅一　子男別年五歲　三七一八

右嬰家口食七人　其四人男 三人女　三七一九

【注】「右」上原有墨筆點記。

右脩家口食五人　其二人男 三人女　三七二〇

【注】「右」上原有墨筆點記。

高遷里户人公乘胡推年五十　𦘦　五　十　三七二一

子男重年十盲兩目　姪子男生年十二　三七二二

高遷里户人公乘周柏年廿四給郡吏　𦘦　五　十　三七二三

右益家口食五人　其四人男 一人女　三七二四

【注】「右」上原有墨筆點記。

右柏家口食六人　其四人男 二人女　三七二五

【注】「右」上原有墨筆點記。

子男客年六歲　姪子男□年六歲　三七二六

子男楬（？）年五歲　三七二七

右多家口食三人　其二人男 一人女　三七二八

【注】「右」上原有墨筆點記。

妻大女汝年卅　子男須年九歲　三七二九

右推家口食六人　其四人男 二人女　三七三〇

姪子男健年四歲　健男弟黟（？）年三歲　三七三一

姪子男□年七歲　□子男軍年五歲　三七三二

妻大女客年卅一　子女梧年八歲　三七三三

高遷里户人公乘朱船（？）年廿六刑右手　三七三四

豪（？）男弟山年十一　姪子男佳年三歲　三七三五

右船（？）家口食五人　其四人男 一人女　三七三六

子男□年六歲　三七三七

妻大女布年卌二　子女鴛年三歲　三七三八

外（？）姪子男澆年五歲　三七三九

右兒家口食八人　其五人男 三人女　三七四〇

小妻大女婢年廿四　三七四一

右妾（？）家口食二人　其一人男 一人女　三七四二

【注】「右」上原有墨筆點記。

高遷里户人公乘高□年田　三七四三

妻大女□年田□　三七四四

高遷里户人公乘廖吕年……　訾　五　十　三七四五

妻大女□年廿一　姪子男□年四歲　三七四六

☑　□妻大女盲（?）年卌八　姪子女趙（?）年三歲　三七四七

□妻大女銀年卌五　外姪子男得年□　三七四八

妻大女頭年六十三　姪子男豪年廿二　三七四九

妻大女汝年卌一　子男□年七歲　三七五〇

【注】「子男」下□下半殘缺，上半爲「田」，疑原爲「思」，即「懼」之俗别字。

庾（?）陽里户人公乘謝兒年六十四　三七五一

妻大女昭年六十　小妻大女笄年卅　三七五二

高遷里户人公乘文多年五十一　訾　五　十　三七五三

脩男弟湖年十五　完姪子男賓年十六　三七五四

右衛家口食五人　其四人男 一人女　三七五五

【注】「右」上原有墨筆點記。

妻大女□年卌三　子男頭年廿　腫兩足　三七五六

庾陽里户人公乘潘容年五十六刑左足　三七五七

庾陽里户人公乘蔡事（?）年廿五　三七五八

難妻大女□年十六　三七五九

右楊家口食三人　其一人男 二人女　三七六〇

【注】「右」上原有墨筆點記。

相男弟侯年三歲　姪子男赤年五歲　三七六一

悔（?）妻大女□年十五　悔（?）男弟賓年二歲　三七六二

右悔（?）家口食二人　其一人男 一人女　三七六三

【注】「右」上原有墨筆點記。

右遺（?）家口食十四人　其九人男 五人女　三七六四

【注】「右」上原有墨筆點記。

妻大女汝年卅二　子男暘年五歲　三七六五

姪子男恪年十五給州吏　戳男金年廿二踵足　三七六六

子男礌年廿三　楮女弟曲年廿　三七六七

車母大女□年八十三　車妻大女然（?）年卅六　三七六八

事母大女紱年六十一　事妻大女初（?）年廿二　三七六九

事子男兒年二歲　事從男弟難年十七 一名尚　三七七〇

□妻大女賤年廿　□男弟杭年十四　三七七一

庾（?）陽里户人公乘□□年廿七　三七七二

戰（?）姪子男銅年七歲　姪子男伯年五歲　三七七三

右事家口食六人　其三人男 三人女　三七七四

【注】「右」上原有墨筆點記。

高遷里户人公乘趙益年五十　訾　五　十　三七七五

賓男弟載年五歲　奇姪子男□年十三雀手　三七七六

庾（?）陽里户人公乘彭當（?）年卅　三七七七

遺姪子男山年八歲　三七七八

取（?）妾男弟多年十五　多男弟奴年十三　三七七九

奴男弟彭年七歲　取（?）季父賢年六十刑右手　三七八〇

右取（?）家口食十一人　其十人男 一人女　三七八一

【注】「右」上原有墨筆點記。

庾（?）陽里户人公乘謝耳年卅三　三七八二

高男弟專年廿一盲左目　高從兄公乘至年廿□　三七八三

車子女奶（?）年四歲　車季父公乘羅年八十三　三七八四

右車家口食五人　其二人男 三人女　三七八五

【注】「右」上原有墨筆點記。

兒子女思年五歲　兒季父公乘□年八十五　三七八六

庾（?）陽里户人公乘朱合年卅五　三七八七

合母大女杲年六十八　合妻大女作（？）年廿一　三七八八
妻大女素年卅三　男弟庚（？）年十三　三七八九
右高家口食五人　其四人男 一人女　三七九〇
【注】「右」上原有墨筆點記。
庾（？）陽里户人公乘謝高年廿六盲左目　三七九一
了男弟啓年十六鼠（？）病　啓妻大女南年廿二　三七九二
贇男弟了年廿　了妻大女倉年十六　三七九三
庾（？）陽里户人公乘□贇年廿三給縣吏　三七九四
贇嫂大女是年廿二　是子男紋年六歲　三七九五
右丁家口食三人　其二人男 一人女　三七九六
【注】「右」上原有墨筆點記。
啓子女惠年七歲　姪子女思年五歲　三七九七
右合家口食五人　其二人男 三人女　三七九八
【注】「右」上原有墨筆點記。
右緝家口食四人　其二人男二人女　三七九九
【注】「右」上原有墨筆點記。
遺姪子男□年廿腫足　遺姪子男□年七歲　三八〇〇
【注】前「姪子男」下□右半殘缺，左半從「言」。後「姪子男」下□上半殘缺，下半從「辶」。
☑□里户人公乘謝逆年卅一　三八〇一
妻大女陵年卅一　子男頭年六歲　三八〇二
妻大女□年卅一　子男□年八歲　三八〇三
頭（？）女弟取（？）年五歲　三八〇四
□男弟買年九歲　□從兄□年六十一踵兩足　三八〇五
【注】「從兄」下□右半殘缺，左半從「車」。
省男弟鍾年十五　取（？）姪子男民年廿三　三八〇六
妻大女思年六十二　子男令年卅二苦腹心病　三八〇七
令妻大女年謂年廿三　令女弟姑年十六　三八〇八
【注】「謂」上「年」應爲衍字。
右省家口食五人　其二人男 三人女　三八〇九
【注】「右」上原有墨筆點記。
其六户新占民　三八一〇
妻大女如年卅四　子男羊年六歲　三八一一
羊男弟末年三歲　三八一二
右逆家口食四人　其三人男 一人女　三八一三
【注】「右」上原有墨筆點記。
庾（？）陽里户人公乘謝趙（？）年六十三　三八一四
妻大女綺年六十一　子男遑年十二　三八一五
□子男□年四歲　户下奴□年十一苦腹心病　三八一六
庾（？）陽里户人公乘李禿年廿六　三八一七
禿母大女客年五十四　禿妻大女思年廿六　三八一八
☑□領吏民卌□户……　三八一九
……　訾　五　十　三八二〇
難（？）父公乘大年八十九　大妻大女鉌年六十三　三八二一
庾（？）陽里户人公乘利取（？）年廿三　三八二二
庾陽里户人公乘□□年廿三給軍吏　三八二三
其十……户女户下品之下　三八二四
庾（？）子男同年六歲　三八二五
其廿四户故户　其……户上品 ……户中品 ……户下品　三八二六
隹姪子奉年十一　三八二七
【注】「姪子」下脱「男」或「女」字。
妻大女繒年卌筭一　子男湘年五歲　三八二八
妻大女除年卅筭一　子男惕年十五　三八二九
庾（？）男弟惶年十一　庾（？）母大女妾年五十一筭一　三八三〇

右秃家口食四人　其一人男三人女　三八三一
妻大女姑年卌一　子男軍（?）年六歳　三八三二
【注】「右」上原有墨筆點記。
秃子女兒年五歳　三八三三
□陽里户人大女鄧妾年卌　訾　五　十　三八三四
外姪子男□年七歳　惕男弟激年八歳　三八三五
右宜家口食五人　其四人男一人女　三八三六
【注】「右」上原有墨筆點記。
□陽里户人公乘□肫年卅苦腹心病　訾　五　十　三八三七
妻大女汝年廿五　子男城年四歳　三八三八
城女弟菀年五歳　菀女弟故（?）年三歳　三八三九
右肫家口食五人　其二人男三人女　三八四〇
【注】「右」上原有墨筆點記。
非男弟城年六歳　妻男弟懸年十二往居　三八四一
☑右朱家口食五人　其三人男二人女　三八四二
中鄉縣吏訧（?）許故户下品出錢四千四百侯相　……　三八四三正
入錢畢民自送牒還縣不得持還鄉典田吏及帥　三八四三背
中鄉大男陳肥故户下品出錢四千四百侯相　嘉禾六年正月十二日
都鄉典田掾蔡忠白　三八四四正
入錢畢民自送牒還縣不得持還鄉典田吏及帥　三八四四背
中鄉大男稚博故户下品出錢四千四百侯相　嘉禾六年正月十二日
都鄉典田掾蔡忠白　三八四五正
入錢畢民自送牒還縣不得持還鄉典田吏及帥　三八四五背
中鄉大男唐□故户下品出錢四千四百侯相　嘉禾六年正月十二日
都鄉典田掾蔡忠白　三八四六正
入錢畢民自送牒還縣不得持還鄉典田吏及帥　三八四六背
其九十九人女　三八四七
苦男弟家年三歳　三八四八
□陽里户人公乘烝頃年卅八刑左足　訾　五　十　三八四九
右頃家口食三人　其二人男一人女　三八五〇
右隹家口食四人　其三人男一人女　三八五一
庚（?）陽里户人公乘謝丁年卌二　三八五二
□陽里户人公乘黄宜年五十三　嘉禾五年九月十一日被病物故　三八五三
除女弟箅年五歳　金男吊年十七箅一　三八五四
【注】「男」上下應有脱字。
妻大女汝年卅五　子男屋年十三　三八五五
妻大公忩年卌　子男非年十二　三八五六
□陽里户人公乘烝□年五十腹心病　訾　五　十　三八五七
難妻大女妾年廿二　難男弟苦年十六　三八五八
□男弟彈年十五　彈男弟山年十四　三八五九
隹聟囊（?）年廿二　囊（?）妻姑年十九　三八六〇
難兄公乘像年卅三　像妻大女思年廿三　三八六一
妻大女□年卌七　姪子男據年十二　三八六二
庚（?）陽里户人公乘烝竦年卅五屈兩足　訾　五　十　三八六三
囊子男惕年十二　三八六四
□□里户人公乘□□年□二給縣吏　訾　五　十　三八六五
吊妻大女思年十六箅一　三八六六
右難家口食八人　其五人男三人女　三八六七
【注】「右」上原有墨筆點記。
庚（?）陽里户人公乘烝得年八十四　三八六八
妾子女菱（?）年十一　外姪子男黄綦（?）年廿二　三八六九
淩妻大女栢年廿　淩子男鳴年三歳　三八七〇
右妾家口食五人　其三人男二人女　三八七一

妻大女既年卌一　子女思年六歲　三八七二

□陽里户人公乘張生年卌五　訾　五　十　三八七三

□男弟羊年四歲　三八七四

右客家口食四人　其□人男 □人女　三八七五

【注】「右」上原有墨筆點記。

右純家口食五人　其四人男 一人女　三八七六

【注】「右」上原有墨筆點記。

其六户給縣吏　其……户上品 ……户中品　三八七七

其四户限佃民　下品　三八七八

右紓（？）家口食二人　其一人男 一人女　三八七九

子女□年七歲　三八八〇

右員家口食六人　其五人男 一人女　三八八一

妻男弟蜀年十一　三八八二

□□里户人公乘劉客年卅二踵足　訾　五　十　三八八三

瓊從男弟遷（？）年七歲　遷（？）男弟□年七歲　三八八四

妻大女妾年卌二　子女湘年十三　三八八五

妻大女吉年廿筭一　三八八六

右屈家口食三人　其一人男 二人女　三八八七

【注】「右」上原有墨筆點記。

☒□里户人公乘黄平年卌四　妻大女妾年卌二　三八八八

右誣家口食五人　其四人男一人女　三八八九

【注】「右」上原有墨筆點記。

右從家口食五人　其三人男 二人女　三八九〇

【注】「右」上原有墨筆點記。

右舟（？）家口食八人　其五人男 三人女　三八九一

【注】「右」上原有墨筆點記。

□陽里户人公乘朱稚年卅二　訾　五　十　三八九二

其二户給縣吏　……下品　三八九三

□陽里户人公乘李思年廿給縣吏　……　三八九四

從姪子男金年十二　金女弟帛年十一　三八九五

□陽里户人公乘吴隹年六十二　訾　五　十　三八九六

姪子男脩年五歲　三八九七

妻大女妾年卅一筭一　三八九八

右□家口食七人　其六人男 一人女　三八九九

【注】「右」上原有墨筆點記。

□□里户人公乘□□年……　……年六十五　子男張年五歲　三九〇〇

其卌七户給縣吏　……　三九〇一

【注】「其」上原有墨筆點記。

□□里户人公乘黄□年卅□踵足　妻大女□年卅　三九〇二

姪（？）子男珠年五歲　姪子男會年六歲　三九〇三

右嬉家口食三人　其二人男 一人女　三九〇四

姪子男射年十二　外姪子☒　三九〇五

其一户給州卒　……　三九〇六

妻大女汝年廿　三九〇七

□□里户人公乘□□年……　□母大女□年五十□　其三人男 □人女　三九〇八

□男弟□年六歲　三九〇九

其十三户新占民五户　下品　三九一〇

右遷家口食六人　其三人男 三人女　三九一一

【注】「右」上原有墨筆點記。

新成里户人公乘五□年七十□腹心病　妻大女汝年卌九　三九一二

□□里户人公乘□□年卅腹心病　妻大女□年廿二　三九一三

子男茵（？）年五歲　三九一四

□□里户人公乘□□年□□給□吏　……　三九一五
□妻大女姑年六十一　□姪子男除年十一　三九一六
□子男得年四歲　□子男□年九歲踵足　三九一七
妻大女曾年廿三筭一　子男滌年十五苦㾴病　三九一八
右戰家口食五人　其四人男一人女　三九一九
【注】「右」上原有墨筆點記。
右□家口食二人　其一人男一人女　三九二〇
【注】「右」上原有墨筆點記。
男弟香年三歲　姪子男兒九歲　三九二一
【注】「九歲」上脱「年」字。
新成里户人公乘區隹年六十盲目　妻大女思年卅九　子女取年九歲　三九二二
右□家口食三人　其一人男二人女　三九二三
【注】「右」上原有墨筆點記。
新成里户人公乘宗買年卅七　妻大女妾年卅三　妻父從年五十九　三九二四
其十二户窮女户不任調……下品之下　三九二五
宜從兄□年七十二刑两（?）足　三九二六
姪子男奇年九歲　奇男弟里年三歲　三九二七
新成里户人公乘黄在（?）年廿九　在（?）男弟□年六歲　三九二八
□子男萑年四歲　□子男耀年十一　三九二九
庾（?）陽里户人公乘烝從（?）年五十四刑左足　訾　五　十　三九三〇
姪子男庌年九歲　庌男弟金年八歲盲左目　三九三一
右互家口食三人　其三人男　三九三二
【注】「右」上原有墨筆點記。
右金家口食六人　其三人男三人女　三九三三
【注】「右」上原有墨筆點記。
其八十四人女　三九三四
其一户縣卒　中品　三九三五
【注】「其」上原有墨筆點記。
其一户郡吏　中品　三九三六
【注】「其」上原有墨筆點記。
宜都里户人公乘烝栥（?）年……苦狂病　訾　五　十　三九三七
頭死罪敢言之　三九三八
其二户限佃民　下品　三九三九
姪子男帝年十一　帝男弟□年八歲　三九四〇
【注】「男弟」下□左半殘缺，右半從「攵」。
妻大女妾年卅五　子男領年五歲　三九四一
宜都里户人公乘陳□年卅　訾　五　十　三九四二
▨□里户人公乘朱紓年廿二　訾　五　十　三九四三
妻大女姑年五十一　子男金年七歲　三九四四
右在（?）家口食二人　其二人男　三九四五
【注】「右」上原有墨筆點記。
右讓家口食四人　其二人男二人女　三九四六
【注】「右」上原有墨筆點記。
右栥（?）家口食三人　其二人男一人女　三九四七
姪子男毛年七歲　毛男弟養年五歲　三九四八
庾（?）陽里户人公乘劉戰年五十八刑兩足　訾　五　十　三九四九
右稚家口食五人　其三人男二人女　三九五〇
【注】「右」上原有墨筆點記。
妾大女取年卅一　外姪子男唐囊（?）年七歲　三九五一
宜都里户人公乘吴侯（?）年卅二　訾　五　十　三九五二
侯妻大女思年廿　三九五三

⧄右侯家口食二人　其一人男 一人女　三九五四

益男弟格年五十　格妻大女皮（？）年卅二　三九五五

右驚家口食二人　其一人男 一人女　三九五六

子女小年七歲　小男弟主年四歲　三九五七

妻大女妾年五十三　子男山（？）年九歲　三九五八

姪子男麦年十二　麦男弟昭年七歲　三九五九

妻大女己年廿七　子男尊年八歲　三九六〇

姪子□年十二　姪子男堅年七歲　三九六一

【注】前「姪子」下脱「男」或「女」字。

□陽里户人公乘孟阿年七十五　訾　五　十　三九六二

新成里户人公乘先州年六十二　嘉禾五年十月廿五日被病物故

子女怙（？）年十　三九六三

妻大女汝年卅三　三九六四

姪子男□年一歲　姪男盧年四歲　三九六五

【注】「姪男」間應脱「子」字。

姪子男客年五歲　三九六六

跆（？）妻弘（？）年卅六　子男紹（？）年七歲　三九六七

右□家口食七人　其六人男 一人女　三九六八

子男魚（？）年五歲　妾子男床年七歲　三九六九

宜陽里户人公乘□□年卅　三九七〇

右遣家口食□人　其□人男 □人女　三九七一

□□里户人公乘鄧解年廿一　解母大女妾年五十一　解妻大女鍊

（？）年十七　三九七二

□男弟唄（？）年五十七盲兩目　三九七三

婁大女苦年五十二　三九七四

子女恩年卅　蜀智吳田年五十　三九七五

右上家口食四人　其三人男 一人女　三九七六

宜都里户人公乘區上年七十二　腹（？）心病　嘉禾二年正月十

四日被病物故　訾　五　十　三九七七

姪子西男年九歲　三九七八

【注】「西」與「男」應誤倒。

妻大女從年卅四筭一　子男赳年……　三九七九

將子男金年六歲　將姪子長年八歲　三九八〇

【注】「姪子」下脱「男」或「女」字。

右竦家口食五人　其三人男 二人女　三九八一

【注】「右」上原有墨筆點記。

右□家口食五人　其三人男 二人女　三九八二

【注】「右」上原有墨筆點記。

賢小妻大女羅年十八　子男元年十　三九八三

新成里户人公乘王□年……　子男佰年十一　佰男弟啓年八歲　三九八四

新成里户人公乘盧生年卅七　妻大女真年卅七　生男弟將年十五　三九八五

新成里户人公乘蔡□年卅　妻大女姑年廿六　子男□年九歲　三九八六

【注】「子男」下□左半殘缺，右半從「頁」。

其一百卅五人男　三九八七

宜陽里户人公乘烝里年六十　訾　五　十　三九八八

□□里户人公乘□□年……　□母大女□年八十七　□妻大女妾

年六十一　三九八九

右妄（？）家口食五人　其四人男 一人女　三九九〇

奴（？）男弟党年廿九　党婁黄年廿二　三九九一

右安家口食□人　其三人男 □人女　三九九二

【注】「右」上原有墨筆點記。

宜陽里户人公乘□鼠年卅六　鼠父□年五十四鼠（？）病　三九九三

賢妻大女孝年卌四　賢妾大女澈（？）年廿四　三九九四

姪子女婢年五歲　三九九五

右刀（？）家口食六人　其四人男 二人女　三九九六

【注】「右」上原有墨筆點記。

妻大女□年六十二　孫子男兒年五歲　三九九七

妻大女□年卅一　子男□年□歲　三九九八

☑領吏民廿七户口食八十六人……卌七……　其五十三人男 卅三人女　三九九九

劉男弟頎年十二　頎男弟晞（？）年九歲　四〇〇〇

右宅家口食十一人　其十人男 一人女　四〇〇一

【注】「右」上原有墨筆點記。

宜陽里户人公乘□□年……　訾　五　十　四〇〇二

宜陽里户人公乘潘勉年卅四　四〇〇三

黨男弟壬年……　□妻□年……　四〇〇四

右□家口食十人　其六人男 四人女　四〇〇五

【注】「右」上原有墨筆點記。

彭（？）男弟品年十一　品男弟忠年九歲　四〇〇六

宜陽里户人公乘烝窋（？）年卅二　四〇〇七

右敏（？）家口食四人　其一人男 三人女　四〇〇八

【注】「右」上原有墨筆點記。

劉妻大女蔡（？）年卅六　劉子男象年三歲　四〇〇九

男弟乾年七歲　完男弟劉年十八　四〇一〇

妻大女□年卌四　子男盌（？）年十三　四〇一一

舊（？）男弟□年七十四　☑　四〇一二

踈妻大女始年廿三　踈父舊（？）年八十六　四〇一三

右解家口食五人　其四人男 一人女　四〇一四

姪（？）子男□年七歲　外姪子男戰年五歲　四〇一五

右新成里魁謝三領吏民五十户父母妻子合二百一十七人　四〇一六

右主家口食三人　其二人男 一人女　四〇一七

【注】「右」上原有墨筆點記。

外姪子陳陽（？）年十一　昭子男取年五歲　四〇一八

【注】「外姪子」下脱「男」或「女」字。

妻大女姑年卅二　子男□年八歲　四〇一九

右瑗（？）家口食六人　其五人男 一人女　四〇二〇

【注】「右」上原有墨筆點記。

右命家口食二人　其一人男 一人女　四〇二一

【注】「右」上原有墨筆點記。

兢男弟客年七歲　姪子男霸年十三　四〇二二

曰妻大女姑年廿八　曰男弟聖年六歲　四〇二三

□男弟長年十七腹心病　長男弟客年十二苦狂病　四〇二四

妻大女慈年卅四　姪子男趙年五歲　四〇二五

右益家口食十一人　其五人男 六人女　四〇二六

妻大女貞年六十七　子男曰年卅二　四〇二七

新成里户人大女唐命年五十　子男板年十七　四〇二八

右得（？）家口食四人　其三人男 一人女　四〇二九

宜都里户人公乘聶得年七十一　訾　五　十　四〇三〇

宜陽里户人公乘劉大年七十四　訾　五　十　四〇三一

督（？）男弟寬（？）年五歲　姪子男晟年七歲　四〇三二

□男弟兒年六歲　四〇三三

母大女鼠年六十一　妻大婦綺年廿二　四〇三四

□妻大女妾年卌五　姪子男纔年十歲　四〇三五

昭妻大女汝年十七　昭男弟竦年八歲　四〇三六

宜都里户人公乘謝□年卌一歐背　訾　五　十　四〇三七

宜都里户人公乘陳瑗年卅　訾　五　十　四〇三八

宜陽里户人公乘烝□年……　訾　五　十　四〇三九

右載家口食三人　其一人男 二人女　四〇四〇

【注】「右」上原有墨筆點記。

□□里户人公乘□□年六十四　訾　五　十　四〇四一

【注】「右」上原有墨筆點記。

右□家口食五人　其三人男 二人女　四〇四二

右□家口食三人　其一人男 二人女　四〇四三

【注】「右」上原有墨筆點記。

其十七户故户　其三户上品 四户中品 十户下品　四〇四四

其十七户新占民户　下品　四〇四五

右□家口食六人　其五人男 一人女　四〇四六

【注】「右」上原有墨筆點記。「家」上□左半殘缺，右半爲「乞」。

妻大女息年六十九　子男昭年十九　四〇四七

昔（？）男弟瞻年十一　瞻（？）男弟尾年七歲　四〇四八

宜陽里户人公乘唐□年……腹心病　訾　五　十　四〇四九

□□□年十五　男弟蒻年九歲　四〇五〇

宜陽里户人大女鄧□年六十四　訾　五　十　四〇五一

宜陽里户人公乘□□年卅七　四〇五二

□□里户人……　四〇五三

文男弟□年十一　四〇五四

蒻女弟思年六歲　思男弟營年四歲　四〇五五

右各家口食四人　其□人男 □人女　四〇五六

妻大女□年卌　子男黄年十四　四〇五七

入嘉禾三年租米三百八十九斛一斗九升 ☒　四〇五八

☒厚子男政年三歲　四〇五九

□妻大女汝年卅四　男弟田年卅　四〇六〇

妻大女□年□□　子小女□年六歲　四〇六一

☒　其三人男 一人女　四〇六二

入三州倉運嘉禾三年吏帥客限米一千一百廿三斛二☒　四〇六三

【注】簡上有朱筆塗痕。

□□子元年十四　□妻大女□年……　四〇六四

宜□里户人公乘周（？）度（？）年廿四　訾　五　十　四〇六五

中鄉大男□□故户下品出錢四千四百侯相　……白　四〇六六正

入錢畢民自送牒還縣不得持還鄉典田吏及帥　四〇六六背

【注】簡四〇六六至四一八三出土時原爲一坨，揭剥順序參見《揭剥位置示意圖》圖三十三。

中鄉大男壬生故户下品出錢四千四百侯相　……典田掾□□白　四〇六七正

入錢畢民自送牒還縣不得持還鄉典田吏及帥　四〇六七背

中鄉大男□光故户……侯相　……典田掾□□白　四〇六八正

入錢畢民自送牒還縣不得持還鄉典田吏及帥　四〇六八背

中鄉大男烝西故户下品出錢四千四百侯相　……正月十二日都鄉
典田掾蔡忠白　四〇六九正

入錢畢民自送牒還縣不得持還鄉典田吏及帥　四〇六九背

中鄉大男張□故户下品出錢四千四百侯相　……白　四〇七〇正

入錢畢民自送牒還縣不得持還鄉典田吏及帥　四〇七〇背

中鄉大男□陳故户下品出錢四千四百侯相　……正月十二日……白　四〇七一正

入錢畢民自送牒還縣不得持還鄉典田吏及帥　四〇七一背
中鄉大男張長故户下品出錢四千四百侯相　嘉禾六年正月十二日

都鄉典田掾蔡忠白　四〇七二正
入錢畢民自送牒還縣不得持還鄉典田吏及帥　四〇七二背
中鄉大男宋□故户下品出錢四千四百侯相　嘉禾六年正月十二日
都鄉典田掾蔡忠白　四〇七三正
入錢畢民自送牒還縣不得持還鄉典田吏及帥　四〇七三背
中鄉□大男趙佰故户下品出錢四千四百侯相　嘉禾六年正月十二
日都鄉典田掾蔡忠白　四〇七四正
入錢畢民自送牒還縣不得持還鄉典田吏及帥　四〇七四背
中鄉大男□□故户□品出錢……侯相　……鄉典田掾□□白　四〇七五正
入錢畢民自送牒還縣不得持還鄉典田吏及帥　四〇七五背
中鄉大男區稚故户下品出錢四千四百侯相　嘉禾六年正月十二日
都鄉典田掾蔡忠白　四〇七六正
入錢畢民自送牒還縣不得持還鄉典田吏及帥　四〇七六背
右一百六十二户下品出錢四千四百合七十萬八千四百　四〇七七正
【注】此爲正面，背面無字。「右」上原有墨筆點記。
中鄉大男菊薫故户下品出錢四千四百侯相　嘉禾六年正月十二日
都鄉典田掾蔡忠白　四〇七八正
入錢畢民自送牒還縣不得還鄉典田吏及帥　四〇七八背
【注】「得」下應脱「持」字。
中鄉大男□□故户下品出錢四千四百侯相　嘉禾□年正月十二日
□鄉典田掾□□白　四〇七九正
入錢畢民自送牒還縣不得持還鄉典田吏及帥　四〇七九背
□相兼領願乞□□□□□□如牒□□謹爲詣琬誠　四〇八〇正
【注】此爲正面，背面無字。
中鄉大男□□故户下品出錢四千四百侯相　……鄉典田掾□□白　四〇八一正
入錢畢民自送牒還縣不得持還鄉典田吏及帥　四〇八一背

解行表軍法當遣主簿詣府白狀縣在治下吏役不得　四〇八二正
【注】此爲正面，背面無字。
事史潘真以三月廿八日承詔覆量中倉襍米以四月二日畢訖覓（?）
得表所割　四〇八三正
【注】此爲正面，背面無字。
右尉寫下書到亟促依書識（?）更察（?）科正譴罪法　四〇八四
□又表已先收繫自首者謂□□□□□□前謂□□　四〇八五
【注】「繫」原作「轂」，「轂」爲「繫」之古字，因改。下同，不再出注。
以今年正月廿日詣縣督繫曹遣吏張孟傳表以二月四日付臨湘録　四〇八六
官中部督郵移辛酉詔曰寫下度辭如牒又表以文入没溺米事　四〇八七
明府願無濟育□□乞可斷理楊金□澈仰求哀求哀白　四〇八八
亡而不亡謂故在識表已先收傳繫其有姧臧懷匿重罪□　四〇八九
……　四〇九〇
【注】本簡似有字跡，但無法辨識。
右初家口食五人　筭四　訾　五　十　四〇九一
□消息不□自覺主者問轉踵自首不□□□□克□□□　四〇九二
【注】「克」下□左半殘缺，右半從「隹」。
以（?）表自首皆在直所覺（?）後（?）令聞□□□訟怨□勉
重罪圄　四〇九三
不應爲自首前已□□給□□罪自□□科正□□□□　四〇九四
正月十八日臨湘侯相君告核事掾□記識……　四〇九五
妻池年五十一筭一　子男□年十九筭一　四〇九六
月十八日更復有辭以米給莽仁非自散用事既在真所□□　四〇九七
米一百七十斛表後以四月九日有辭以米□昔所遺兵……　四〇九八
入種粻米即已買宜（?）見（?）米（?）一百七十斛□□□
□堅閤朱翻倉吏王　四〇九九
□□□運悉畢□□□書掾料核縣倉□所貸米□已償麦　四一〇〇
【注】「運」上第二□右半殘缺，左半從「禾」。

會日遣主簿□□□□不得稽留言……科令……　四一〇一
溺米事録事各畢願乞依事覺後（？）自首私結罪不覺怨　四一〇二
□謹買叢上聞恩唯……　四一〇三
收四月九日發臨湘吏□自首乞言以廱昔所遺兵覔到其自首□　四一〇四
所如狀後吏實列乃米實已還□表□先□記自以文入没　四一〇五
道里長遠時值□□無□資斷（？）换以中倉□□米□斛給莽仁　四一〇六

【注】「值」下第一□右半殘缺，左半從「身」。

丹楊大男朱渡求哀以促作父表給吴昌昔遣吏鄮（？）莽予諸葛府君　四一〇七
□□傍爲道上粻米五十斛兩傍人各廿五斛及告□□詣府君　四一〇八
换取□□□□□□民所還種粻米十斛米給役□吏□周　四一〇九
□得潘掾文書□白表（？）用米給莽等斛數相應表末（？）見□□　四一一〇
自首不如狀斛斗□表即復首對實□給等明十六日如見　四一一一
掾□□□□等乞從府還轉以倉中溢米七十斛……　四一一二
臨湘書掾葛□□曰□□□……　四一一三
……　嘉禾六年五月十七日起倉曹　四一一四
復正罪法可應會日……主簿……言表……　四一一五
□詔覆量中倉禯米以四月六日畢訖……　四一一六
□吏（？）□□□□□下□兼中部督郵……　四一一七
□□如牒又表以文入没溺米事今年□月廿日詣縣獄自繫　四一一八
敢言之　告兼中部督郵書掾王偉臨湘□□□　四一一九
□獄今臨湘結斛斗□後表自首狀□唯□所用米事覺自首　四一二〇
□遣吏張孟傳表以二月四日付臨湘録事史潘真以三月廿七　四一二一
先自覺主者問縛□繫自首不應爲自（？）首表唯以□月七日吏廖　四一二二
□□　四一二三
嘉禾六年正月□□日……　四一二三

主簿□□　省　四一二四
……　右……　□紀……　四一二五
……見上□　四一二六
□□先□繫自首□□□未（？）覺若覺後□對謂□得□更□□　四一二七
□□米表坐割還□□倉吏□□所領溢米一百七十斛……畢　四一二八
……記到……　四一二九
正月一日吏昌寫……録事史……復考實吴昌長　四一三〇
……覺後不……乞□前□□□□解行表軍法……　四一三一
□月　日關中部督郵……　◪　四一三二
……詣□右……　四一三三
丞□收□□令語租民但入本領米不復收就（？）米書詣倉田曹　四一三四
從□□□□□□□□縣吏區稠鹽買米七斛……　四一三五
□□□鹽買米六斛　郡　張　堅　閣　四一三六
中鄉大男□□故户下品出錢四千四百侯相　嘉禾六年正月十二日　四一三七正
都鄉典田掾蔡忠白　四一三七正
入錢畢民自送牒還縣不得持還鄉典田吏及帥　四一三七背
死罪死罪敢言之　四一三八
書前言監運掾孫儀受吏民租税禯米起過五月十七日……　四一三九
七斛一斗一升曹保連年收□四斛六升九合與（？）本領合二千五　四一四〇
百五十一斛七斗◪　四一四〇
升被書轉令語租民但入本領米不復收僦禯米□言紀誠惶誠恐叩頭　四一四一
◪□達故户下品出錢四千四百侯相　嘉禾六年正月十二日都鄉典　四一四二正
田掾蔡忠白　四一四二正
◪入錢畢民自送牒還縣不得持還鄉典田吏及帥　四一四二背

君□□省　録事掾　潘　琬　白　四一四三

皆□真所覺白後罪明科正事當促竟記到偉□□□□□　四一四四

☑錢四千四百侯相　嘉禾六年正月十二日都鄉典田掾蔡忠白　四一四五正

☑送牒還縣不得持還鄉典田吏及帥　四一四五背

有張過年□十畝　四一四六

【注】「有」應爲「右」之通假。

□□□□料覆得二頃卅六畝一百九十六步　四一四七

中鄉大男周告故户下品出錢四千四百侯相　嘉禾六年正月十二日

都

鄉典田掾蔡忠白　四一四八正

入錢畢民自送牒還縣不得持還鄉典田吏及帥　四一四八背

【注】簡四一四八至四二二四出土時原爲一坨，揭剥順序參見《揭剥位置示意圖》圖三十四。

中鄉大男文誼故户下品出錢四千四百侯相　嘉禾六年正月十二日

都鄉典田掾蔡忠白　四一四九正

入錢畢民自送牒還縣不得持還鄉典田吏及帥　四一四九背

中鄉大男朱生故户下品出錢四千四百侯相　嘉禾六年正月十二日

都鄉典田掾蔡忠白　四一五〇正

入錢畢民自送牒還縣不得持還鄉典田吏及帥　四一五〇背

中鄉大男□□故户下品出錢四千四百侯相　嘉禾六年正月十二日

都鄉典田掾蔡忠白　四一五一正

入錢畢民自送牒還縣不得持還鄉典田吏及帥　四一五一背

☑□□故户下品出錢四千四百侯相　嘉禾六年正月十二日都鄉典

田掾蔡忠白　四一五二正

☑錢畢民自送牒還縣不得持還鄉典田吏及帥　四一五二背

中鄉大男謝惕故户下品出錢四千四百侯相　嘉禾六年正月十二日

都鄉典田掾蔡忠白　四一五三正

入錢畢民自送牒還縣不得持還鄉典田吏及帥　四一五三背

中鄉大男文柿故户下品出錢四千四百侯相　嘉禾六年正月十二日

都鄉典田掾蔡忠白　四一五四正

入錢畢民自送牒還縣不得持還鄉典田吏及帥　四一五四背

中鄉大男文兒故户下品出錢四千四百侯相　嘉禾六年正月十二日

都鄉典田掾蔡忠白　四一五五正

入錢畢民自送牒還縣不得持還鄉典田吏及帥　四一五五背

中鄉大男區照故户下品出錢四千四百侯相　嘉禾六年正月十二日

都鄉典田掾蔡忠白　四一五六正

入錢畢民自送牒還縣不得持還鄉典田吏及帥　四一五六背

中鄉大男唐稿故户下品出錢四千四百侯相　嘉禾六年正月十二日

都鄉典田掾蔡忠白　四一五七正

入錢畢民自送牒還縣不得持還鄉典田吏及帥　四一五七背

中鄉大女李思故户下品出錢四千四百侯相　嘉禾六年正月十二日

都鄉典田掾蔡忠白　四一五八正

入錢畢民自送牒還縣不得持還鄉典田吏及帥　四一五八背

中鄉大男陳进（？）故户下品出錢四千四百侯相　嘉禾六年正月

十二日典田掾蔡忠白　四一五九正

入錢畢民自送牒還縣不得持還鄉典田吏及帥　四一五九背

中鄉大男朱□故户下品出錢四千四百侯相　嘉禾六年正月十二日

都鄉典田掾蔡忠白　四一六〇正

入錢畢民自送牒還縣不得持還鄉典田吏及帥　四一六〇背

中鄉大男區南故户下品出錢四千四百侯相　嘉禾六年正月十二日

都鄉典田掾蔡忠白　四一六一正

入錢畢民自送牒還縣不得持還鄉典田吏及帥　四一六一背

中鄉大男朱紋故户中品出錢八千侯相　嘉禾六年正月十二日都鄉

典田掾蔡忠白　四一六二正

入錢畢民自送牒還縣不得持還鄉典田吏及帥　四一六二背

中鄉大男逢白故户中品出錢八千侯相　嘉禾六年正月十二日都鄉　四一六三正
典田掾蔡忠白
入錢畢民自送牒還縣不得持還鄉典田吏及帥　四一六三背
中鄉大男毛弓故户中品出錢八千侯相　嘉禾六年正月十二日都鄉　四一六四正
典田掾蔡忠白
入錢畢民自送牒還縣不得持還鄉典田吏及帥　四一六四背
中鄉大男萬粲故户中品出錢八千侯相　嘉禾六年正月十二日都鄉　四一六五正
典田掾蔡忠白
入錢畢民自送牒還縣不得持還鄉典田吏及帥　四一六五背
中鄉大男□□故户中品出錢八千侯相　嘉禾六年正月十二日都鄉　四一六六正
典田掾蔡忠白
【注】本簡僅存右半。
入錢畢民自送牒還縣不得持還鄉典田吏及帥　四一六六背
【注】本簡僅存左半。
中鄉大男潘喜故户中品出錢八千侯相　嘉禾六年正月十二日都鄉　四一六七正
典田掾蔡忠白
入錢畢民自送牒還縣不得持還鄉典田吏及帥　四一六七背
中鄉大男潘凡故户中品出錢八千侯相　嘉禾六年正月十二日都鄉　四一六八正
典田掾蔡忠白
入錢畢民自送牒還縣不得持還鄉典田吏及帥　四一六八背
中鄉大男鄧敢故户中品出錢八千侯相　嘉禾六年正月十二日都鄉　四一六九正
典田掾蔡忠白
入錢畢民自送牒還縣不得持還鄉典田吏及帥　四一六九背
中鄉大男鄭觀故户中品出錢八千侯相　嘉禾六年正月十二日都鄉　四一七〇正
典田掾蔡忠白
入錢畢民自送牒還縣不得持還鄉典田吏及帥　四一七〇背
中鄉大男□□故户中品出錢八千侯相　嘉禾六年正月十二日都鄉　四一七一正
典田掾蔡忠白
入錢畢民自送牒還縣不得持還鄉典田吏及帥　四一七一背
中鄉大男□□故户中品出錢八千侯相　嘉禾六年正月十二日都鄉　四一七二正
典田掾蔡忠白
入錢畢民自送牒還縣不得持還鄉典田吏及帥　四一七二背
中鄉大男□□故户中品出錢八千侯相　嘉禾六年正月十二日都鄉　四一七三正
典田掾蔡忠白
入錢畢民自送牒還縣不得持還鄉典田吏及帥　四一七三背
中鄉大男周□故户中品出錢八千侯相　嘉禾六年正月十二日都鄉　四一七四正
典田掾蔡忠白
入錢畢民自送牒還縣不得持還鄉典田吏及帥　四一七四背
入中鄉貸食嘉禾元年吏客限米九斛≡嘉禾二年十一月廿六日下程
丘大男周顔關坒閣李嵩付倉吏黄諱潘慮　四一七五
☑≡嘉禾二年十二月四日□□丘大男□□關坒閣李嵩付倉吏□☑　四一七六
【注】本簡僅存右半。
右□户夷兵……　四一七七
【注】「右」上原有墨筆點記。
中鄉大男□□故户中品出錢八千侯相　嘉禾六年正月十二日都鄉　四一七八正
典田掾蔡忠白
入錢畢民自送牒還縣不得持還鄉典田吏及帥　四一七八背
入嘉禾二年粢租米七斛三斗　四一七九
嘉禾五年十二月己巳朔十日戊寅丞睾紀叩頭死罪敢言之　☑　四一八〇
中鄉大男□茁故户中品出錢八千侯相　嘉禾六年正月十二日都鄉
典田掾蔡忠白　四一八一正
入錢畢民自送牒還縣不得持還鄉典田吏及帥　四一八一背
中鄉大男張信故户中品出錢八千侯相　嘉禾六年正月十二日都鄉
典田掾蔡忠白　四一八二正
入錢畢民自送牒還縣不得持還鄉典田吏及帥　四一八二背

中鄉大女周（？）思故戶下品出錢四千四百侯相　嘉禾六年正月十二日都鄉典田掾蔡忠白　四一八三正

入錢畢民自送牒還縣不得持還鄉典田吏及帥　四一八三背

入模鄉二年所貸食嘉禾元年子弟限禾還米一斛〓嘉禾二年十二月六日周丘男子朱從關邸閣李嵩付倉吏黃諱潘慮受　四一八四

入都鄉二年所貸食嘉禾元年子弟限禾還米四斛〓嘉禾二年十二月七日橫丘男子□□關邸閣李嵩付倉吏黃諱潘慮受　四一八五

右模鄉入民所貸嘉禾元年郵卒限米三斛五斗　四一八六

入□□鄉二年所貸嘉禾元年子弟限米五斛〓嘉禾三年二月十日□丘大男區方關邸閣李嵩付倉吏黃諱史潘慮　四一八七

入中鄉嘉禾二年所貸□□□一斛五斗〓嘉禾二年十二月十六日厭下丘董湘關邸閣李嵩付倉吏黃諱潘慮受　四一八八

入平鄉還所貸嘉禾元年子弟限米四斛〓嘉禾二年十一月十一日價丘區□關邸閣李嵩付倉吏黃諱史潘慮　四一八九

右平鄉入民所貸嘉禾元年吏帥客限米十七斛　四一九〇

元年十二月奉其年十二月卅七日付右倉曹掾烝脩　四一九一

其七百七十七斛七斗黃龍三年吏帥客限米　元年　四一九二

其四千五百一十八斛三斗三升黃龍三年稅米　復一升　四一九三

出倉吏黃諱潘慮所領嘉禾元年稅吳平斛米五斛七斗六升爲稟斛米六斛給侯相嘉禾　四一九四

右諸鄉入民所貸嘉禾元年租米三斛　四一九五

⧄　其二百八十七斛七斗八升黃龍三年私學限米　四一九六

禾元年三月奉其年五月一日付左倉曹史區衍　四一九七

⧄十二月十二日□□丘烝□關邸閣李嵩付倉吏黃諱□　四一九八

右廣成鄉入民所貸嘉禾元年□□⧄　四一九九

【注】「右」上原有墨筆點記。

⧄　右西鄉入二年所貸嘉禾元年稅米十六斛一斗五升　⧄　四二〇〇

右平鄉入二年所貸嘉禾元年私學限米十二斛　四二〇一

右諸鄉入二年所貸嘉禾元年稅米一百五十二斛九斗　四二〇二

【注】「右」上原有墨筆點記。

⧄鄉二年所貸食嘉禾元年稅米三斛〓嘉禾二年十二月六日苑（？）溲丘大男區黃關邸閣李嵩黃諱潘慮　四二〇三

【注】「嵩」下脱「付倉吏」三字。

入□鄉嘉禾二年貸嘉禾元年稅米□斛五斗〓嘉禾三年正月四日……關邸閣李嵩付倉吏黃諱潘⧄　四二〇四

右出嘉禾元年稅吳平斛米四斛八斗爲稟斛米五斛給左尉陳□嘉禾元　四二〇五

【注】「右」上原有墨筆點記。

入模鄉二年所貸嘉禾元年稅禾還米一斛五斗〓嘉禾二年十二月廿三日新（？）丘區是關邸閣□⧄　四二〇六

⧄鄉二年所貸嘉禾元年稅米五斛〓嘉禾三年正月十二日□丘□□關邸閣李嵩付倉吏黃諱⧄　四二〇七

入□鄉二年所貸食嘉禾元年子弟限禾還米□斛〓嘉禾二年十二月十二日……關邸閣李嵩付倉吏黃諱潘慮　四二〇八

入小武陵鄉二年所貸嘉禾元年稅禾還米二斛〓嘉禾二年十一月十七日平攴丘朱梭關邸閣李嵩付倉吏黃諱潘⧄　四二〇九

入□鄉嘉禾二年所貸食嘉禾元年稅禾還米一斛五斗〓嘉禾三年正月廿二日李（？）下丘大男□□關邸閣李嵩付倉吏黃諱潘⧄　四二一〇

入□鄉二年所貸嘉禾元年稅米斛〓嘉禾二年……丘大男文□關邸閣李嵩付倉吏黃⧄　四二一一

【注】本簡僅存右半。

⧄□□嘉禾元年稅吳平斛米九斛六斗爲稟斛米十斛給郵□大守嘉　四二一二

⧄……稅禾還米一斛〓嘉禾二年……日□象丘文愓關邸閣李嵩付倉吏黃諱史潘慮　四二一三

⧄嘉禾元年稅禾還米□斛□斗〓嘉禾□年……關邸閣李嵩付倉吏黃

諱潘慮 四二一四

右模鄉入民所貸嘉禾元年租米廿二斛 四二一五

右諸鄉入民所貸嘉禾元年租米廿四斛 四二一六

入……鄉二年所貸嘉禾元年税禾還米二斛𠀋嘉禾二年十一月十八日大男張（？）原（？）關邸閣李嵩付倉吏黄諱番慮受 四二一七

入西鄉還二年貸食嘉禾元年私學限米十二斛𠀋嘉禾二年十月三日億丘烝紋關邸閣李嵩付倉吏黄諱潘慮受 四二一八

☑ 右小武陵鄉入民所貸嘉禾元年吏帥客限米五斛七斗六升 四二一九

☑□鄉二年貸食嘉禾元年税米四斛𠀋嘉禾二年十二月六日右溲丘李買關邸閣李嵩付倉吏黄諱潘慮 ☑ 四二二〇

入都鄉二年所貸嘉禾元年税禾還米二斛五斗𠀋嘉禾二年十一月十二日取（？）田丘男子潘吏關邸閣李嵩付倉吏☑ 四二二一

右模鄉入民所貸嘉禾元年税米一斛五斗 四二二二

入……二年所貸嘉禾元年税米三斛𠀋嘉禾二年十一月六日禾丘大男信□關閣李嵩付倉吏黄諱史潘慮受 四二二三

入……二年所貸嘉禾元年税禾還米二斛五斗六升𠀋嘉禾二年十一月廿八日□丘大男高林關邸閣李嵩付倉吏黄諱潘慮 四二二四

其百七十六萬一千二百六十五錢市布四匹 ☑ 四二二五

【注】簡四二二五至四二四九出土時原爲一坨，揭剥順序參見《揭剥位置示意圖》圖三十五。

☑年所貸嘉禾元年税米□斛𠀋嘉禾二年……丘男子□□關邸閣李嵩付倉吏黄☑ 四二二六

□練紬事 四二二七

詣 尉 曹 四二二八

集凡出錢二百廿一萬一千七百六十五錢 四二二九

【注】「集」上原有墨筆點記。

出錢九千九百故船曹掾付伍佰故□□出□廿三斤斤直三百錢 四二三〇

☑……白 四二三一

縣嘉禾元年被庚辰書增財用錢户爲□百領具錢☑ 四二三二

臨湘言元年□□□□入八十萬二千九百七十六錢（？） 領
（？）六十七萬九千一百五 四二三三

出……廿三…… 四二三四

…… 四二三五

【注】本簡有字迹，不可辨識。

…… 四二三六

【注】本簡有字迹，不可辨識。

君教若 丞他坐期会掾烝若录事掾谢 韶校
主簿郭 宋省 正月二日 丁巳白 四二三六（一）

【注】本簡爲小木牘。「若」爲濃墨批字，覆蓋在「君教」二字上。

出錢一百七十六萬一千二百六十五錢付吏俗輸□璠廖□…… 四二三七

絞促曠原等有入臨湘驛復言賓誠惶誠恐叩頭死罪敢言之 四二三八

侯相趙君送柏船 四二三九

出錢九萬八千付伍佰…… 四二四〇

臨（？）湘（？） 四二四一

其……貧不任調……六十五 四二四二

臨（？）湘（？）□ 四二四三

未畢一萬八千六百 …… 四二四四

集凡中倉起嘉禾三年五月一日訖卅日受嘉禾二年民所貸嘉禾☑ 四二四五

從史位殷連謹列所領嘉禾元年財用錢四萬 四二四六

……有……文書□領財用錢一百八十八萬已 四二四七

【注】「已」爲勾校符號。

右桑鄉嘉禾二年新吏限米六斛五斗……☑ 四二四八

【注】「右」上原有墨筆點記。

入樂鄉嘉禾二年助佃吏限米一斛二斗胄畢〼嘉禾二年十月十二日
□□丘□⍁ 四二四九

……稅米合二百七十四斛四斗五升 四二五〇

【注】簡四二五〇至四七三八出土時原爲一坨，揭剥順序參見《揭剥位置示意圖》圖三十六。

……嘉禾元年□□□米五斛 四二五一

孫陵□烝□倉……曠原等還料校□ 四二五二

⍁……男子……四月□日……⍁ 四二五三

右樂鄉嘉禾二年佃吏限米二斛一斗 四二五四

⍁……事　六月六日兼部典田曹史趙野白 四二五五

府前言部諸市吏陳曠黄東……貸元年財用錢 四二五六

入樂鄉嘉禾二年稅米二斛四斗就畢〼嘉禾三年五月一日頃丘潘伐
關坒閣董基付倉吏鄭⍁ 四二五七

入樂鄉禾二年新吏限米二斗就畢〼嘉禾三年五月一日頃丘鄭扇關
坒閣董基付倉吏鄭黑受 四二五八

【注】前「禾」上脱「嘉」字。

入桑鄉嘉禾二年新吏限米六斛三斗〼嘉禾三年五月三日阿丘黄從
關坒閣董基付倉吏鄭黑受 四二五九

入平鄉嘉禾二年郡吏光欽子弟殷□限米……〼嘉禾三年四月廿七
日……關坒閣董基付三州倉吏鄭⍁ 四二六〇

入樂鄉嘉禾二年稅米四斛六斗胄畢〼嘉禾三年五月三日下象丘男
子潘張關坒閣董基付三州倉吏鄭黑受 四二六一

入桑鄉嘉禾二年助佃吏限米二斛〼嘉禾三年四月十三日東平丘吏
殷連關坒閣董基付倉吏鄭黑受 四二六二

入平鄉嘉禾二年故吏謝碩黄諱限米□斛四斗〼嘉禾三年正月九日
上薄丘謝通關坒閣董基付倉吏鄭黑受 四二六三

入平鄉嘉禾二年稅米五斗胄畢〼嘉禾三年五月五日柚丘謝昊關坒
閣董基付三州倉吏鄭黑受 四二六四

入□鄉嘉禾二年稅米一斛九升〼嘉禾三年五月□□日□丘男子謝
□關坒閣董基付三州倉吏鄭黑受 四二六五

右平鄉嘉禾二年稅米四斛四斗 四二六六

【注】「右」上原有墨筆點記。

入桑鄉嘉禾二年助佃吏限米四斛五斗〼嘉禾三年四月廿二日週丘
縣吏□□關坒閣董基付三州倉吏鄭黑受 四二六七

右□鄉嘉禾二年私學限米□斛四斗 四二六八

【注】「右」上原有墨筆點記。

右樂鄉助佃吏限米三斛 四二六九

【注】「右」上原有墨筆點記。

右諸鄉嘉禾二年私學限米十□斛七斗一升 四二七〇

【注】「右」上原有墨筆點記。

入樂鄉嘉禾二年新吏限米六斛僦畢〼嘉禾三年四月廿七日□沱丘
謝□關坒閣董基付三州倉吏鄭黑受 四二七一

⍁……關坒閣董基付三州倉吏鄭黑受 四二七二

入樂鄉嘉禾二年新吏限米九斛五斗僦畢〼嘉禾三年四月十八日濡
丘朱米關坒閣董基付三州倉吏鄭黑受 四二七三

入桑鄉嘉禾二年助佃吏限米五斛胄米畢〼嘉禾三年四月十八日王
多丘吏烝□關坒閣董基付三州倉吏鄭黑受 四二七四

右桑鄉入稅米一百九十五斛七斗 四二七五

【注】「右」上原有墨筆點記。

入廣成鄉嘉禾二年吏帥客子弟限米□斛五斗僦畢〼嘉禾三年正月
九日□丘張瀌關坒閣董基付倉吏鄭黑受 四二七六

入桑鄉嘉禾二年稅米八斛三斗胄畢〼嘉禾三年正月廿一日東平丘
吴夏關坒閣董基付三州倉吏鄭黑受 四二七七

入廣成鄉嘉禾二年新吏限米二斛胄畢〼嘉禾三年正月十七日東薄
丘謝□關坒閣董基付三州倉吏鄭黑受 四二七八

右諸鄉入吏帥客限米一百六斛七斗 四二七九

【注】「右」上原有墨筆點記。

右廣成鄉入嘉禾二年稅米一十一斛□斗□升　四二八〇

【注】「右」上原有墨筆點記。

入平鄉嘉禾二年縣吏吳凶子弟限米七斛冑✕嘉禾三年四月廿五日
泊丘吳帛關邸閣董基付三州倉吏鄭黑受　四二八一

【注】「冑」下應脱「畢」字。

右樂鄉入叛士限米四斛六斗　四二八二

右平鄉嘉禾二年□父限米四斛　四二八三

【注】「右」上原有墨筆點記。

入桑鄉嘉禾二年稅米三斛……✕嘉禾三年正月六日……關邸閣董
基付倉吏鄭黑受　四二八四

入桑鄉嘉禾二年稅米廿一斛四斗冑畢✕嘉禾三年正月□□日……
關邸閣董基付倉吏鄭黑受　四二八五

入桑鄉嘉禾二年衛士限米……✕嘉禾三年正月廿二日□丘□□關
邸閣董基付三州倉吏鄭黑受　四二八六

右諸鄉入稅米一千一百廿五斛七斗七升　復□斛四斗　四二八七

右諸鄉入租米□十八斛二斗二升　中　四二八八

入廣成鄉嘉禾二年稅米五斛冑畢✕嘉禾三年四月六日東薄丘李□
關邸閣董基付三州倉吏鄭黑受　四二八九

右諸鄉嘉禾二年稅米一百七十二斛四斗　四二九〇

入樂鄉嘉禾二年稅米二斛斗一斗就✕嘉禾三年正月□日□□丘
□□唐旦關邸閣董基付三州倉吏鄭黑受　四二九一

入□鄉……✕嘉禾三年正月十二日□□丘黃□關邸閣董基付三州
倉吏鄭黑受　四二九二

右諸鄉……米廿四斛二斗五升　四二九三

【注】「右」上原有墨筆點記。

入□鄉嘉禾二年……✕嘉禾三年正月一日□唐丘大女吳□關邸閣
董基付三州倉吏鄭黑受　四二九四

入廣成鄉嘉禾二年縣吏棋綜子弟限米一斛六斗冑畢✕嘉禾三年正
月九日撈丘烝糜關邸閣董基付倉吏鄭黑受　四二九五

右模鄉入吏帥客限米十斛二斗　四二九六

【注】「右」上原有墨筆點記。

右小武陵鄉入佃卒限米三斛　四二九七

【注】「右」上原有墨筆點記。

入桑鄉嘉禾二年助佃吏鄧佃限米十一斛冑畢✕嘉禾三年正月廿一
日東平丘縣吏殷連關邸閣董基付倉吏鄭黑受　四二九八

右東鄉入租米十一斛一斗二升　四二九九

【注】「右」上原有墨筆點記。

☑廣成鄉嘉禾二年稅米七斗五升冑畢✕嘉禾三年四月廿五日周陵丘
帛統關邸閣董基付三州倉吏鄭黑受　四三〇〇

入桑鄉嘉禾二年吏烝□旱限米四斛冑畢✕嘉禾三年二月十四日種
仵丘李慎關邸閣董基付三州倉吏鄭黑受　四三〇一

入桑鄉嘉禾二年縣吏黃□子弟限米……✕嘉禾三年正月七日敷丘
□□關邸閣董基付倉吏鄭黑受　四三〇二

入□鄉嘉禾二年稅米三斛六斗冑畢✕嘉禾三年正月六日大□丘縣
吏唐□關邸閣董基付倉吏鄭黑受　四三〇三

入廣成鄉二年佃帥限米二斛冑畢✕嘉禾三年正月十一日空渡丘男
子□□關邸閣董基付倉吏鄭黑受　四三〇四

入樂鄉嘉禾二年縣吏限米四斛六斗冑畢✕嘉禾三年三月廿二日□
丘謝有關邸閣董基付三州倉吏鄭黑受　四三〇五

入桑鄉嘉禾二年稅米七斛冑畢✕嘉禾三年四月五日上□丘毛生關
邸閣董基付倉吏鄭黑受　四三〇六

入廣成鄉嘉禾二年私學限米六斛就畢✕嘉禾三年正月廿二日濟丘
男子潘魚關邸閣董基付倉吏鄭黑受　四三〇七

入西鄉嘉禾二年稅米廿斛九斗一升冑畢✕嘉禾三年正月九日□丘
黃□關邸閣董基付三州倉吏鄭黑受　四三〇八

入廣成鄉嘉禾二年稅米四斛……✕嘉禾三年正月十三日周陵丘殷

□關坚閣董基付倉吏鄭黑受　四三〇九

右廣成鄉入私學限米九斛六斗　四三一〇

【注】「右」上原有墨筆點記。

右東鄉入吏帥客限米十二斛四斗　四三一一

入□鄉嘉禾二年新吏限米二斛就畢✕嘉禾三年五月□日□丘□□　四三一二

關坚閣董基付倉吏鄭黑受

入……✕……關坚閣董基付三州倉吏鄭黑受　四三一三

【注】本簡僅殘存右半。

……關坚閣董基付三州倉吏鄭黑〼　四三一四

右廣成鄉入租米三斛八斗　四三一五

入□鄉嘉禾二年税米廿六斛一斗胄畢✕嘉禾三年正月五日曼丘大

男毛□關坚閣董基付倉吏鄭黑受　四三一六

入西鄉嘉禾二年税米四斛三斗胄畢✕嘉禾三年……關坚閣董基付

倉吏鄭黑受　四三一七

【注】本簡僅殘存左半。

右西鄉入佃吏限米九斛　四三一八

【注】「右」上原有墨筆點記。

入桑鄉嘉禾二年税米三斛五斗胄畢✕嘉禾三年正月□日唐下丘州

吏陳顔關坚閣董基付倉吏鄭黑受　四三一九

右桑鄉入租米十八斛八斗　四三二〇

【注】「右」上原有墨筆點記。

右桑鄉入火種租米二斛　四三二一

【注】「右」上原有墨筆點記。

右樂鄉入叛士限米五斛四斗　四三二二

【注】「右」上原有墨筆點記。

入西鄉嘉禾二年佃吏限米八斛冑畢✕嘉禾三年四月七日常丘男子

廖雄（？）關坚閣董基付三州倉吏鄭黑受　四三二三

〼……畢✕嘉禾□年……關坚閣董基付三州倉吏鄭黑受　四三二四

【注】本簡僅殘存右半。

〼二年租米十八斛六斗胄畢✕嘉禾三年四月十四日上伻丘大男鄧絡

（？）關坚閣董基付三州倉吏鄭黑受　四三二五

入桑鄉嘉禾二年吏黄春子弟限米十斛胄畢✕嘉禾三年正月五日區

丘謝土關坚閣董基付三州倉吏鄭黑受　四三二六

入□鄉嘉禾二年租米五斛□□僦畢✕嘉禾三年二月四日略丘

□□□〼　四三二七

【注】本簡僅殘存右半。

右諸鄉入吏帥客限米卌一斛二斗　中　四三二八

右西鄉入税米八斛五斗七升　四三二九

右西鄉入租米四斛　四三三〇

【注】「右」上原有墨筆點記。

入□鄉嘉禾二年……畢✕嘉禾三年……關坚閣董基付三州倉吏鄭

黑受　四三三一

【注】本簡僅殘存右半。

右諸鄉入火種租米五斛三斗　四三三二

【注】「右」上原有墨筆點記。

〼鄉嘉禾二年税米二斛胄畢✕嘉禾三年三月廿二日……關坚閣董基

付三州倉吏鄭黑受　四三三三

〼□嘉禾二年税米一斛二斗胄畢✕嘉禾三年四月廿五日度丘鄧陵關

坚閣董基付三州倉吏鄭黑受　四三三四

右樂鄉入私學限米一斛□斗　四三三五

右諸鄉入私學限米六斛七斗　四三三六

【注】「右」上原有墨筆點記。

入廣成鄉嘉禾二年助新吏□□限米四斛就畢✕嘉禾三年二月廿二

日

枰下丘烝□關坚閣董基付倉吏鄭黑受　四三三七

右廣成鄉入新吏限米二斛　四三三八

入……鄉嘉禾二年税米一斛僦畢✕嘉禾三年三月六日慮丘鄭（？）

丑（？）關邸閣董基付三州倉吏鄭黑受　四三三九

右廣成鄉入嘉禾二年租米廿二斛二斗　四三四〇

【注】「右」上原有墨筆點記。

入廣成鄉嘉禾二年租米廿七斛冑畢╳嘉禾三年四月十九日領下丘
民謝饒關邸閣郎中董基付三倉吏鄭黑受　四三四一

入□鄉嘉禾二年租米七斛冑畢╳嘉禾三年四月十日何（？）丘谷
□關邸閣董基付三州倉吏鄭黑受　四三四二

【注】「谷」下□左半殘缺，右半從「刂」。

入桑鄉嘉禾二年私學限米一斛二斗僦畢╳嘉禾三年三月廿一日露
丘大男黃兒關邸閣董基付三州倉吏鄭黑受　四三四三

入……鄉嘉禾二年租米……斛冑畢╳嘉禾三年二月廿四日□□丘
□□關邸閣董基付三州倉吏鄭黑受　四三四四

入桑鄉嘉禾二年吏客限米一斛冑畢╳嘉禾三年四月十日上（？）
園丘黃何關邸閣董基付三州倉吏鄭黑受　四三四五

入廣成鄉嘉禾二年租米三斛七斗冑畢╳嘉禾三年四月十七日□下
丘大男謝奴（？）關邸閣董基付三州倉吏鄭黑受　四三四六

入廣成鄉嘉禾二年租米二斛九斗冑畢╳嘉禾三年二月十四日□□
丘黃聖關邸閣董基付三州倉吏鄭黑受　四三四七

〼吏客限米三斛冑畢╳嘉禾三年四月廿七日何丘□有關邸閣董基付
三州倉吏鄭黑受　四三四八

凡諸鄉入嘉禾二年佃吏限米十四斛九斗四升　四三四九

〼嘉禾二年稅米二斛三斗冑畢╳嘉禾三年四月五日□丘州吏□□關
邸閣董基付三州倉吏鄭〼　四三五〇

〼畢╳嘉禾三年四月十九日周陵丘民黃□關邸閣董基付三州倉吏鄭
黑受　四三五一

〼□□╳嘉禾三年……關邸閣董基付三州〼　四三五二

〼畢╳嘉禾三年……關邸閣董基付三州倉吏鄭黑受　四三五三

入桑鄉嘉禾二年故吏限米二斛□斗六升僦畢╳嘉禾三年二月廿二
日秏丘烝昌關邸閣董基付三州倉吏鄭黑受　四三五四

〼二年稅米四斛冑畢╳嘉禾三年四月廿五日上園（？）丘大女謝
貞關邸閣董基付三州倉吏鄭黑受　四三五五

入東鄉嘉禾二年租米二斛八斗冑畢╳嘉禾三年□月廿二日枰上丘
烝□關邸閣董基付三州倉吏鄭黑受　四三五六

入廣成鄉嘉禾二年州卒蔡通僮客限米一斛八斗冑米畢╳嘉禾三年
四月十九日空溲丘民烝友關邸閣董基付三州倉吏鄭黑受　四三五七

〼　右樂鄉入新吏限米二斛　四三五八

入廣成鄉嘉禾二年州卒蔡通僮客限米二斛冑畢╳嘉禾三年四月廿
日桑都丘民□將關邸閣董基付倉吏鄭黑受　四三五九

入東鄉嘉禾二年稅米五斛三斗七升畢╳嘉禾三年三月十日林溲丘
黃（？）碩關邸閣董基付三州倉吏鄭黑受　四三六〇

入廣成鄉嘉禾二年租米七斛冑畢╳嘉禾三年四月廿六日□□丘
□□關邸閣董基付三州倉吏鄭黑受　四三六一

入桑鄉嘉禾二年吏客限米十五斛六斗╳嘉禾三年四月廿九日上囷
丘男子謝□關邸閣董基付三州倉吏鄭黑受　四三六二

大男潭淩一夫　取禾一斛五斗　居　在　兩　□　丘　四三六三

【注】「兩」下□右半殘缺，左半從「月」。

入平鄉嘉禾二年縣吏黃□子弟限米二斛╳嘉禾三年三月十日下和
丘□□關邸閣董□基付三州倉吏鄭黑受　四三六四

入廣成鄉嘉禾二年佃帥限米廿一斛二斗四升冑米畢╳嘉禾三年四
月十八日栗丘番睾關邸閣董基付三州倉吏鄭黑受　四三六五

入……鄉嘉禾二年□吏□□子弟限米十五斛╳嘉禾三年三月六日
平樂丘□□關邸閣董〼　四三六六

右出歲伍文弼白石丘嘉禾元年子弟限禾廿五斛五斗貸弼月伍烏
榮市（？）耳蘗□　四三六七

【注】「右」上原有墨筆點記。

頃後日拘中復白　……　四三六八

大男謝狗一夫　取禾二斛　居　在　白　石　丘　四三六九

☒……☒嘉禾三年正月□日杷丘吏石彭關坓閣董基付三州倉吏鄭
黑受　四三七〇

入□鄉二年貸食嘉禾元年税禾還米二斛七斗五升☒嘉禾二年十二
月十三日侯上（？）丘□□關坓閣☒　四三七一

丞劉元區從□□五□人受禾魁陳潮主……　四三七二

☒□□四斛☒嘉禾三年五月八日於上丘黃□關坓閣董基付三州倉吏
鄭黑受　四三七三

入平鄉嘉禾二年縣吏潘殺（？）客（？）限米十斛就米畢☒嘉禾
三年五月一日東丘潘邵關坓閣董基付三州倉吏鄭黑受　中　四三七四

入□鄉嘉禾二年……☒嘉禾三年……☒　四三七五

中賊曹史利司書給曹史陳□白起九月一日訖廿九日所言衆期錢米諸　四三七六

☒……☒嘉禾三年正月七日□丘□□關坓閣李嵩付倉吏☒　四三七七

☒　右嘉禾二年小武陵鄉……　四三七八

請案條鐵問曠等入（？）錢會月四日囊（？）使桓□掾監正受　四三七九

【注】簡四三七九至四四一八出土時原爲一坨，揭剥順序參見《揭剥位置示意圖》圖三十七。

君教若　丞他坐期會掾烝　若録事掾謝　韶校
主簿郭　宋省　十二月四日甲午白　四三七九（一）

【注】本簡爲小木牘。「若」爲濃墨批字，覆蓋在「君教」二字上。

草言府攝鐵作部師佐父母妻子合男女人四百廿□□　☒　四三八〇

草言府……事　☒　四三八一

☒……☒嘉禾三年……　四三八二

入嘉禾二年……☒　四三八三

草言府……事　□月□日兼□曹掾☒　四三八四

☒□倉事　六月十日兵曹掾謝韶白　四三八五

☒……倉吏鄭黑受　四三八六

入嘉禾二年貸食嘉禾元年租米卅二斛六斗七升　四三八七

……　十二月十六日史番有白　四三八八

出倉吏黃諱潘慮所領嘉禾元年税吴平斛米九斛六斗爲稟斛米十斛
給右尉高賓嘉　四三八九

☒……勸農掾黃欣督郵潘□郡士□□等實解不已爲意　四三九〇

倉曹別主言遣吏……郭□事
嘉禾六年二月十九日書佐吕承封　四三九一

【注】「郭」下□上半殘缺，下半從「田」。

倉曹言……倉□□租米事
四月十四日書佐吕承封　四三九二

倉曹言左史張□被病物故事
嘉禾□年□月□日書佐吕承封　四三九三

□曹別主言詭責金民限米有入一百斛事
嘉禾□年十二月一日書佐吕承封　四三九四

租民答言書　詣　倉　田　曹　四三九五

……郵卒……
……客醴陵張客嘉禾四年……　四三九六

戸曹□□運□莫倉……　四三九七

陽……
當□□捕……　四三九八

【注】「捕」上□上半殘缺，下半從「辶」，疑爲「逐」字。吴簡屢見「逐捕」一詞。

戸曹言被詔別大罪……事　十二月廿七日兼戸曹☒　四三九九

□陵倉吏黃春王昌等不列貸食限米事
☒　嘉禾□年七月七日書佐吕承封　四四〇〇

田曹言部吏……事

嘉禾□年正月九日書佐呂承封　四四〇一

倉曹言部吏……等□□□……事

……書佐呂承封　四四〇二

【注】「等」下第三□右半殘缺，左半從「言」。

賊曹言大男黃碩被病物故事

嘉禾五年六月廿八日書佐呂承封　四四〇三

吉陽里户人公乘□□年□□　腹心病☑　四四〇四

☑米一萬一千一百七十斛四斗三升　四四〇五

入模鄉二年貸食嘉禾元年郵卒限米一斛≡×嘉禾三年☑　四四〇六

☑……吏□□等實定今年……吏□　四四〇七

右模鄉入□□所貸嘉禾元年租米……　四四〇八

其□斛□斗……☑　四四〇九

【注】「其」上原有墨筆點記。

……事

☑　嘉禾二年三月五日書佐呂承封　四四一〇

……□□南□送……事

☑　□月□日……☑　四四一一

草言乞郡曹料見吏肯……區取事　☑　四四一二

草言……簿詣府事　□月□□日兵曹史謝韶白　四四一三

……事　二月十一日兼兵曹掾潘□白　四四一四

☑言府丞……事　……日兼兵曹史監□白　四四一五

☑□嘉禾元年稅吴平斛米五斛七斗六升爲稟斛米六斛給縣侯相□　四四一六

☑……有入八十萬二千……☑　四四一七

弜妻大女寒年廿一　☑　四四一八

草言府縣不枉考入吏許迪罪法傳前解行□軍法事　四月廿九日金

曹掾□□白　四四一九

【注】簡四四一九至四四七一出土時原爲一坨，揭剥順序參見《揭剥位置示意圖》圖三十八。

……事

□月□□日……☑　四四二〇

出餘錢　無　四四二一

……□事

☑　……曹史□□白　四四二二

【注】「事」上□右半殘缺，左半從「言」。

……事　……　四四二三

☑□□草所所白別户荷校事　二月廿□日户曹史□□兼兵曹掾□□白　四四二四

【注】「户曹史」下第二□右半殘缺，左半從「亻」；「兼兵曹掾」下第二□上半殘缺，下半從「辶」。

倉曹言大男……事

嘉禾六年……書佐呂承封　四四二五

草言府……事　□月□□日……白　四四二六

草言府理出故吏吴露子男□吏番禿事　四月十三日兼□鹽（？）

史李珠助吏□□白　四四二七

草言府□□□□督郵□羅……事　四月十二日賊曹史羅□關掾番

□白　四四二八

【注】「府」下第二、三、四□均左半殘缺，右半分別從「殳」、「匕」、「卩」。

□曹言……事

嘉禾□年……　四四二九

兵曹言答七條六覆□責事

□月廿日書佐曹進（？）封　四四三〇

草乞告倉吏潘慮出米八十二斛貸吏陳曠等十七人爲取頭年四月食

日食六升吏區單□　四四三一

……應發遣事　六月十日兵曹掾番□白　四四三二

户曹言部典田掾蔡忠吴樂區光答私學廿人事

三月廿六日領書佐魯堂封　四四三三

草言府條列叛自首士五人爲簿事　八月十九日部曲田曹史惹　四四三四

出米十七斛七斗雇男子文春布賈　四四三五

户曹言依科結正大男陳脩罪名事
嘉禾六年三月十三日幹蔡□封　四四三六

户曹言……有入五萬五千六百悉畢事
嘉禾六年二月廿四日書佐呂承封　四四三七

……藏事　正月廿八日右倉曹史烝堂白　四四三八

草言……事　四月十日兵曹掾□□白　四四三九

草白……事　……月九日……賊曹掾□□白　四四四〇

草……米……通合……事
□月□日……白　四四四一

□曹言大男□□被病物故事
嘉禾六年十二月十六日書佐呂承封　四四四二

☒言部諸鄉吏郭宋等依書條列衆吏大奴見吏子弟任役事　六月十
日兼□曹史唐□白　四四四三

□曹言……舉郵卒子弟事　十二月……賊曹掾□□白　四四四四

草言府遣吏謝□傳送徒趙武監安事　二月卅五日兼（？）兵曹史
□☒　四四四五

户曹言理出小男利臣付典田掾蔡忠復民事
嘉禾五年十一月十二日……　四四四六

草言府依科結正叛士謝客罪法□□事
四月十九日兵曹史監宗關掾□□白　四四四七

草言……事　十□月十日……白　四四四八

出米七斛六斗雇男子區決布賈　四四四九

草言……吏郭宋……事　十一月八日兼□曹史□□佐□□白　四四五〇

□曹言大女楊婢被病事
嘉禾五年……書佐呂承封　四四五一

草言……事　□月四日田曹史□□白　四四五二

草言府逐捕叛民鄭□……事
四月廿五日兼兵曹史□□白　四四五三

……言遣……捕……事
嘉禾六年九月……　四四五四

其一百八十二斛六斗民轉孤（？）入所貸斛加臧米　四四五五

出米二斛六斗雇男子區農布賈　四四五六

□□給付女子□如年廿六　四四五七

草言府……事　二月十二日兼部曲田曹史趙野白　四四五八

草言……事　四月廿一日部曲田曹史區監白　四四五九

草言……事　……日兵曹史□□白　四四六〇

草言府依科結正□□□吏張休首竟事　十一月二日兼□曹史張惕白　四四六一

兵曹言部諸鄉典田掾蔡忠等詣求石厚金如等書
三月卅日領書佐番逢白　四四六二

金曹言大女彭□被病物故事
嘉禾□年六月廿日書佐呂承封　四四六三

草言府條列佃卒廿三人爲簿事　八月十九日部曲田☒　四四六四

兵曹言部鄉吏蔡忠等布告……復言事　☒　四四六五

□曹言荅府部吏區光等料實今年下户未訖事　十一月廿日户曹掾
兼□曹史趙野白　四四六六

草言府考實胡□雷貢坐藏匿叛士李獲妻□事

二月廿□〼　四四六七
【注】「妻」下□上半殘缺，下半從「辶」。
草言府部吏……事　□〼　四四六八
金曹白理出郡吏樊楊付五任事　十□月□日〼　四四六九
草白□三州倉米給貸貧民謝□□□事　三月十九日倉曹史□□白　四四七〇
草白理出叛吏五□子士子孖等三人付典田掾五陵□□□□事　四月十八日兼中賊曹史象□白　四四七一
【注】前「五」下□右半殘缺，左半從「言」。又，「象」疑爲「葛」之誤，二字俗體較爲近似。
其七十九斛六斗新吏黃龍三年限米　四四七二
【注】「其」上原有墨筆點記。簡四四七二至四四九九出土時原爲一坨，揭剥順序參見《揭剥位置示意圖》圖三十九。
入三州倉運船師張盖備建安廿六年折咸米一百五斛九斗　四四七三
田倉吏黃諱潘慮謹列六月旦簿　四四七四
其七斛五斗民還黃武七年種粻米　四四七五
【注】「其」上原有墨筆點記。
其七斛三升黃龍元年復田税米　四四七六
【注】「其」上原有墨筆點記。
諸曹　元年九月所言府衆期錢米襍物草剌事　四四七六（一）
【注】本簡爲簽牌。
其七斛八斗嘉禾元年□……米　四四七七
【注】「其」上原有墨筆點記。
米九斛男子郭元元年賈賊黃勳黃龍三年牛賈米邸閣左郎中郭據被督軍　四四七八
其一壬二百七斛九斗八升私學嘉禾元年限米　四四七九
其卅四斛五斗嘉禾元年火種租米　四四八〇
草言被督諸縣倉郡倉邸閣兼丞應縣問事　正月廿五日右倉曹史趙野白　四四八一
其八百五十九斛七斗新還民嘉禾元年限米　四四八二
【注】「其」上原有墨筆點記。
其七斛五斗黃武七年麦種准米　四四八三
【注】「其」上原有墨筆點記。
其六十六斛九斗四升嘉禾二年襍擿米　四四八四
【注】「其」上原有墨筆點記。
入民還二年所貸嘉禾元年郵卒限米十一斛　四四八五
其七十三斛一斗五升司馬黃升黃龍三年限米　四四八六
【注】「其」上原有墨筆點記。
其一萬三千六百四斛八斗嘉禾元年税米　四四八七
【注】「其」上原有墨筆點記。
其廿斛監池司馬鄧邵嘉禾元年池賈米　四四八八
【注】「其」上原有墨筆點記。
其九百七斛三斗司馬黃升嘉禾元年屯田限米　四四八九
【注】「其」上原有墨筆點記。
〼□斛嘉禾二年佃帥限米　四四九〇
鹽四百廿六斛一斗九升八合四勺合得米二千五百六十一斛六斗九升□〼　四四九一
……　四四九二
【注】本簡似有字跡，但無法辨識。
□實不割用乞列死命實然後辭　四四九三
草言府首得帥王喜妻□□□□□出息事　九月十七日兼倉曹史蕊宜白　四四九四
草言府六月廿八日……粻在所給運事　十二月五日倉曹史趙野白　四四九五
草告府諸縣倉吏邸閣所領襍擿起訖米事　十一月十五日兼倉曹史□□白　四四九六
〼□事　……兵曹史□□白　四四九七

草白吳□丞□奴運櫨數不應事　六月廿☐　四四九八

草言府叛士乙□□□□□□□□事　……白　四四九九

☐□□事　六月廿五日兵曹史謝韶白　四五〇〇

草言府部吏……事　……☐　四五〇一

【注】簡四五〇〇至四五三四出土時原爲一坨，揭剥順序參見《揭剥位置示意圖》圖四十。

草言……事　二月……☐　四五〇二

草言……□□事　……白　四五〇三

草言……事　十一月廿日兼兵曹史□□白　四五〇四

草言府……事　……曹史□□白　四五〇五

草言武陵郡送牛踵□見□凡十六□□□□傳送牛□復除事☐　四五〇六

☐依科結正故運書史誑咨杝帥葛宜罪法事　嘉禾四年三月七日右
金曹史趙野白　四五〇七

草言……事　……曹史□□白　四五〇八

草言府部……從……事　十二月□日兵曹史謝韶白　四五〇九

草言府爲……事
四月廿五日金曹史蔡惕白　四五一〇

草言府……所……事
正月十八日兼兵曹史謝韶白　四五一一

☐　八月廿二日兼兵曹掾張□白　四五一二

草言府……事　……閏月廿二日……白　四五一三

【注】據陳垣《魏蜀吴朔閏異同表》，嘉禾二年閏五月，嘉禾五年閏二月。張培瑜《魏蜀吴朔閏異同表》同。

草言……事
三月十二日□曹史□□白　四五一四

兵曹言下户唐文□□□軍吏不得遣□□事

嘉禾六年三月十二日書佐呂承封　四五一五

草言府繫者重安大男張禾被病物故事　三月二日兼賊曹☐　四五一六

草言府貸食部諸縣……事　二月廿五日户曹史□□白　四五一七

☐……事　四月廿四日兵曹掾□□白　四五一八

草言府遣吏潘有詣庫吏□□□事　十月六日兼金曹掾壬□白　四五一九

草言府□□卌□王□價人廿一應□□□潘碓黄□關事　□月□
日兼□☐　四五二〇

草答大男張邑有士□□□傳還都尉□政事　□月七日……白　四五二一

☐□長六月息養護夭男李牙李竝病事　十一月十七日兼賊曹史張
□白　四五二二

草啓州吏蔡碓□□事　十月廿五日兼户☐　四五二三

☐□□益鼠□□事　二月三日領兵曹掾□□白　四五二四

☐□宜……事　十二月八日領□曹史張惕白　四五二五

草言府……事　五月□日☐　四五二六

草言府三州邸閣董基倉吏鄭黑列米斛數□簿□事　三月☐　四五二七

☐□且訖九月四日事　八月六日兼金曹史□□白　四五二八

草言府……事　……☐　四五二九

草言府部吏潘高唐文武宋□□□□□事　☐　四五三〇

草言府遣吏黃頓追赿承（？）玉郎中船（？）事　□☐　四五三一

☐在縣界□□事　□月□日兼田户曹史□□白　四五三二

草言府有入□□八斛備蔡忠草事　十二月七☐　四五三三

草言……☐　四五三四

☐文男弟□年四歲　四五三五

☐嘉禾元年私學限禾還米三斛☐　四五三六

☐畢乂□□□□☐　四五三七

☐庫吏殷連受　四五三八

草言府……☐　四五三九

入□鄉嘉禾二年〼　四五四〇

〼……嘉禾元年……〼　四五四一

〼　正月〼　四五四二

〼出……　四五四三

〼□□年八月□日書佐□□白　四五四四

〼二斛八斗　……　四五四五

〼年二月奉其年三月〼　四五四六

〼嘗　五　十　四五四七

〼年租米廿九斛一斗□〼　四五四八

〼庫吏殷連受　四五四九

〼入三州倉運嘉禾元年〼　四五五〇

入□鄉二年所貸食嘉禾元年〼　四五五一

入三州倉運嘉禾三年□〼　四五五二

〼付庫吏殷連受　四五五三

草言府……　四五五四

右運嘉禾〼　四五五五

右東鄉□□〼　四五五六

【注】「右」上原有墨筆點記。

萬（？）……〼　四五五七

〼□米□斛五斗☓嘉禾三年四月廿四日〼　四五五八

出倉吏黃諱潘慮〼　四五五九

〼吏殷連受　四五六〇

〼　付庫吏殷　〼　四五六一

〼□黃（？）……〼　四五六二

〼……關堅閣□〼　四五六三

〼……五十妻（？）……　四五六四

草言府鄉吏蔡忠……〼　四五六五

〼黃諱潘慮受　四五六六

〼縣（？）吏（？）……〼　四五六七

〼……吏……　四五六八

〼吏黃諱潘慮受　四五六九

〼十一月十六日□□□……　四五七〇

〼□十二萬九千……〼　四五七一

〼帥區石……　四五七二

〼月五日書佐呂承封　四五七三

草言府部吏……〼　四五七四

〼殷連受　四五七五

〼……六斛四斗胄　四五七六

〼……嘉禾二年□米□斛〼　四五七七

〼嵩付倉吏黃諱潘慮受　四五七八

〼……倉吏黃諱　□　四五七九

〼□二百五　〼　四五八〇

〼……□□……〼　四五八一

【注】此二□均右半殘缺，左半分別爲「其」、從「王」。

〼……☓嘉禾三年三月□□〼　四五八二

〼□☓嘉禾二年□□〼　四五八三

入……鄉嘉禾〼　四五八四

〼庫吏殷　〼　四五八五

〼吏鄭黑受　四五八六

〼□四月廿六日□□□〼　四五八七

〼……□曹掾□□白　四五八八

〼嘉禾元年□〼　四五八九

〼慮受　四五九〇

〼□丘□□〼　四五九一

入西鄉□〼　四五九二

〼慮受　四五九三

⧄□□十一月四⧄　四五九四
入桑鄉嘉禾⧄　四五九五
⧄其□⧄　四五九六
草言□⧄　四五九七
⧄□子弟□□□⧄　四五九八
⧄　□子女□年十一⧄　四五九九
⧄李嵩付倉吏黄諱史潘慮　四六〇〇
⧄嘉禾二年四月廿一日武龍丘男子□⧄　四六〇一
⧄右入税米三百卌四斛⧄　四六〇二
入中鄉運所貸嘉禾元年私學限米□⧄　四六〇三
⧄閤李嵩付倉吏黄⧄　四六〇四
⧄□□≡×嘉禾三年……⧄　四六〇五
⧄□中丘大⧄　四六〇六
⧄月廿四日□□□⧄　四六〇七
⧄□≡×嘉禾□年□□⧄　四六〇八
⧄□故吏文……　四六〇九
⧄二千六百一十五□⧄　四六一〇
言府壬□黄□⧄　四六一一
⧄丘大男□帛關坚閤⧄　四六一二
⧄米卅斛≡×⧄　四六一三
⧄關坚閤　四六一四
⧄禾□年十一月八日□⧄　四六一五
⧄十三斛⧄　四六一六
⧄□愬□□⧄　四六一七
⧄　四月七日　四六一八
⧄諱潘慮受　四六一九
⧄□□弟□年廿二　⧄　四六二〇
⧄年叛士限米　⧄　四六二一

⧄鐵盧一枚　ココ⧄　四六二二
⧄□男弟□年十三苦雀病⧄　四六二三
⧄付庫吏殷連受　四六二四
□□□□事　……六日□⧄　四六二五
⧄限米　四六二六
⧄□張長周　校　四六二七

【注】「長」爲簽署。

⧄……曹史□□白　四六二八
⧄□□年卌三給⧄　四六二九
⧄　其一萬⧄　四六三〇
⧄□里户人公乘陳⧄　四六三一
⧄妻大女⧄　四六三二
⧄被（？）督（？）□⧄　四六三三
客□子小女□年九……⧄　四六三四
⧄□十七斛　四六三五
⧄　廿一人女　四六三六
⧄付庫吏殷連受　四六三七
⧄　二月八日……白　四六三八
⧄付庫吏殷連受　四六三九
右正月入吴平斛⧄　四六四〇
右平⧄　四六四一
入州佃吏蔡雅嘉禾元年⧄　四六四二
⧄　曰男弟讓年十三　四六四三
⧄　六月十二日□曹掾□□白　四六四四
⧄……四月……馬□張樂二□　四六四五
⧄□黄龍三年限米　四六四六
□□□事　四六四六

〼　……白　四六四七
〼戶下婢思長五尺　〼　四六四八
倉曹言大男黃䶂被病〼　四六四九
〼日五梁丘潘孔（？）關邸閣董基付倉〼　四六五〇
〼□付庫吏殷連受　四六五一
〼　訾　五　十　四六五二
〼……五年稅米　四六五三
入嘉禾二年貸食嘉禾元年□□限米……〼　四六五四
倉曹問如牒　〼　四六五五
〼十月十二日兼戶曹史張愓白　四六五六
草言府……〼　四六五七
〼□息米一斛〓嘉禾三年四月十四日無丘男子□〼　四六五八
〼□民曹鼠□□旱□□〼　四六五九
入東鄉嘉禾二年佃吏限米三〼　四六六〇
〼　連受　四六六一
五月　日關中部督郵〼　四六六二
入□鄉二年所貸嘉禾元年稅米七斛〓嘉禾三年□月□□〼　四六六三
〼月四日關丞□□付庫吏殷〼　四六六四
〼……□□妻無事　〼　四六六五
入西鄉二年貸食嘉禾元年稅米二斛七斗〓嘉禾三年〼　四六六六
〼　□妻□年卅□　〼　四六六七
〼……事　十一月廿七日中田曹掾□矅白　四六六八
〼□□雇二年所市布五千二百□　四六六九
草白差調諸鄉出紙（？）四百枚□〼　四六七〇
〼　妻大女□〼　四六七一
〼吏殷連受　四六七二
冂
〼　四月五日兵曹掾謝韶白　四六七三

〼□□戶曹……　四六七四
出倉吏黃諱〼　四六七五
〼……倉曹掾□□白　四六七六
〼　子男□年廿〼　四六七七
〼……戶曹掾□□白　四六七八
……里戶人公乘□□年卅□□□　〼　四六七九
〼□二年□□租錢一百廿萬二千二百　四六八〇
〼……所市布事　〼　四六八一
〼□□關邸閣□□付三州倉吏鄭□受　四六八二
〼邸閣□〼　四六八三
〼庫吏殷連受　四六八四
入嘉禾三年白米廿一斛　〼　四六八五
入三州倉運嘉禾三年稅米□〼　四六八六
〼　用　入　倉　四六八七
〼嵩付倉吏黃諱潘慮　四六八八
其六十六□〼　四六八九
右耀家口食□人　□□〼　四六九〇
其七戶□〼　四六九一
〼　……年十三　四六九二
〼□佃帥嘉禾二年限米　四六九三
〼□千八百八十五錢二年故吏□□廖承臧錢　四六九四
男弟□年七歲〼　四六九五
入……嘉禾三年故吏限米四百廿□〼　四六九六
入三州倉運嘉禾三年租米□〼　四六九七
〼□言承四年餘綿□□新□□十三斤一兩八銖　四六九八
草言府依……〼　四六九九
〼嘉禾三年佃帥限米二千一百二十〼　四七〇〇
首從掾位……〼　四七〇一

入桑鄉嘉禾元年税米……胄畢⋈嘉禾二年十二月十二日……⧄　四七〇二

草部鄉吏謝韶殷連私學……⧄　四七〇三

【注】「草」下應脱「言」或「答」等字。

倉曹言大男□嘉張銀大女……⧄　四七〇四

⧄故户□品出錢……侯相　……⧄　四七〇五正

⧄自送牒還縣不得持還鄉典田吏及帥　⧄　四七〇五背

⧄……租米　四七〇六

⧄家口食六人　訾　五　十　四七〇七

【注】簡四七〇七至四九五六出土時原爲一坨，揭剥順序參見《揭剥位置示意圖》圖四十一。

中倉　吏黄諱潘慮　嘉禾二年月旦　四七〇七（一）正

中倉　簿　四七〇七（一）背

【注】本簡爲簽牌。

⧄……　得男弟民年四歲　四七〇八

⧄　□男弟□年四歲　四七〇九

⧄户人公乘蓋□年卅八筭一　妻思年卅四筭一　四七一〇

⧄　啟子男□年八歲　啟女弟婢年廿筭一　四七一一

□男弟得年八歲　四七一二

春平里户人公乘潘有年廿二筭一　有□□年六十六　四七一三

⧄　右省家口食□人　筭四　訾　五　十　四七一四

⧄　□妻客年廿三筭一　四七一五

凡　口　八　人　筭一　訾　五　十　四七一六

⧄……□□年廿二刑兩足　四七一七

⧄□里户人公乘區應年卅四　四七一八

⧄　妻□年廿三筭一　有男姪□年八歲　四七一九

⧄□□□　……年六歲　四七二〇

……　五月廿□⧄　四七二一

右□家口食二人　筭□　訾　五　十　四七二二

【注】「右」上原有墨筆點記。

右譔家口食七人　筭□　訾　五　十　四七二三

【注】「右」上原有墨筆點記。

省女弟勑年五歲　四七二四

妻姑年五十一筭一　四七二五

遷子女縫年□歲　縫女弟兒年三歲　四七二六

宜陽里户人公乘筭具年卅六筭一　四七二七

【注】前「筭」作爲姓氏，疑为「吴」之誤，二者形近容易混誤。

右□家口食八人　筭三　訾　五　十　四七二八

【注】「右」上原有墨筆點記。

吉陽里户人公乘程非年六十一　踵兩足　四七二九

這妻男弟希年廿四筭一　給郡卒　四七三〇

吉陽里户人公乘□魯年八十　聾耳　四七三一

□男弟人年五歲　四七三二

妻如年六十六　四七三三

妻文年十四　四七三四

□男姪文□年十三　四七三五

安女弟斫（？）年九歲　四七三六

右□家口食四人　訾　五　十　四七三七

□妻姑年廿　四七三八

□女弟隻年十一　四七三九

女弟客年十三盲兩目　四七四〇

□沶年五十一筭一　四七四一

……里領吏民……　⧄　四七四二

右□家口食□人　訾　五　十　四七四三

【注】「右」上原有墨筆點記。

取男弟□年一歲⧄　四七四四

□□□□年八歲　四七四五

右政家口食十二人　筭一　訾　五　十　四七四六

【注】「右」上原有墨筆點記。

調女弟婢年七歲　四七四七

□子男困年七歲　四七四八

政妻番年十九筭一　四七四九

睾女弟魯年四歲　四七五〇

姑弟金年七歲　四七五一

男弟純年□歲　四七五二

大男□□年七十一……　四七五三

子男歐（？）年四歲　皮男弟連年七歲　四七五四

子男□年二歲　男姪黯▨　四七五五

右皮家口食四人　筭□　訾　五　十　四七五六

【注】「右」上原有墨筆點記。

□□年廿一筭一　子男羅年十七……　四七五七

□男弟廣年二歲　四七五八

陽貴里户人公乘□非年卅八踵兩足　妻貞年卌七筭一　四七五九

▨□□□年七十三　刑兩足　四七六〇

……年□十筭一　後妻遲年六十七　四七六一

□從男姪山年十六筭一　山妻大女津年十五筭一　四七六二

右連家口食三人　訾　五　十　四七六三

【注】「右」上原有墨筆點記。

右□家口食十二人　訾　五　十　四七六四

【注】「右」上原有墨筆點記。

陽貴里户人公乘縣卒□□年……　□父□年七十三苦腹心病　四七六五

得子女歸年十三　四七六六

□弟智黄□年卅□刑兩足　四七六七

妻始年卅八筭一盲右目　四七六八

僕男弟都年七歲　四七六九

右金家口食八人　筭四　訾　五　十　四七七〇

【注】「右」上原有墨筆點記。

金男姪□年五歲　四七七一

【注】「男姪」下□左半殘缺，右半爲「艮」。

舂平里户人公乘問皮年卅八筭一　妻□年卅□筭一　四七七二

專男姪春年六歲　四七七三

當男弟典年八歲　四七七四

僕子女兒年十歲　四七七五

見男弟澤年七歲　四七七六

子女婢年一歲　四七七七

妻□年五十筭一　子男民年廿四□病　四七七八

【注】「妻」下□右半殘缺，左半從「糸」。

高遷里户人公乘□□□山年卅　四七七九

高遷里户人公乘軍吏徐就年卅三　四七八〇

右□家口食七人　筭二　訾　五　十　四七八一

【注】「右」上原有墨筆點記。

進渚里户人公乘李客年卌筭一刑腹　四七八二

子男寒年廿一筭一　四七八三

從男弟當年十四　四七八四

寒妻汝年十五筭一　四七八五

子男將年……　四七八六

寒男弟省年十六筭一　四七八七

角男弟得年廿一　四七八八

子女婢年十四　四七八九

男弟□年廿筭一　四七九〇

□妻□年廿九筭一　四七九一

尾男弟獻年二歲　四七九二

這子男頭年三歲　四七九三

妻□年卌七筭一 四七九四
這妻世年六十 四七九五
□妻𠛱（?）年十七筭一 四七九六
凡口六人　筭一　訾　五　十 四七九七
荅女弟務年十一 四七九八
□男姪□年六歲 四七九九
□女弟絢（?）年十三 四八〇〇
□男弟尊（?）年十三 四八〇一
凡口二人　訾　五　十 四八〇二
夫秋里户人公乘李伍年廿筭一 四八〇三
子男宜（?）年十三 四八〇四
□從男姪吴馮（?）年廿一刑足 四八〇五
□男姪舉年十六筹一 四八〇六
銀妻男姪□年七歲 四八〇七

【注】「男姪」下□上半殘缺，下半從「辶」。

常遷里户人公乘陳烝年六十四……　……九月□日被病物故 四八〇八
□女弟却年十一 四八〇九
□男姪鄧□年十五踵兩足 四八一〇
常遷里户人公乘雷皮年六十九 四八一一
□妻大女姑年十八筭一 四八一二
練女弟思年九歲 四八一三
凡口十六人　訾　五　十 四八一四
妻大女汝年廿八筭一 四八一五
右騰（?）家口食……人　筭二　訾　五　十 四八一六
高遷里户人公乘徐迭年卌五　刑左足 四八一七
□區謹列所領故户吏民年紀口食爲簿 四八一八
妻金年廿五 四八一九
妻姉（?）年卌 四八二〇

庫　吏殷連潘　琗起二年七月 四八二〇（一）正
庫　訖三年五月十五日　所受嘉禾二年　品市布莂 四八二〇（一）背

【注】本簡爲簽牌。

皮（?）□□年廿六筭一 四八二一
□男弟□年三歲 四八二二
子男直年四歲 四八二三
子男□年六歲 四八二四
男姪端（?）年十四 四八二五
子女壬年三歲 四八二六
右了家口食七人　訾　五　十 四八二七

【注】「右」上原有墨筆點記。

騰（?）妻男弟烝生年八歲 四八二八
□妻妾年卌三筭一 四八二九
□男姪練年十八踵兩足 四八三〇
□女弟客（?）年十三 四八三一
妻大女娘年卌八 四八三二
右銀家口食三人　筭二　訾　五　十 四八三三
右（?）女弟□年十五　踵兩足 四八三四
文妻上年卅一　踵足 四八三五
右湛家口食□人　訾　五　十 四八三六
□男弟畋年年十二 四八三七

【注】「年年」，衍一「年」字。

魁　何　湛　主 四八三八
男弟如（?）年二歲 四八三九
子男客年廿筭一 四八四〇
度男弟樹七歲 四八四一

【注】「七歲」上脱「年」字。

春男姪鄧年八歲　四八四二

右藪家口食八人　訾　五　十　四八四三

【注】「右」上原有墨筆點記。

當妻汝年廿筭一　四八四四

常遷里户人公乘謝□年卌四　四八四五

右潔家口食十一人　筭三　訾　五　十　四八四六

子男度年九苦喉病　四八四七

【注】「九」下脱「歲」字。

⊿□□年卌五　四八四八

從男弟典年十六筭一　四八四九

酒里户人公乘李從年七十五　四八五〇

常遷里户人公乘烝□年五十一　苦腹心病　四八五一

原子女□年六歲　四八五二

富貴里户人公乘文平年八十二　四八五三

眲妻連年卅九　四八五四

饅（？）男姪篔（？）年廿六筭一　殰苔病　四八五五

銀（？）男姪明年十二　四八五六

右□家口食五人　筭□　訾　五　十　四八五七

【注】「家」上□上半殘缺，下半從「辶」。

文子女平年四歲　四八五八

右估（？）家口食九人　筭三　訾　五　十　四八五九

高遷里户人公乘壬吉年六十四盲右目　四八六〇

右張（？）家口食□人　筭三　訾　五　十　四八六一

【注】「右」上原有墨筆點記。

□妻茹年六十五　四八六二

道女弟婢年八歲　四八六三

耀男弟懸年五歲　四八六四

郎男弟淮年七歲　四八六五

奉母連年六十五　四八六六

□男弟栂年十二聾耳　四八六七

唐男姪羅（？）年□□　四八六八

文妻大女□年卅八筭一　四八六九

【注】「大女」下□左半殘缺，右半爲「昜」。

男弟高年五十筭一　風病　四八七〇

角母姑年七十　四八七一

娘子男但年十　四八七二

舉男弟兒年十一　四八七三

□男弟長年一歲　四八七四

饒子男淮年八歲　四八七五

高遷里户人公乘葛□年卌九筭一苦傴病　四八七六

【注】「葛」下□右半殘缺，左半從「氵」。

勉女弟高年七歲　四八七七

悢母𣎴年六十二　四八七八

□男弟陽年三歲　四八七九

□子男孔年五歲　四八八〇

侖男姪陳年十二　四八八一

子男尾年四歲　四八八二

酒里户人公乘蔡了年卅四刑足　四八八三

兒女弟□年三歲　四八八四

□男弟□年八歲刑□足　四八八五

【注】「男弟」下□上半殘缺，下半從「日」。

□男弟餅年十　四八八六

金妻戚（？）年廿二筭一　四八八七

男弟□年六歲　四八八八

【注】「男弟」下□右半殘缺，左半從「子」。

右麦家口食三人　筭□　訾　五　十　四八八九

【注】「右」上原有墨筆點記。

春平里户人公乘鄧筒年五十一筭一　四八九〇

婢男弟旱年一歲　四八九一

□女姪囊（？）年十三　四八九二

□男弟□年三歲　四八九三

妻大女思年卅一筭一　四八九四

右斗家口食七人　筭二　⧄　四八九五

【注】「右」上原有墨筆點記。

舉寡嫂劉年□五筭一　四八九六

□男弟統年四歲　四八九七

高遷里户人公乘益主年六十九　聾兩耳　四八九八

許孙男孫漢年六歲　四八九九

□男姪□年十歲　四九〇〇

□男弟連年三歲　四九〇一

春平里户人公乘陳悢年廿三　四九〇二

懸男弟龍年三歲　四九〇三

□小母姑年五十四　筭一　四九〇四

連女弟思年二歲　四九〇五

□妻思年廿六筭一　四九〇六

妻□年六十七　四九〇七

宜陽里户人公乘□□年六十六　四九〇八

丁男弟□年十六筭一　四九〇九

當妻男弟琱年十八踵兩足　四九一〇

買子男促年四歲　……⧄　四九一一

高女弟□年五歲　四九一二

妻姑年卅四　四九一三

右專家口食六人　訾　五　十　四九一四

【注】「右」上原有墨筆點記。

妻思年卅六筭一　四九一五

□男弟帛年五歲　四九一六

從男弟周長年卅七踵兩足　四九一七

……年卅一　子男大年十歲　四九一八

孝小母巡年卅三筭一　巡子男□年十四　四九一九

右角家口食□人　訾　五　十　四九二〇

【注】「右」上原有墨筆點記。

汝子女□年一歲　四九二一

羅女弟汝年六歲　四九二二

萇妻堇年廿一筭一　四九二三

男姪胏年十六筭一　四九二四

宜陽里户人公乘李䮒年六十一踵兩足　四九二五

䮒母妾年八十七　四九二六

子女羅年六歲　四九二七

男弟嬰年六歲　四九二八

陽貴里户人公乘區喬年卅四筭一　妻□年卅三……　四九二九

右□家口食四人　筭□　訾　五　十　四九三〇

⧄人公乘毛長年卅二　筭一　長妻思年卅二筭一　四九三一

右義（？）家口食□人　訾　五　十　四九三二

劉母汝年六十二刑左足　四九三三

右□家口食五人　筭□　訾　五　十　四九三四

右□家口食□人　筭二　訾　五　十　四九三五

【注】本簡僅存右半。

右囊家口食二人　筭一　訾　五　十　四九三六

户下婢□年廿　户下奴侣年□歲　四九三七

右朱家口食□人　筭□　訾　五　十　四九三八

【注】「右」上原有墨筆點記。

□女弟□年八歲　□男弟□年四歲　四九三九

□女弟□年□歲　□男姪□年□歲　四九四〇

☑ □男弟杭年十一龍耳 四九四一

右南鄉入二年租米五斛 四九四二

□男弟國年十四 成男弟□年四歲 四九四三

【注】本簡爲小木簡。

□男弟要年…… 四九四四

進渚里戶人公乘五劉年卅七筭一 四九四五

☑……嘉禾元年…… 四九四六

□男姪□年十五筭一 四九四七

義（？）寡（？）嫂如年六十□ □□□年十六筭一 四九四八

□女弟□年十七筭一 四九四九

大男張□年六十一 四九五〇

妻思年六十五 ☑ 四九五一

……年卅筭二 四九五二

其九十七斛五斗黃龍三年佃卒限米 四九五三

其九十九斛黃龍三年□客限米 四九五四

大男□□年…… 四九五五

☑□六人人二斛五斗五十五人人二斛其年三月廿日付倉吏張曼（？） 四九五六

【注】簡四九五六至六一五三出土時原爲一坨，揭剥順序參見《揭剥位置示意圖》圖四十二。

其卌八斛黃龍三年叛士限米 四九五七

☑ 訾 五 十 四九五八

進渚里戶人公乘李萇年六十二 ☑ 四九五九

宜陽里戶人公乘區（？）客年五十筭一 四九六〇

右客家口食六人 筭二 訾 五 十☑ 四九六一

凡 口 八 人 筭四 訾 五 ☑ 四九六二

凡 口 五 人 筭三 訾 五 ☑ 四九六三

右政家口食八人 筭五 訾 五 ☑ 四九六四

子男邵年十六筭一 四九六五

宜陽里戶人公乘李安年廿六刑右手 四九六六

邵妻百年十五筭一 四九六七

斛妻湛年卅三筭一 四九六八

妻客年廿三筭一 四九六九

吉陽里戶人公乘區高（？）年六十二苦腹心病踵右足 四九七〇

……筭一 四九七一

介男會年五歲 四九七二

【注】「男」上下應有脫字。

龍男弟長年卅 …… 四九七三

右非家口食五人 筭一 訾 五 十 四九七四

政女弟黑年廿踵足 四九七五

□妻始年廿八筭一 四九七六

□女弟小年四歲 四九七七

孝男姪常帥年廿苦風病 四九七八

子男壬年五歲 四九七九

少（？）男弟厷年十三 四九八〇

妻思年卅筭一 四九八一

男弟蔣年廿八筭一 四九八二

曹小父杜年七十一踵足 四九八三

祝（？）子男莞（？）年七歲 四九八四

從（？）男弟五年十五筭一 四九八五

黑女弟□年十歲 四九八六

客男弟悉年廿一踵足 四九八七

其一戶軍（？）吏 四九八八

右亩（？）家口食四人 四九八九

悉男弟枚年五歲 四九九〇

右外家口食四人 筭二 訾 五 十 四九九一

邑男弟小年廿　男姪水年十歲　四九九二
□□□年一歲　遠姉犨（？）年廿三筭一　四九九三
□男弟成年三歲　☑　四九九四
妻婢年六十一　四九九五
從男姪鄭玻年卅五筭一苦風病　四九九六
玻妻絢年卅筭一　四九九七
定領見人三百一十七人　其一百八十七人男 一百卅人女　四九九八
曹妻思年廿一筭　四九九九
其二人前後被病物故　五〇〇〇
子男追年五歲　五〇〇一
□子女置年四歲　五〇〇二
止女姪兒年三歲　五〇〇三
變中里户人公乘張喬年五十　風病　五〇〇四
夫秋里户人公乘龔解年卅三刑左足　五〇〇五
右邁家口食十二人　筭二　訾　五　十　五〇〇六

【注】「右」上原有墨筆點記。

曼子男鼠年五歲　五〇〇七
枚男姪苗年四歲　□女孫筭年十四　五〇〇八
子男唐年六歲　唐男弟湛年四歲　五〇〇九
從男姪夏堁年十五踵兩足　五〇一〇
右倉家口食六人　筭四　訾　五　十　五〇一一

【注】「右」上原有墨筆點記。

妻大女□年卅三　五〇一二

【注】「年」上□上半殘缺，下半從「辶」。

□子男客年廿六筭一　五〇一三
客妻娘年廿五筭一　五〇一四
□妻鼠年卌一筭一　五〇一五
□妻思年十六筭一　五〇一六
曹母汝年六十二　五〇一七
婢男弟溪（？）年十五筭一　五〇一八
男姪南年七歲　五〇一九
允女弟演年二歲　五〇二〇
集凡夫秋里魁吴明領吏民五十户口食三百十九人　五〇二一
妻大女汝年廿一筭一　五〇二二
進渚里户人公乘吴季年六十六　五〇二三
勞（？）女弟珄年六歲　五〇二四
登（？）男弟斛年三歲　五〇二五
頎男弟輩年七歲　五〇二六
宜陽里户人公乘徐孝年六十三　五〇二七
男弟少年十六筭一　五〇二八
□母妾年六十二　五〇二九
妻分年卅筭一　五〇三〇
夫秋里户人公乘文箄年廿七　五〇三一
右口食五十一人　五〇三二

【注】「右」上原有墨筆點記。

右它家口食九人　筭五　訾　五　十　五〇三三

【注】「右」上原有墨筆點記。

右平家口食六人　筭四　訾　五　十　五〇三四

【注】「右」上原有墨筆點記。

勉男弟十年七歲　五〇三五
男姪市年廿筭一　五〇三六
右朋家口食六人　筭二　訾　五　十　五〇三七
涅男弟利年四歲　五〇三八
變中里户人公乘□□年廿苦喉病　五〇三九
□從男姪鄧皮年七歲　五〇四〇
進渚里户人公乘李都年六十六　……病死　五〇四一

妻母年六十二 五〇四二

【注】「母」下缺人名。

子男屯年六歲 五〇四三

子男頭年十四 五〇四四

外女孫舉年八歲 五〇四五

吉陽里户人公乘綎陽年□八筭一 五〇四六

子女相年十五筭一 五〇四七

子女顚年十一 五〇四八

富貴里户人公乘鄧□年□十六 腹心病 五〇四九

右就家口食四人 筭一 訾 五 十 五〇五〇

【注】「右」上原有墨筆點記。

□男弟故年四歲 五〇五一

西妻婢年廿四筭一 五〇五二

烈女弟無年一歲 五〇五三

□□里户人……▨ 五〇五四

右通家口食九人 五〇五五

【注】「右」上原有墨筆點記。

從男姪胡三年廿筭一踵足 五〇五六

變中里户人公乘李喬年卅八筭一 五〇五七

富貴里户人公乘鄧彊年五十一 腹心病 五〇五八

督子男湛年八歲 五〇五九

右陽家口食六人 筭二 訾 五 十 五〇六〇

右伍家口食四人 …… 五〇六一

□男弟士年三歲 五〇六二

妻文年卅六筭一 五〇六三

右興家口食十一人 筭三 訾 五 十 五〇六四

【注】「右」上原有墨筆點記。

□男弟奴年十三 五〇六五

買母思年八十三 五〇六六

客男弟兒年三歲 五〇六七

安從男姪陳唯年十三 五〇六八

吉陽里户人公乘夏曹（？）年卅六筭一 五〇六九

斗女弟客年五歲 五〇七〇

高從男弟南年卅三筭一 刑右手 ▨ 五〇七一

姑（？）女弟未年八歲 五〇七二

夫秋里户人公乘唐弩年卅一筭一 五〇七三

物女弟文年十一 五〇七四

右文（？）家口食□人 筭二 訾 五 十 五〇七五

右條家口食八人 筭三 訾 五 十 五〇七六

彊妻銀年卅六筭一 五〇七七

子男郡年三歲 五〇七八

妻□年廿六筭一 五〇七九

變中里户人公乘朱金年卅二筭一 金以正月廿九日病死 五〇八〇

右魯家口食八人 筭三 訾 五 十 五〇八一

右楊家口食六人 筭四 訾 五 十 五〇八二

從男姪范寅（？）年七歲 五〇八三

馬□□□年五歲 五〇八四

右□家口食七人 五〇八五

□從男弟督年廿筭一 五〇八六

凡……▨ 五〇八七

迯兄斛年五十二苦腹心病 五〇八八

□妻□年十六筭一 五〇八九

倉男姪區山年廿六筭一 五〇九〇

子男春年廿筭一腹心病 五〇九一

子女□年廿一筭一 五〇九二

右富家口食七人 筭一 訾 五 十 五〇九三

子女鄱年十歲 五〇九四

郡男弟□年七歲 盲左目 五〇九五

變中里户人公乘逢禮年卌一筭一 刑右手 五〇九六

督妻膀年十九筭一 五〇九七

督女弟來年十歲 五〇九八

□從姪范（？）敬年十三 五〇九九

【注】「姪」上脱「男」或「女」字。

□妻以年廿筭一 五一〇〇

妻思年卌四筭一 五一〇一

其一户軍吏 五一〇二

曹姪惠年五歲 五一〇三

【注】「姪」上脱「男」或「女」字。

彊從兄潘慈年八十二 聾右耳 五一〇四

□妻水年五十一筭一 五一〇五

盧男弟祖年卅四筭一 五一〇六

富貴里户人公乘鄭□年七十六 五一〇七

□妻了年廿四筭一 五一〇八

□女弟婢年廿一筭一 五一〇九

長男弟舍年七歲 五一一〇

□□□□年卅三筭一 五一一一

年（？）妻大女汝年卅三筭一 五一一二

富貴里户人公乘謝主年卅五筭一 五一一三

年子女兒年十歲 五一一四

富貴里户人公乘鄧威年卅八 踵兩手 五一一五

威妻姑年廿一筭一 五一一六

子男建年三歲 五一一七

□妻汲年七十一 踵足 五一一八

【注】「妻」上□右半殘缺，左半從「木」。

成女弟系年廿八筭一 五一一九

孝男孫早年六歲 五一二〇

變中里户人公乘彭嵩（？）年……踵兩足 五一二一

右虎（？）家口食九人 筭二 訾 五 十 五一二二

□妻姑年十六筭一 五一二三

□男弟教年一歲 五一二四

曲男弟仔（？）年一歲 五一二五

子女勉年十一 五一二六

主母妾年…… 五一二七

賈（？）子男業年二歲 五一二八

凡 口 □ 人 訾 五 十 五一二九

右弩家口食七人 五一三〇

興小妻藥年廿一筭一 五一三一

□女弟汝年六歲 五一三二

客妻睡年廿二筭一 五一三三

枚男弟春年四歲 五一三四

建男弟邑年二歲 五一三五

主（？）子男赤年五歲 五一三六

拼妻藥年五十六 筭一 五一三七

吉陽里户人公乘趙（？）條（？）年廿二踵兩足 五一三八

苦男弟好年二歲 五一三九

故女弟婢年□□ 五一四〇

子男莨年十歲踵兩足 五一四一

子男生年三歲 五一四二

□女弟□年三歲 五一四三

□男弟青年十三 丁 五一四四

其妻大女汝年廿二筭一 五一四五

卒男弟弱年二歲 五一四六

□男弟演年十四踵兩足 五一四七
□男姪屈本年卌八筭一 聾兩耳 五一四八
常遷里户人公乘何孫年廿七筭一 五一四九
□妻大女女年卅一筭一 五一五〇
主男弟莒年廿五 主莒聾病 五一五一
赤男弟早年三歲 五一五二
困男弟麃年十三 五一五三
右督家口食五人 筭二 訾 五 十 五一五四
棠孫姪嵩（？）監年卅六男 五一五五
【注】「男」爲補字，應補在「姪」上。
文男弟示年四歲 五一五六
妻□年卅六筭一 五一五七
變中里户人公乘李朋年五十七苦風病 五一五八
山子男囊年廿八筭一 五一五九
笄男弟條年十歲 五一六〇
吉陽里户人公乘潘葛年卅五筭一 五一六一
知妻大女劃年卅八筭一 五一六二
常遷里户人公乘□□年卅三筭一 五一六三
孫妻大女思年十九筭一 五一六四
嵩（？）男弟□年九歲 五一六五
孫母知年五十三筭一 五一六六
潘女弟文年十 五一六七
富妄姪范年十一踵兩足 五一六八
監妻錢年廿 五一六九
孫男弟貴年十六筭一 二月十日以簿送□□ 五一七〇
妻姑年卅九筭一 五一七一
威男姪徐年十歲 五一七二
子男□年卌一 腹心病 五一七三

南寡嫂思年廿一筭一 五一七四
南母妾年卌一 五一七五
變中里户人公乘黄條年五十七 條以今年五月十日被病物故應除 五一七六
條母黑年八十二 五一七七
條（？）妻始年卌筭一 五一七八
常遷里户人公乘張平年五十一 五一七九
凡口十八人 訾五十 五一八〇
妻客年卌二筭一 五一八一
亜子男栗年四歲 五一八二
……筭年三歲 五一八三
凡口十人 訾五十 五一八四
難（？）子男了年五歲 五一八五
了男弟囿（？）年一歲 五一八六
□男姪慮年廿六踵兩足 五一八七
凡口十四人 訾五十 五一八八
孫女弟受年十三 五一八九
□男姪卑年五歲 五一九〇
右黄簿民合廿八户口食二百一十四人 五一九一
□妻男弟魯年十四 五一九二
右垠家口食四人 筭一 訾 五 十 五一九三
【注】「右」上原有墨筆點記。
右曹家口食七人 筭三 訾 五 十 五一九四
【注】「右」上原有墨筆點記。
其一户新吏 五一九五
【注】「其」上原有墨筆點記。
□妻汝年六十九 ……以過年□月□日被病物故 五一九六
【注】「妻」上□上半殘缺，下半爲「女」。

平女弟渚年一歲 五一九七
寧男弟隻年十五筭一 五一九八
平子男壬年卅一筭一 五一九九
文從弟吴蘭年六十一　佳足 五二〇〇
者（？）男姪貴年卅二筭一 五二〇一
滓（？）男弟兒年四歲 五二〇二
□妻常年卌七筭一 五二〇三
……年廿筭一 五二〇四
凡　口　四　人　眥　五　十 五二〇五
【注】「凡」上原有墨筆點記。
嚢妻大女義年卅三　筭一 五二〇六
常遷里户人公乘文□年卌五筭一聾兩耳 五二〇七
常遷里户人公乘張羅年六十五 五二〇八
旲（？）女弟佳年十一 五二〇九
南男弟廬年五歲 五二一〇
常遷里户人公乘吴勿年八十七 五二一一
右國家口食五人　筭□　眥　五　十 五二一二
勿妻大女沙年六十三 五二一三
子女司（？）年三歲 五二一四
賓子女婢年一歲 五二一五
凡　口　九　人　眥　五　十 五二一六
頭男姪文年十六苦喉病 五二一七
子男匹（？）年七歲 五二一八
富貴里户人公乘周夗年…… 五二一九
夗妻取年卌五筭一 五二二〇
妻妾年六十一筭一 五二二一
滏（？）男姪楝年十二 五二二二
右漢家口食四人　筭三　眥　五　十 五二二三
【注】「右」上原有墨筆點記。
夫（？）秋里户人公乘李行（？）年廿六筭一 五二二四
□男弟引年八歲 五二二五
鼠男弟□年六歲 五二二六
□男弟□年五歲 五二二七
□男弟□年四歲 五二二八
妻大女思年廿八筭一 五二二九
右主家口食六人　筭三　眥　五　十 五二三〇
□妻告年卌筭一 五二三一
從男姪轉年十歲 五二三二
思（？）子男二年三歲 五二三三
右漢（？）家口食七人 五二三四
務男弟襄（？）年九歲 五二三五
惕妻物（？）年卅四筭一 五二三六
子男郡年七歲 五二三七
郡男弟學年五歲 五二三八
□男姪陳目（？）年十三 五二三九
□男弟建年五歲 五二四〇
□男弟走一歲 五二四一
【注】「一歲」上脱「年」字。
氣男姪隨年七歲 五二四二
嚢（？）子男鼠年一歲 五二四三
氣男姪赦年十四　苦彊病 五二四四
□子男□年十一 五二四五
度（？）男弟初年十 五二四六
□妻大女趙（？）年十六筭一 五二四七
凡　口　五　人　眥　五　十 五二四八
男姪來年卌苦腹心病 五二四九

富貴里户人公乘鄧壬（?）年卌五　筭一　五二五〇

郡男弟□年一歲　五二五一

富貴里户人公乘吏客唐光年卌八風病　刑（?）左手　五二五二

集凡變中里魁吴巴所領吏五十户口食三百五十四人　五二五三

【注】「吏」下脱「民」字。

行（?）妻大女鼠年六十三　五二五四

右解家口食六人　五二五五

【注】「右」上原有墨筆點記。

妻知年廿八筭一　五二五六

金妻男弟潘憂年一歲　五二五七

男姪夏了年十五筭一　五二五八

右禮家口食九人　筭二　訾　五　十　五二五九

【注】「右」上原有墨筆點記。

富男弟人年卅一盲右目　五二六〇

者男姪吏（?）年八歲　五二六一

貝從男姪潘（?）客年十一　五二六二

大妻湜年廿一筭一　五二六三

子男得年四歲　五二六四

子男□年……　五二六五

高遷里户人公乘李風（?）年五十二　刑左手　五二六六

凡　口　十　四　人　訾　五　十　五二六七

子男兒年七歲　五二六八

右度家口食三人　筭二　訾　五　十　五二六九

男姪□□年二歲　五二七〇

思六人面後被病物故　五二七一

賓女弟益年十四　五二七二

妻婢（?）年廿四筭一　五二七三

貝男弟初（?）年十一　五二七四

殷（?）男弟文年四歲　五二七五

從男姪吴年十一　五二七六

□姪□年廿五筭一　……丁　五二七七

糜男弟吉年二歲　五二七八

吉（?）男姪困年十八　五二七九

□男（?）姪（?）客（?）年九歲　五二八〇

殷從兄壬據年九十二　五二八一

慈男孫春年七歲　五二八二

彊從男弟鄭價（?）年廿　鼠（?）病　五二八三

變中里户人公乘區（?）里年卅二筭一　五二八四

益女弟羊年八歲　五二八五

變中里户人公乘逢招年五十筭一　五二八六

右孫（?）家口食六人　筭三　訾　五　十　五二八七

【注】「右」上原有墨筆點記。

小妻大女思年卅五筭一　五二八八

文男弟岑年七歲　五二八九

氣妻大女起年卅五　筭一　五二九〇

壬（?）男弟虎年十三　五二九一

妻大女直年六十四　五二九二

□男弟仲年八歲　五二九三

妻從年十九　筭一　苔病　五二九四

□男弟狗年四歲　五二九五

恭（?）妻禁年十六筭一　五二九六

價（?）妻汝年十八筭一　五二九七

思母忌年九十　五二九八

巴男弟菓年三歲　五二九九

右高家口食七人　筭二　訾　五　十　五三〇〇

【注】「右」上原有墨筆點記。

妻婢年卅一筭一　五三〇一
錢妻恩年卌六筭一　五三〇二
客……年五歲　五三〇三
高遷里户人公乘潘吕（？）年卅一筭一　五三〇四
布（？）子男郵年二歲　五三〇五
丞男弟氣年卌五新盲目兩目病氣　五三〇六
□姊大女　年卅九筭一　五三〇七
妻汝年廿一　筭一　五三〇八
右□家口食□人　筭三　訾　五　十　五三〇九
得男弟小年二歲　五三一〇
其一百一十五人男　其（？）一百一人女　五三一一
求（？）子男成（？）年六歲　五三一二
子女錢（？）年七歲　五三一三
男姪大年六歲　大女弟□年□歲　五三一四
陽貴里户人公乘□□年……刑右手……　妻大女□年……　五三一五
漢（？）男弟濕年四歲　五三一六
客男弟富年十　五三一七
右布家口食八人　筭二　訾　五　十　五三一八

【注】「右」上原有墨筆點記。

高遷里户人公乘毛從年六十七　五三一九
斗母汝年七十四　五三二〇
高遷里户人公乘陳建年五十五苦腹心病　五三二一
□男弟走（？）年八歲　五三二二
高遷里户人公乘謝十年卅五筭一　五三二三
右滏（？）家口食十三人　筭六　訾　五　十　五三二四
倨男姪鄭李年廿一筭一　五三二五
□□母恩年六十七　五三二六
□子男兒年十二　五三二七
定男姪平年十五筭一　……丁　五三二八
葸（？）男弟湛年五歲　五三二九
富貴里户人公乘潘□年……　五三三〇
右彊家口食七人　筭二　訾　五　十　五三三一
簣（？）男弟世年十四　五三三二
□從男弟張□年八十三……　五三三三
……大女□年卅一筭一　五三三四
□女弟婢年七歲　五三三五
□子男鼠年二歲　五三三六
困男弟小年五歲　五三三七
回（？）男弟黑年二歲　五三三八
右興（？）家口食十人　筭三　訾　五　十　五三三九
□男弟興（？）年卅　五三四〇
高遷里户人公乘毛棠年卅七　筭一　五三四一
□妻大女示年卅刑右足　五三四二
富貴里户人公乘烝橎年六十五　踵兩足　五三四三
右吉家口食四人　筭一　訾　五　十　五三四四

【注】「右」上原有墨筆點記。

右闗（？）家口食四人　筭二　訾　五　十　五三四五
高遷里户人公乘潘倨年卌五筭一　五三四六
常妻侳年卌二筭一　五三四七
尾女弟可年三歲　已過年十二月八日被病物故　五三四八
□妻今年卅□筭一　五三四九
⧄　女姪婢年八歲……　五三五〇
妻□年六十六踵兩足　⧄　五三五一
□□年廿七筭一　五三五二
姊（？）男弟干年六歲　五三五三
干男弟生年四歲　五三五四

客（？）男弟卒年八歲 五三五五
腧男弟達年五歲 五三五六
李男弟腧年九歲 五三五七
□男弟□年五歲 五三五八
李妻苟年十七筭一 五三五九
……□□年五十 五三六〇
沅男弟乘年六歲 五三六一
□男姪□□年九歲 五三六二
□男弟諸（？）…… 五三六三
子男客年十七筭一 五三六四
贇妻汝年卅六筭一 五三六五
斗父耳年八十四 五三六六
就子女糜年三歲 五三六七
□男弟候年三歲 五三六八
右室（？）家口食□人 筭一 訾 五 十 五三六九
【注】「右」上原有墨筆點記。
□妻父鄧槖年九十一 聾苔 五三七〇
男姪生年八歲 五三七一
□男姪帛年八歲 五三七二
乘男弟卒年四歲 五三七三
吕（？）子男馬年七歲 五三七四
文男弟監年七歲 五三七五
婢男弟太年九歲 五三七六
就兄宗年六十刑左足 五三七七
耳妻思年六十七 五三七八
世男弟度年十一 五三七九
兼（？）妻雖（？）年卅八筭一 五三八〇
光男弟弱年二歲 五三八一

得妻武年十九 五三八二
□男弟黑（？）年十六筭一 丁 五三八三
□女弟筭年七歲 五三八四
□妻汝年卅二筭一 五三八五
春男弟兒年五歲 五三八六
兒女弟□年四歲 五三八七
妻大女取年卅四筭一 五三八八
從男弟□年廿一筭一 五三八九
卒男弟銲（？）年二歲 五三九〇
丞男孫欽年一歲 五三九一
卒男弟當年九歲 五三九二
□男姪菓十歲 五三九三正
【注】「十歲」上脱「年」字。
張從九 五三九三背
□子女十年一歲 五三九四
□男弟客年七歲 五三九五
□妻大女貞年廿五筭一 五三九六正
載 五三九六背
□遷里户人公乘誦□年廿六筭一 ……丁 五三九七
凡 口 十 五 人 筭三 訾 五 十 五三九八
【注】「凡」上原有墨筆點記。
凡 口 十 五 人 筭□ 訾 五 十 五三九九
凡 口 五 人 訾 五 十 五四〇〇
□男姪鼠年十五 丁 五四〇一
妾男弟□年十六踵兩足 五四〇二
【注】「男弟」下□右半殘缺，左半從「食」。
子女福年九歲 五四〇三
☑ 妻□年廿三筭一 五四〇四

右石家口四人 筭二 訾 五 十 五四〇五
【注】「口」下脱「食」字。
專子女婢年三歲 五四〇六
得女弟成年田八 五四〇七
亽（？）女弟□年四歲 五四〇八
子女勉年九歲 五四〇九
□男姪這烏年三歲 五四一〇
□母鼠年九十 ……十二月十二日被病勿故 五四一一
□妻大女汝年廿五筭一 五四一二
常遷里户人公乘□春年卅一筭一龍病 五四一三
□女弟麦年一歲 五四一四
□子女金年二歲 五四一五
常遷里户人公乘□頭年卅九筭一 五四一六
□男弟潘年八歲 五四一七
潘男弟遠年十四 五四一八
妻大女惕（？）年十八筭一 五四一九
子男□年廿五筭一 五四二〇
【注】「子男」下□下半殘缺，上半從「竹」。
羅（？）妻大女杲年六十七 五四二一
從男弟利縣（？）年卅一筭一 五四二二
浦子女買年六歲 五四二三
就男弟悉年七歲 五四二四
斗妻婢年卅二筭一 五四二五
平妻心年卅四筭一 五四二六
嶲妻大女卵年五十二筭一 五四二七
□男弟婼年三歲 五四二八
子男雪年十二 五四二九
舉妻隱年廿九筭一 五四三〇
了從姊年六十二 五四三一
□子女涑年十六筭一 五四三二
□女弟（？）小（？）年六歲 五四三三
妻大女布年卅三筭一 五四三四
斗男弟舉年廿一筭一 以過年正月三日被病物故 五四三五
各妻大女姑年十七筭一 五四三六
□男弟客年廿三筭一 五四三七
□妻大女謚年廿三筭一 五四三八
常遷里户人公乘朱張年十二筭一 五四三九
【注】「十二」上疑有脱字。
妻大女思年卌六筭一 五四四〇
常遷里户人公乘夏昌年□十七刑兩足 五四四一
子女紫年六歲 五四四二
凡 口 三 人 訾 五 十 五四四三
常遷里户人公乘何嶲年七十五盲右目 五四四四
凡 口 四 人 訾 五 十 五四四五
涑女弟走年三歲 五四四六
常遷里户人公乘王（？）□年五十一苦腹心病 五四四七
凡 口 七 人 訾 五 十 五四四八
妻大女姑年卌筭一 五四四九
其一户縣卒 五四五〇
其四户郡縣吏 五四五一
定領見人四百八人 其二百六十二人男 一百卅六人女 五四五二
其十四人前後被病物故 五四五三
集凡常遷里魁黄春領吏民五十户口食四百廿一人 五四五四
墨子男□年七歲 …… 五四五五
□小妻稚年卌六筭一 五四五六
□妻汝年五十筭一 五四五七

平子男爵年四歲　五四五八
子男□年五歲　五四五九
右逢家口食八人　筭四　訾　五　十　五四六〇
□男弟黑年廿六筭一　五四六一
□男弟伍年十七筭一聾病　五四六二
□妻大女□年十九筭一　五四六三
常遷里户人公乘魯平年六十七刑右手　五四六四
右□家口食□人　筭二　訾　五　十　五四六五
□妻大女連年卅五筭一　五四六六
牙女弟絅年五歲　五四六七
張子女牙年十二　五四六八
保子女護年五歲　五四六九
户下奴黄德年九十二龍耳　五四七〇
右得家口食九人　筭四　訾　五　十　五四七一
高遷里户人公乘何曠年卅一筭一　五四七二
□妻紫年六十五　五四七三
□妻大女取年六十　正月一日被病物故　五四七四
曼妻□年六十九　腹心病　五四七五
【注】「妻」下□左半殘缺，右半爲「甬」。
凡　口　六　人　訾　五　十　五四七六
其二户私學帥客　五四七七
子男典年卅九腹心病　五四七八
富貴里户人公乘劉伻年六十六風病　五四七九
右奴家口食四人　筭二　訾　五　十　五四八〇
【注】「右」上原有墨筆點記。
常遷里户人公乘誠（?）三乇廿六聾兩耳　五匹八一
菊（?）女弟□年二歲　五四八二
雪男弟樂年七歲　五四八三
伻妻樂（?）年六十三　五四八四
右丞家口食十一人　筭二　訾　五　十　五四八五
爵女弟兒年三歲　五四八六
子男客年七歲　五四八七
富貴里户人公乘蔡寧年九十七刑右手　五四八八
□女姪燕年九歲　五四八九
【注】「女姪」上□右半殘缺，左半從「月」。
絢男弟濕年一歲　以十二月七日被病勿故　五四九〇
其五户貧羸老頓不任役　五四九一
其一户劉口驛兵　五四九二
高遷里户人公乘陳盡年……　五四九三
子男益（?）年四歲　五四九四
爵（?）女弟燕年三歲　五四九五
□□□年卅一……　五四九六
子男諆（?）年八歲　五四九七
解男弟度（?）年四歲　五四九八
妻黨年廿六筭一　五四九九
變中里户人公乘潘文年五十筭一　五五〇〇
淺（?）女弟思年四歲　五五〇一
樂男弟玉年六歲　五五〇二
□子男成年一歲　五五〇三
□妻大女思年十六筭一　五五〇四
高遷里户人公乘陳複（?）年八十八　……正月十日被病物故　五五〇五
舊（?）男弟伯（?）年二歲　五五〇六
□女弟婢年十一　五五〇七
□子男魯年三歲　五五〇八
□妻□年卅……　五五〇九

富貴里户人公乘文蔣年卅六筭一　五五一〇
富貴里户人公乘□□年六十六　踵兩足　五五一一
魁　黄　春　主　五五一二
定領事役民卅七户　五五一三
子女變（?）年十歲　五五一四
丹小妻姜（?）年卅二筭一　五五一五
伍（?）男弟聾年四歲　五五一六
元從男姪潭顔年七歲　五五一七
元小妻異年廿六筭一　五五一八
西女弟忌（?）年六歲　五五一九
子男頭（?）年十歲　五五二〇
子男于年四歲　五五二一
凡　口　十　六　人　訾　五　十　五五二二
□男弟主年十一　五五二三
元母寧年六十二　五五二四
忠男弟亝年二歲　五五二五
其十五户窮老不任役　五五二六
亝女弟叱年一歲　五五二七
子男兒年四歲　五五二八
妻惕年卅一筭一　以過年十二月廿日被病物故　五五二九
元妻□年卅九筭一　五五三〇
□妻大女乇（?）年廿一筭一　五五三一
馬小妻汝年六十三　五五三二
□子男生年四歲　五五三三
忠（?）妻思年卅六筭一　五五三四
妻輸年廿四筭一　五五三五
右元家口食十二人　筭二　訾　五　十　五五三六
右丹家口食四人　筭一　訾　五　十　五五三七

丹女姪婢年廿六筭一　五五三八
□男弟□年七歲　五五三九
□女弟□年十三　五五四〇
子女叱年十六踵兩足　五五四一
主母爲年五十一筭一　五五四二
富貴里户人公乘陳主年廿六　踵兩足　喉病　五五四三
右□家口食四人　筭二　訾　五　十　五五四四
□妻思年廿一　踵兩足　五五四五
□從男姪龔客年卅六筭一　五五四六
出妻汝年廿二筭一　五五四七
□男弟龍（?）年廿二　筭一　五五四八
當男姪陳年十二　五五四九
于女弟感（?）年一歲　五五五〇
子男曹年廿二佳（?）佐手　五五五一

【注】「佐」爲「左」之通假。

典妻督年廿二　筭一　五五五二
子女草（?）年十二喉病　五五五三
右□家口食□人　筭□　訾　五　十　五五五四
□女（?）□年廿五筭一　五五五五
定領見人三百五十六人　其一百九十五人男 一百六十一人女　五五五六
子女頭（?）年六歲　五五五七
□男姪儕年三歲　五五五八
主（?）男姪李帛年廿一　腹心病　五五五九
□妻汝年十九筭一　五五六〇
魁　吴　巴　主　五五六一
□男姪見年六歲　五五六二
見女弟步年四歲　五五六三
定領役民卅二人　五五六四

稔（?）妻思年卅筭一　五五六五
興男弟岑五歲　五五六六
【注】「五歲」上脱「年」字。
稔（?）男姪吴杫（?）年六歲　五五六七
琴（?）男弟興年六歲　五五六八
□男弟蔣年五歲　五五六九
【注】「男弟」上□右半殘缺，左半從「木」。
妻農年廿九筭一　五五七〇
富貴里户人公乘彭湛年卌九踵足　五五七一
右佬（?）家口食九人　筭三　訾　五　十　五五七二
吴女弟心年三歲　五五七三
夫秋里户人公乘潘沙年廿二踵足二月死　五五七四
曠妻裳年十六筭一　五五七五
陳男姪□年五歲　五五七六
蔣男姪□年卅　五五七七
子女精年六歲　五五七八
□大妻婢年廿五筭一　五五七九
富貴里户人公乘殷慈年廿六筭一　五五八〇
右湛家口食七（?）人　筭一　訾　五　十　五五八一
□妻汝年廿筭一　五五八二
□男姪龔□年十六筭一　五五八三
厺女弟解年二歲　五五八四
頭男□年三歲　五五八五
袁母玉年七十四　五五八六
富貴里户人公乘陸當（?）年卌　腹心病　五五八七
其一户州吏　五五八八
交妻西年十五筭一　五五八九
子女思年五歲　五五九〇
□男弟交年廿六筭一　五五九一
其三人前後被病物故　五五九二
集凡富貴里魁鄭理領吏民五十户口食二百五十九人　五五九三
【注】「集」上原有墨筆點記。
其六十一人女　五五九四
其八十五人男　五五九五
右稔（?）家口食六人　筭一　□　訾　五　十　五五九六
【注】「右」上原有墨筆點記。
右新占民□廿二户口食一百卌六人　五五九七
得男弟楔年六歲　五五九八
稔（?）男姪塥年八歲　五五九九
楔女弟人年二歲　五六〇〇
子男得年十歲　五六〇一
右敬（?）家口食七人　五六〇二
【注】「右」上原有墨筆點記。
□女弟兒年二歲　五六〇三
沙（?）妻思年廿二筭一　五六〇四
妻禁年廿六筭一　五六〇五
交男弟貿年八歲　五六〇六
□男弟初年二歲　五六〇七
□女（?）弟然年十五筭一　五六〇八
□妻太年卅五筭一　五六〇九
變中里户人公乘石雙年六十一　以過年八月廿六日被病物故　五六一〇
妻□年卅六筭一　五六一一
典妻和年卅八筭一　五六一二
變中里户公乘吴□年五十三筭一　五六一三
右私家口食七人　筭二　訾　五　十　五六一四
私男弟佬（?）年二歲　五六一五

財子女細年七歲 五六一六
私小母財（?）年卌二筭一 五六一七
私女弟資年九歲 五六一八
私妻悉年廿一筭一 五六一九
私母爲年六十一 五六二〇
變中里户人公乘張私年廿四 筭一 五六二一
右里家口食六人 筭二 訾 五 十 五六二二
【注】「右」上原有墨筆點記。
縱女弟烏年五歲 五六二三
□男弟椹年十二歲 五六二四
□□飲（?）年二歲 五六二五
使男弟張年九歲 五六二六
男弟使年十四 五六二七
杯（?）女弟呼（?）年七歲 五六二八
□女弟困年一歲 五六二九
子男稱（?）年卌七刑兩足 五六三〇
男姪北年十六踵右足 北男弟炎年十四 五六三一
室子女思年二歲 男姪相年十五筭一 五六三二
子男晤（?）年五歲 五六三三
妻汝年廿一筭一 五六三四
妻未年卅三筭一 五六三五
典母巡年六十三 五六三六
女弟思年七歲 五六三七
子男𢓁年四歲 五六三八
買（?）母持年六十二 五六三九
變中里户人公乘謝（?）買年卌筭一 五六四〇
買小妻系年廿四 五六四一
𢓁女弟汝年二歲 五六四二
右買（?）家口食六人 筭三 訾 五 十 五六四三
變中里户人公乘逢（?）樂（?）年卅一筭一 五六四四
☑ □男弟□年十歲 五六四五
吴（?）妻媞年卅三筭一 五六四六
呼男弟藥（?）年五歲龍耳 五六四七
小妻徹（?）年卌八筭一 五六四八
山（?）男弟貴年六歲 五六四九
明子男丹年九歲 五六五〇
皮從男姪鄧綾年十八踵左足 五六五一
右文家口食四人 筭二 訾 五 十 五六五二
【注】「右」上原有墨筆點記。
右星家口食九人 訾 五 十 五六五三
□男弟可年五歲 五六五四
□子男斗年八歲聾兩耳 五六五五
右栂（?）家口食四人 筭二 訾 五 十 五六五六
子男山年五十一腹心病 山妻□年卌七筭一 五六五七
妻止年六十三 五六五八
右巩家口食五人筭三 訾 五 十 五六五九
巩縱男姪建年廿筭一 五六六〇
子男樂年六歲 五六六一
樂男弟赤年二歲 五六六二
妻婢年卅四筭一 五六六三
變中里户人公乘張巩年五十二筭一 五六六四
右□家口食三人 筭二 訾 五 十 五六六五
□妻汝年六十二 五六六六
□小妻思（?）年卌筭一 五六六七
變中里户人公乘栂正年卌六筭一 苔病 五六六八
右招家口食七人 筭二 訾 五 十 五六六九

男姪厚年六歲　五六七〇
女姪沐年廿一筭一踵兩足　五六七一
□從男姪唐□年……　五六七二
吉陽里户人公乘李樂年□七筭一　五六七三
右買家口食六人　筭二　訾　五　十　五六七四
【注】「右」上原有墨筆點記。
□妻思年卅一筭一　五六七五
廪從兄王略年卅六筭一　五六七六
□男孫邯年一歲　五六七七
其一户縣吏　五六七八
陸妻妾年廿一筭一　五六七九
□男弟兒年四歲　五六八〇
子男曼年十六筭一　五六八一
妻思年卌三筭一　五六八二
妻□年卌六筭一　五六八三
夫秋里户人公乘鄭□年六十二　五六八四
□男弟□年廿四筭一　五六八五
□子女夷（？）年四歲　五六八六
賓女弟婢年六歲　五六八七
變中里户人公乘黄馬年六十□　五六八八
子男萇年卅六筭一　五六八九
宋男弟藥年三歲　五六九〇
廪從男姪櫻（？）年十歲　五六九一
龍妻涞年十九筭一　五六九二
褭（？）子男董（？）年四歲　五六九三
萇（？）女弟翼（？）年十五　筭一　五六九四
妻汝年卅七筭一　五六九五
妻汝年十七筭一　五六九六

右馬家口食六人　筭三　訾　五　十　五六九七
藥（？）女弟邑年三歲　五六九八
□子女共年一歲　五六九九
右貞家口食七人　筭四　訾　五　十　五七〇〇
藥（？）妻若年廿六筭一　五七〇一
變中里户人公乘軍吏宋春年卅七　五七〇二
府男弟歸年十八給吏　五七〇三
□妻筭年十六筭一　五七〇四
子女□年……　五七〇五
妻大女汝年卅筭一　五七〇六
吉陽里户人公乘□□年卅□刑左手　五七〇七
王父蘇（？）年八十一　五七〇八
夫秋里户人公乘州吏黄星（？）年卅七　五七〇九
右該家口食十人　五七一〇
赤男弟巡年六歲　該子男甲年四歲　五七一一
鹿男弟赤年七歲　五七一二
鹿妻具年十五筭一　五七一三
藥子男鹿年十八　五七一四
藥妻年瀾年卌筭一　五七一五
【注】前「年」應爲衍字。
該兄藥年六十三　五七一六
母妾年九十二　五七一七
該妻襄年卅三　筭一　五七一八
夫秋里户人公乘新吏吴該年卌六盲左目　五七一九
藥男弟止六歲刑左足　五七二〇
【注】「六歲」上脱「年」字。
羊小妻脱年卅七筭一　五七二一
從男弟□年□歲　五七二二

□男姪佳年七歲　五七二三

羊妻女弟栒年十七筭一　五七二四

春從男姪武□年七歲　五七二五

【注】「武」下□右半殘缺，左半從「車」。

羊（？）女桑年十七筭一　五七二六

右喜家口食六人　五七二七

【注】「右」上原有墨筆點記。

喜從男姪□索年五歲　五七二八

【注】「男姪」下□右半殘缺，左半從「言」。

男姪漆年九歲　五七二九

□男弟兒年三歲　五七三〇

喜男姪□□年十歲　五七三一

妻大女婢年廿八筭一　五七三二

夫秋里户人公乘袁元年五十□盲目苦腹心病　五七三三

夫秋里户人公乘黄喜年□五筭一　五七三四

右春家口食三人　五七三五

【注】「右」上原有墨筆點記。

□子女閏年十歲　五七三六

夫秋里户人公乘謝春年六十一……　五七三七

右羊家口食十一人　筭四　訾　五　十　五七三八

漢男弟鶩年五歲　五七三九

典妻□年卅八筭一　五七四〇

吉陽里户人公乘陳迪年卌三盲左目　以十一月卅日叛走　五七四一

右□家口食六人　五七四二

□子男栗年十三　五七四三

子男世年四歲　五七四四

□妻上年廿五　五七四五

子女陵年二歲　五七四六

僮從男姪黒年十歲　五七四七

妻巡年卅一　五七四八

夫秋里户人公乘彭縱年卌　盲目　五七四九

右沙家口食八人　五七五〇

沙從弟亭年九歲　五七五一

杲母妾年卌二　踵兩足　五七五二

沙從姪男弟杲年七歲　五七五三

愢母汝年卅八　踵兩足　五七五四

貴母媵年九十　五七五五

凡　口　九　人　筭二　訾　五　十　五七五六

怒男弟小年二歲　五七五七

□男弟怒年三歲　五七五八

右思家口食四人　筭一　訾　五　十　五七五九

從姪潘毛年十三　五七六〇

【注】「姪」上脱「男」或「女」字。

夫秋里户人公乘張成年卅六筭一　五七六一

右□家口食十一人　五七六二

□男弟萮年五歲　五七六三

丹從男姪石（？）持（？）年十九筭一　五七六四

□妻非年卅六筭一　五七六五

□男弟甫年三歲　五七六六

成男姪厚年三歲　五七六七

宜陽里户人公乘絢貴年卌二苦傴病　五七六八

……弟□年四歲　五七六九

□□姪蔡絞年十四　五七七〇

買男力年四歲　五七七一

【注】「男」上下有脱字。

□妻巡年卅三筭一　五七七二

□母脩年五十二筭一　五七七三
條妻瀫年十七筭一　五七七四
□姪□春年卅二筭一　五七七五
男弟條年十三　五七七六
妻婢年卅三筭一　五七七七
宜陽里户人公乘謝□年□□筭一　五七七八
□小妻觀年卅四筭一　五七七九
奞（？）妻正年十六筭一　五七八〇
牙妻姑年卅八筭一　以過年十一月卅日被病物故　五七八一
□子男丹年五十一筭一　五七八二
盛（？）妻思年六十八　五七八三
牙男弟奞（？）年廿二筭一風病　五七八四
吉陽里户人公乘吴盛（？）年六十九　以過年十一月廿日病物故　五七八五
【注】按吴簡户籍格式，「病」上應脱「被」字。
右□家口食十一人　筭三　訾　五　十　五七八六
【注】「家」上□左半殘缺，右半爲「克」。
樂（？）女弟推年三歲　五七八七
精男弟碭年三歲　五七八八
買（？）妻辜年廿六筭一　五七八九
凡　口　六　人　筭二　訾　五　十　五七九〇
樂（？）男弟蜀年三歲　五七九一
肖母妾年六十五　五七九二
宜陽里户人公乘州吏陳胃（？）年卌三　五七九三
□從姪勛年十三　五七九四
【注】「姪」上脱「男」或「女」字。
□子女西年十歲　五七九五
右□家口食□人　筭□　訾　五　十　五七九六
麦男弟丁年廿三筭一……　五七九七
黨男弟守年九歲　五七九八
□從□客年七十二　五七九九
木女弟取年十二　五八〇〇
凡　口　五　人　筭一　訾　五　十　五八〇一
俗女弟鼠年四歲　五八〇二
牙（？）男姪黨年十二苦腹心病　五八〇三
滕（？）男孫藥年六歲　五八〇四
右菀家口食六人　五八〇五
□男弟小年一歲　五八〇六
兒女弟利年三歲　五八〇七
子男兒年五歲　五八〇八
妻勉年廿八筭一　五八〇九
吉陽里户人公乘費府年卅四盲目刑手　五八一〇
右幡家口食五人　筭二　訾　五　十　五八一一
男姪兒年十三腹心病　五八一二
誰男弟栂年六歲　五八一三
子男誰年十歲刑左足　五八一四
幡妻思年卅一筭一　五八一五
吉陽里户人公乘區幡年五十三刑左手　五八一六
右樂家口食四人　筭二　訾　五　十　五八一七
【注】「右」上原有墨筆點記。
□女弟烝年五歲　五八一八
吉陽里户人公乘□□年六十六　五八一九
進渚里户人公乘烝忠年六十三刑右足　五八二〇
右富家口食五人　筭二　訾　五　十　五八二一
男姪唐年七歲　五八二二
謝妻取年廿四筭一　五八二三

5824 子男謝年廿八筭一
5825 妻妾年六十六
5826 從男弟杲年十二疾病
5827 子女國年三歲
5828 鐵妻膀年卅一筭一
5829 吉陽里户人公乘婁鐵年卅三筭一苦□□
5830 右民家口食十一人　筭三　訾　五　十
5831 元男弟錢年五歲
5832 客子女元年八歲
5833 民妻女年卅五筭一
5834 □兄客年卌五踤（？）兩足
5835 □妻姑年十八筭一
5836 男姪石年廿八筭一　以五月十八日被病物故
5837 □女得年三歲
5838 子男生年十四
5839 連兄胡年十五　筭一
5840 右蘗家口食□人　筭三　訾　五　十
5841 厄女弟晃（？）年八歲
5842 □男弟厄年九歲
5843 晃男弟縹年二歲
5844 吉陽里户人公乘陳麦年卅筭一
5845 妻初年卅七筭一
5846 吉陽里户人公乘李民年六十八
5847 □妻汝年卅三筭一
5848 右怚家口食九人　筭四　訾　五　十
5849 鐵男弟禿年廿五踵兩足
5850 子男音年八歲
5851 進渚里户人公乘劉然年卅一筭一
5852 妻思年六十二
5853 怚男姪頡年三歲
5854 子女　年三歲
5855 男姪杭年十三
5856 □男姪□年廿二　筭一
5857 □從姑妾年五十　筭一
5858 秸男弟廷年四歲
5859 子女秸年七歲
5860 妻姑年卅一筭一
5861 吉陽里户人公乘李蘗年卅七筭一
5862 右牛家口食三人　筭二　訾　五　十
5863 小母追年五十筭一
5864 牛妻忏（？）年卅二　筭一
5865 右吉陽里魁番羊領吏民五十户口食三百八十四人
5866 □男弟罡（？）年十八筭一
5867 妻汝年卅一筭一
5868 進渚里户人公乘劉达年卌八筭一
5869 右興家口食五人　筭二　訾　五　十
5870 勉男孫材年□歲
5871 勉子女婢年十五筭一
5872 緒妻思年卅一筭一　緒子女幼年五歲
5873 典子女連年五歲
5874 右鐵家口食五人　筭一　訾　五　十
5875 □男姪絇年八歲
5876 子男倉年九歲
5877 子男夏年六歲
5878 妻象年卅一筭一
5879 □母妾（？）年八十一

宜陽里户人公乘黄思年卌一苦腹心病　五八八〇

田……　五八八一

魁　潘　羊　主　五八八二

定領事役民卅二人　五八八三

其十二户尫羸窮老不任役　五八八四

其二户郡吏　五八八五

其一户新吏　五八八六

其一户四六佃吏　五八八七

其二户私學　五八八八

定領見人三百七十六人　其一百九十六人男 一百八十人女　五八八九

凡　口　五　人　筭三　訾　五　十　五八九〇

妻汝年卅九　五八九一

子男柱年廿七筭一　五八九二

□姊大女奏年十五腫足　五八九三

……大女□年……　户下奴福得年卌一　五八九四

陽貴里户人公乘□□年……腫足　□妻疎年卅五腫兩足　五八九五

幼男弟隻年四歲　□考父金年五十筭一　五八九六

□女弟文年十五筭一　文女弟隻年十三　五八九七

妻□年卌二筭一　□從男姪秃年十八腫兩足　五八九八

右路家口食□人　筭四　訾　五　十　五八九九

子女秋（?）年四歲　五九〇〇

□男弟相年二歲　五九〇一

志女姪思年八歲　五九〇二

柱妻石年十七筭一　五九〇三

其六人前後被病物故　五九〇四

宜陽里户人公乘趙誰年六十　五九〇五

鍾妻鴙年卅二筭一　鍾男姪□年□歲盲左目　五九〇六

凡　口　五　人　筭三　訾　五　十　五九〇七

□妻□年十六筭一　五九〇八

盧女聟常盛年廿六苦踵病　五九〇九

□子男表年五歲　五九一〇

□妻思年卌九筭一　五九一一

宜陽里户人公乘唐盧（?）年六十　踵兩足　五九一二

凡　口　七　人　筭一　訾　五　十　五九一三

□男弟柯年八歲　彊（?）病　五九一四

枎（?）妻和（?）年十五　五九一五

貴男弟枎（?）年十五踵足　五九一六

宜陽里户人公乘蔡布年八十一　五九一七

□男弟蔯年十一　蔯男弟真年六歲　五九一八

子男金年六歲　姪子頭年八歲　五九一九

【注】「姪子」下脱「男」或「女」字。

□□珠年七十踵兩足　子女銀年十三　五九二〇

陽貴里户人公乘潘北年□十二　北小妻容年卅六筭一　五九二一

右□家口食十八人　筭四　訾　五　十　五九二二

想男弟突年四歲　突男弟旱年一歲　五九二三

常遷里户人公乘李系（?）年卅三筭一　五九二四

曹妻大女汝年十九盲佐目　五九二五

【注】「佐」爲「左」之通假。

凡　口　四　人　筭二　訾　五　十　五九二六

柱男弟橋年十二　五九二七

子男殷（?）年五歲　五九二八

凡　口　八　人　筭二　訾　五　十　五九二九

妻婢年卅筭一　五九三〇

宜陽里户人公乘謝遠年卅二筭一　五九三一

系母勉年七十一　五九三二

阻妻汝年十五筭一　五九三三
從男姪谷楮年卅八筭一　五九三四
□從男姪槾益（?）年廿一筭一　五九三五
□女弟鼠年二歲　五九三六
□男弟建（?）年三歲　五九三七
子男將年五歲　五九三八
妻咎年廿九筭一　五九三九
宜陽里户人公乘唐大年卌聾病　五九四〇
凡口　五二　人　訾　五　十　五九四一
男姪李春年十九盲（?）病　五九四二
子男蒲年十□　五九四三
妻客年五十刑右足　五九四四
春平里户人公乘張阻年……　五九四五
□母武年九十九　妻□年五十二筭一　五九四六
春平里户人公乘□豪年六十二　五九四七
右淳家口食六人　訾　五　十　五九四八

【注】「右」上原有墨筆點記。

□□□年八歲　五九四九
妻（?）大女姿（?）年卌九筭一　妾□年卌一筭一　五九五〇
凡　口　六　人　訾　五　十　五九五一
常遷里户人公乘張樂年廿五給縣吏　五九五二
□妻元年卅三　五九五三
泉母佳年六十二　五九五四
從男弟黄泉年卅筭一　五九五五
妻大女□年卌筭一　五九五六
宜陽里户人公乘李南年卌死（?）　五九五七
凡　口　四　人　訾　五　十　五九五八
妻勉年五十四　踵兩足　五九五九

宜陽里户人公乘黄敷年七十一　五九六〇
凡　口　九　人　筭一　訾　五　十　五九六一
外女孫阿年八歲　五九六二
取男弟羊年一歲　五九六三
妾女弟取年二歲　五九六四
胄子女妾年三歲　五九六五
胄（?）男弟主年十三　五九六六
小妻汝年卅筭一　五九六七
妻現（?）年廿三筭一　五九六八
右詣（?）家口食四人　訾　五　十　五九六九
□女弟林（?）年七歲　五八七〇
妾（?）□年卌筭一　□男弟山年八歲　五九七一
春平里户人公乘□路年廿六筭一　五九七二
妻汝年七十七　五九七三
常遷里户人公乘烝元年五十苦腹心病　五九七四
凡　口　五　人　筭三　訾　五　十　五九七五
伏男弟松年八歲　五九七六
適女弟伏年十歲　五九七七
適妻汝年十六筭一　五九七八
從男弟適年十五筭一　五九七九
弼妻思年十七筭一　五九八〇
顡男弟弼年廿一筭一　五九八一
妻婢年廿三筭一　五九八二
進渚里户人公乘胡顡年卅三　筭一　五九八三
右忠家口食七人筭四　五九八四
文男弟湘年廿筭一苦腹心病　五九八五
□女弟昭（?）年九歲　五九八六
文（?）子男兒年三歲　五九八七

文妻所（?）年廿筭一 五九八八

子男文年卅一筭一 五九八九

□弟□年八歲 五九九〇

右文家口食□人 訾 五 十 五九九一

……男弟□年十二 户下婢楨年六歲 五九九二

……小妻婢年卌□ 碩（?）妻姑年卅二 五九九三

藥男弟碩（?）年□五 碩（?）妻思年□□ 五九九四

高遷里户人公乘毛宜年□□ 筭一 五九九五

右健家口食五人 筭一 訾 五 十 五九九六

□妻婢年十六筭一 五九九七

顡（?）子男委年五歲 五九九八

右大家口食五人 訾 五 十 五九九九

從男姪苾年九歲 六〇〇〇

怒男弟生年八歲聾右耳 六〇〇一

子女怒年十三 六〇〇二

妻思年六十五 六〇〇三

進渚里户人公乘王大年八十 六〇〇四

右顏家口食六人 筭二 訾 五 十 六〇〇五

【注】「右」上原有墨筆點記。

堅女弟免年五歲 六〇〇六

姑男弟堅年十二 六〇〇七

春女弟姑年十三 六〇〇八

子男春年十六筭一 六〇〇九

妻當年卌四筭一 六〇一〇

進渚里户人公乘張顏年六十一 六〇一一

右烝家口食五人 筭二 訾 五 十 六〇一二

【注】「右」上原有墨筆點記。

右生家口食三人 筭三 訾 五 十 六〇一三

……年四歲苦□□ 六〇一四

□子男兩年……腫足苦聋耳 □男姪初年□□□ 六〇一五

□子男□年六歲 □男弟□年四歲 六〇一六

□妻□年□□筭一…… 六〇一七

□男弟頭年…… 六〇一八

大男陳愓年五十四喉病 六〇一九

☑□妻□年…… □從兄藥年卅五筭一☑ 六〇二〇

大男…… 六〇二一

大男…… 六〇二二

生母䍃年八十二 六〇二三

宜陽里户人公乘彭沛年□四盲右目 六〇二四

進渚里户人公乘陳直年五十二筭一聾兩耳 六〇二五

妻屯年六十五 六〇二六

右南家口食五人 訾 五 十 六〇二七

【注】「右」上原有墨筆點記。

妻汝年卅六 筭一 六〇二八

右故家口食六人 筭一 訾 五 十 六〇二九

進渚里户人公乘劉閔（?）年五十一筭一 六〇三〇

子男思十二腹心病 六〇三一

【注】「十二」上脱「年」字。

子男敬年十三 六〇三二

□□母汝年五十八 □妻□年廿三筭一 六〇三三

進渚里户人公乘陳免年五十六 踵兩足 六〇三四

免男弟楨年三歲 六〇三五

敬男弟免年六歲 六〇三六

妻思年卌八筭一 六〇三七

妻姑年卅一筭一 六〇三八

母思年八十一 六〇三九

子男便年五歲　六〇四〇
右免家口食三人　筭一　訾　五　十　六〇四一
進渚里户人公乘潭故年卌七筭一　六〇四二
其七斛五斗黄武七年麦種准米　六〇四三
其八十一斛州吏張晶備黄武六年適（？）客限米　六〇四四
妻桐年六十二　六〇四五
安女弟回年三歲　六〇四六
慈男弟兒年六歲　六〇四七
□子（？）男（？）□年卌四筭一　□□□思年廿（？）四筭
一　▱　六〇四八
富貴里户人公乘□孝年八十三踵兩足　妻姑年六十一　六〇四九
右縣（？）家口食五人　筭三　訾　五　十　六〇五〇
縣姉大女姑年廿二筭一　六〇五一
思母市年六十八　思男弟急年六歲　六〇五二
陽貴里户人公乘□□年卅五筭一　□妻□年十九筭一　六〇五三
右決家口食十人　筭六　訾　五　十　六〇五四
縣男姪業年卅五筭一　業妻婢年廿六筭一　六〇五五
董子女樵年十六筭一盲左目　六〇五六
𡝗女弟萬年八歲　小妻子女兒年一歲　六〇五七
俔妻思年十八筭一　俔子男仲年十六筭一　六〇五八
陽貴里户人公乘大女鄧汝年八十九　買妻珠年卅四筭一　六〇五九
右桑家口食七人　筭四　訾　五　十　六〇六〇
□子女□年十五筭一　□男弟□年七歲　六〇六一
□妻弟徐儀十四　六〇六二

【注】「十四」上脱「年」字。

□子男□年廿二筭一　□妻汝年十九筭一　六〇六三
其五斛司馬黄升黄龍二年限米　六〇六四
酒里户人公乘胡根年五十四　六〇六五
系男弟宗年三歲　六〇六六
陽貴里户人公乘□桑年……　踵兩足　桑妻卒年五十筭一　六〇六七
□□□年□歲　六〇六八
妻淇年五十□　六〇六九
右俔家口食四人　筭二　訾　五　十　六〇七〇
入新（？）還民嘉禾元年限米二斛　六〇七一
進渚里户人公乘陳富年六十八踵兩足　六〇七二
□□姉□年卅筭一　□女弟□年……　六〇七三
右□家口食□人　筭一　訾　五　十　六〇七四
妻合年七十三　惕男姪客年八歲　六〇七五
右舍家口食四人　筭二　訾　五　十　六〇七六
陽貴里户人公乘文舍年……　舍妻□年卅二筭一　六〇七七
右故家口食五人　筭二　訾　五　十　六〇七八
□妻男弟張（？）年七歲　六〇七九
□母東年七十三　□女弟婢年□　六〇八〇
陽貴里户人公乘謝淺年廿六筭一　淺妻汝年十六筭一　六〇八一
右郡（？）家口食五人　筭二　訾　五　十　六〇八二
□男弟走年五歲　六〇八三
□□□年卅踵兩足　□女弟□年……　六〇八四
陽貴里户人公乘蔡□年廿二筭一　□妻□年廿筭一　六〇八五
春平里户人公乘五蔡年五十三筭一　六〇八六
大男謝五年六十七　六〇八七
□男姪□年一歲　六〇八八
雖男弟赤年二歲　六〇八九
春平里户人公乘□□年……　……　六〇九〇
□妻□年……　□女弟□年……　六〇九一
□妻□年□□筭一……　六〇九二
□男姪□年十八筭一　……年九歲　六〇九三

春平里户人公乘五敢年五十一筭一　六〇九四
右者家口食三人　訾　五　十　六〇九五
者男弟息年十三　息女弟夕（？）年八歲　六〇九六
春平里户人公乘周□年……筭一　……　六〇九七
右之家口食四人　訾　五　十　六〇九八
□女弟思年八歲　思男弟清年六歲　六〇九九
妻姑年五十一筭一　子男客年十六筭一　六一〇〇
春平里户人公乘陳之年六十四　六一〇一
右兒（？）家口食四人　訾　五　十　六一〇二
□男姪了年九歲　六一〇三
□妻（？）□年卌六筭一　子男客年七歲　六一〇四
□男弟鼠年六歲聾耳　六一〇五
主妻婢年卌二　主子男□年五歲　六一〇六
右惕家口食六人　筭□　訾　五　十　六一〇七
【注】「右」上原有墨筆點記。
惕子男□年卌筭一　□姪□□年卅刑足　六一〇八
☑　□□□年廿二……　六一〇九
□子女□年二歲　□女弟□年一歲　六一一〇
□女弟高年十歲　高男弟□年八歲　六一一一
右□家口食二人　訾　五　十　六一一二
【注】「右」上原有墨筆點記。
縣吏李珠年廿三　六一一三
右唐家口食□人　訾　五　十　六一一四
【注】「右」上原有墨筆點記。
妻禺年廿九筭一　六一一五
春平里户人公乘陳□年□十筭一　六一一六
右惕家口食四人　訾　五　十　六一一七
【注】「右」上原有墨筆點記。

右敢家口食四人　訾　五　十　六一一八
【注】「右」上原有墨筆點記。
春平里户人公乘五兵年五十二　□病　六一一九
□妻拜年卌五　筭一　□子女僉年九歲　六一二〇
妻妾年卌九筭一　□子女□年十三　六一二一
右左家口食四人　訾　五　十　六一二二
【注】「右」上原有墨筆點記。
春平里户人公乘郡吏況留年廿六　六一二三
右兵家口食五人　訾　五　十　六一二四
【注】「右」上原有墨筆點記。
春平里户人公乘彭唐年卌六筭一　六一二五
大男鄧巴年廿隹足　六一二六
獻母汝年六十　獻妻思年……　六一二七
……年七歲　……　六一二八
志子男列年十歲　……年五歲　六一二九
仙外孫周□年廿一　□妻□年廿　六一三〇
□□□□年三歲　……　六一三一
□姉聟□□年五十踵右足　□妻□年卅　六一三二
仙妻同年……　□子男□年……　六一三三
□吏□□年□九……　六一三四
右主家口食□人　訾　五　十　六一三五
【注】「右」上原有墨筆點記。
□户下婢富年十二　六一三六
☑　……年四歲　……男……　六一三七
大男□□年六十苦□病　六一三八
大男……　六一三九
□女弟曾年七歲　……赤年□歲　六一四〇
右□家口食□人　訾　五　十　六一四一
【注】「右」上原有墨筆點記。

巡母□年六十一　巡妻□年十七　六一四二

大男□□年卅……　六一四三

……年……　六一四四

……年□歲　……年十歲　六一四五

大男李金年卅八……　六一四六

……年廿六　子男□年十歲……　六一四七

右□家口食七人　訾　五　十　六一四八

【注】「右」上原有墨筆點記。

……歲……　六一四九

子男□主年四歲　主男弟□年一歲　六一五〇

……年十四筭一　□子女□年……　六一五一

□妻□年卅筭一　□□□年□歲腹心病　六一五二

典女弟郭勉年十三踵兩足　六一五三

附録一

簡牘總平面分佈圖
簡牘總立面示意圖
簡牘揭剥位置示意圖

説　明

一、本卷發表的簡牘爲考古發掘清理所獲。前已出版的竹簡（壹）、竹簡（貳）、竹簡（叁），皆屬因施工擾亂，追蹤至異地搶救性清理所得。自《竹簡·肆》始以下各卷皆進入考古發掘清理的序列。本卷簡牘整理編號接續《竹簡·陸》之最末號，自四九一九九起，止於五五三五一。本卷編號自一始，止於六一五三。

二、本卷公佈J22簡牘總平面分佈圖、總立面示意圖各一幅。兩圖均標識本卷簡牘在平、立面上大體的位置，可互爲參看，供讀者在研究中參考。

三、由於經考古發掘的簡牘一般保存較爲完整，故在清理中簡牘揭剥圖的數量大爲增加。爲使讀者對簡牘揭剥圖有一個總體的了解，以便於核對、檢查與比較，我們在《竹簡·肆》附録一的總説明中，對J22堆積層位，簡牘分區發掘的情况做了必要的介紹，兹不再贅述。請讀者分别參看《長沙三國吴簡·嘉禾吏民田家莂·長沙走馬樓二十二號井發掘報告》和《長沙走馬樓三國吴簡·竹簡〔肆〕》附録一總説明。

四、簡牘册書編聯的微觀狀况是通過具體的揭剥示意圖表現出來。在簡牘清理揭剥的過程中，我們是本着科學、嚴肅、謹慎、認真的態度進行操作的。爲了彌補發掘現場揭取時可能存在的不足，在簡牘的室内揭剥操作與記録層面上，我們又做了更爲細緻的編排，特别是針對繪製的簡牘揭剥圖、表。將揭剥程序與簡牘編號劃分爲五個層級，這是在田野考古清理記録的基礎上進一步地細化。一級編號用羅馬數字表示，代表的是分區；二級編號用英文小寫表示，代表的是區内各段簡牘；三級編號用阿拉伯數字表示，代表的是某段中的某一小段；四級編號用帶圈的阿拉伯數字表示，代表的是某段或某小段中的某小坨，每坨的數量不等，少則十餘枚，多則數百枚，上千枚；五級編號則爲每枚簡自身編號，亦用阿拉伯數字表示。這樣做的目的，既是整理的要求，也是試圖爲册書的完整復原，提供有參考價值的依據，但上述操作方法與觀察記録，除去客觀因素的影響外，仍不可避免地存在着人爲的失誤。關於這一點，我們在《長沙三國吴簡的現場揭取與室内揭剥——兼談吴簡的盆號與揭剥圖》（《吴簡研究》第三輯，長沙簡牘博物館、北京大學、中國古代史研究中心、吳簡研討班編著，中華書局，二〇一一年）一文中做了較爲詳細的說明，敬請讀者參看。至於簡牘揭剥圖表的作用，我們在已發表的各卷附録一的說明中均做了相同意義的表述，相信會引起讀者對它持續不斷地關注。

五、本卷發表的簡牘是發掘清理Ⅱ區b坨（段）的一小部分與c坨（段）的一部分。

六、本卷發表簡牘共計六一六四枚，其中竹簡六一五六枚，木牘五枚，楬牌三枚。涉及揭剥圖的竹簡五二〇五枚，木牘五枚，楬牌三枚，其余九五一枚竹簡因散亂雜錯，仍按所在的區位歸併整理。在揭剥過程中，如發現某坨竹簡中裹夾木牘、楬牌等物時，盡管當時無法清楚了解兩者之間的聯係，其採用的處理方式則是選擇在最貼近木牘或楬牌的竹簡的編號中綴加分號，借以表明它們原來的關聯。例如本卷揭剥圖十五、二一二四（一）；揭剥圖三十五、四二三七（一）；揭剥圖四十一、四七〇七（一）、四八二〇（一）所見即是。

七、本卷公佈簡牘揭剥圖四十二幅，其中有十四幅嘗試着採用平剖面相結合的方式，這種樣式在以往已發表各卷的揭剥圖中所未見。我們選用這樣的方式是想盡可能比較全面地報告揭剥整理的結果，體現揭剥工作的水準與要求。雖然平面在體現每坨簡牘整體數量方面仍欠不足，但與剖面結合，確能反映簡牘揭剥時真實狀態，可能爲觀察研究提供一些新的視角，例如木牘、楬牌的原來擺放位置等等。這種嘗試效果如何，仍期待着讀者的評判。我們在以後各卷的整理中依然會視揭剥圖的具體情況，選取重點的坨册予以公佈。

八、個別殘簡因前後兩枚粘結緊實，在揭剥時未能發現；或揭剥時將兩枚殘簡誤以爲是一枚簡。在後期整理中凡見此類情況時，我們採用的處理方式則是在不變動原編號的前提下，於原編號後分別綴加甲、乙，以示區別。本卷處理此類情況共三處，即一二〇九甲、乙（圖九），一二一〇甲、乙（圖九），三二五四甲、乙（圖二十九）。

九、本卷各揭剥示意圖均附有對應表，內容包括簡牘發掘區位號、發掘分坨（段）號及整理號、揭剥示意圖號等。簡牘發掘區位號用羅馬數字表示，發掘分坨（段）號用英文小寫表示，如同一長段中又分若干坨，則用帶圈的阿拉伯數字表示。例如本卷圖八、Ⅱb㊿，即爲吳簡發掘Ⅱ區b坨（段）中的第50坨。本卷圖四十二、Ⅱc㉕，即爲吳簡發掘Ⅱ區c坨（段）中的第25坨，凡對應表中標題縮寫均依次類推。表欄中的揭剥示意圖號爲本坨揭剥圖的流水號，整理號爲本卷簡牘總流水號。與釋文號、圖版號可互相對應，便於研究時檢核。

十、本卷簡牘總平面分佈圖、總立面示意圖由宋少華繪製。總説明由宋少華撰寫。竹簡揭剥圖的草圖由蕭静華繪製，簡牘揭剥合成電腦圖由劉佩潔等繪製，揭剥圖對應表由宋少華、雷長巍、胡冬成等校對編製，揭剥圖簡牘的編號、尺寸由蔣維、金平、汪力工、畢燦、劉慶等核校。本附録一全部圖、表均由宋少華最終核定。

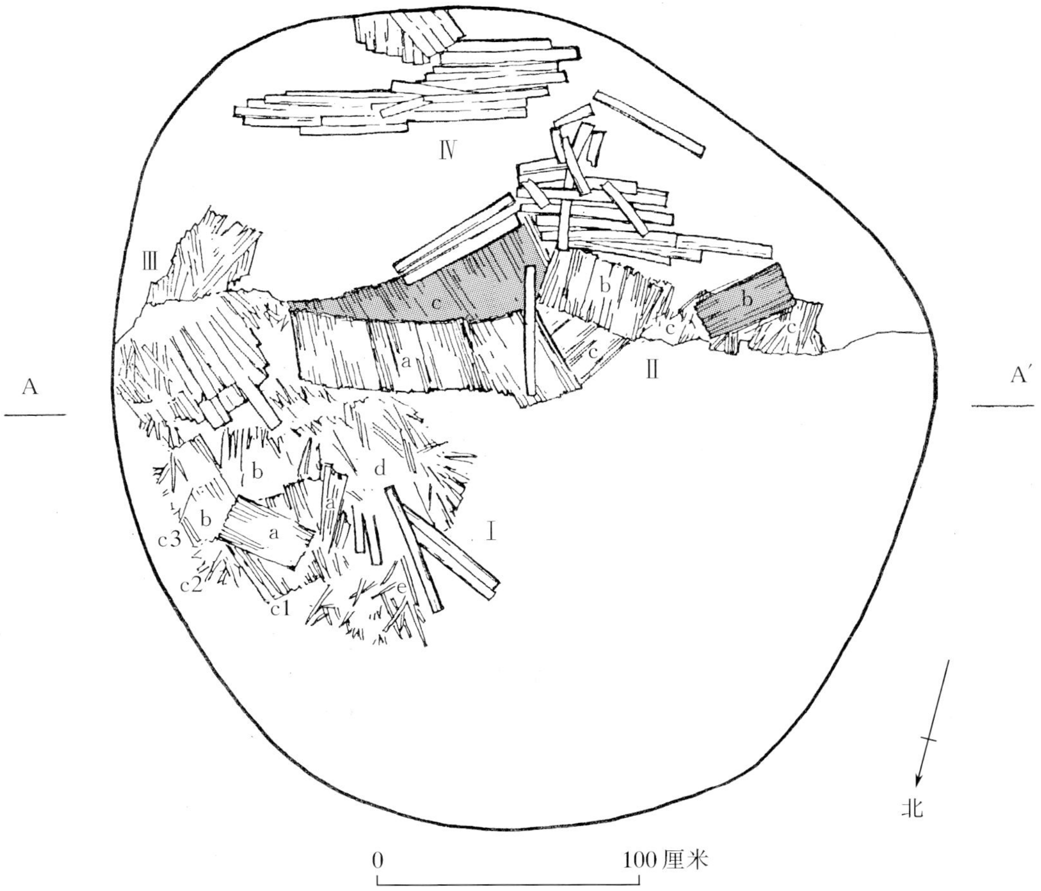

簡牘總平面分佈圖

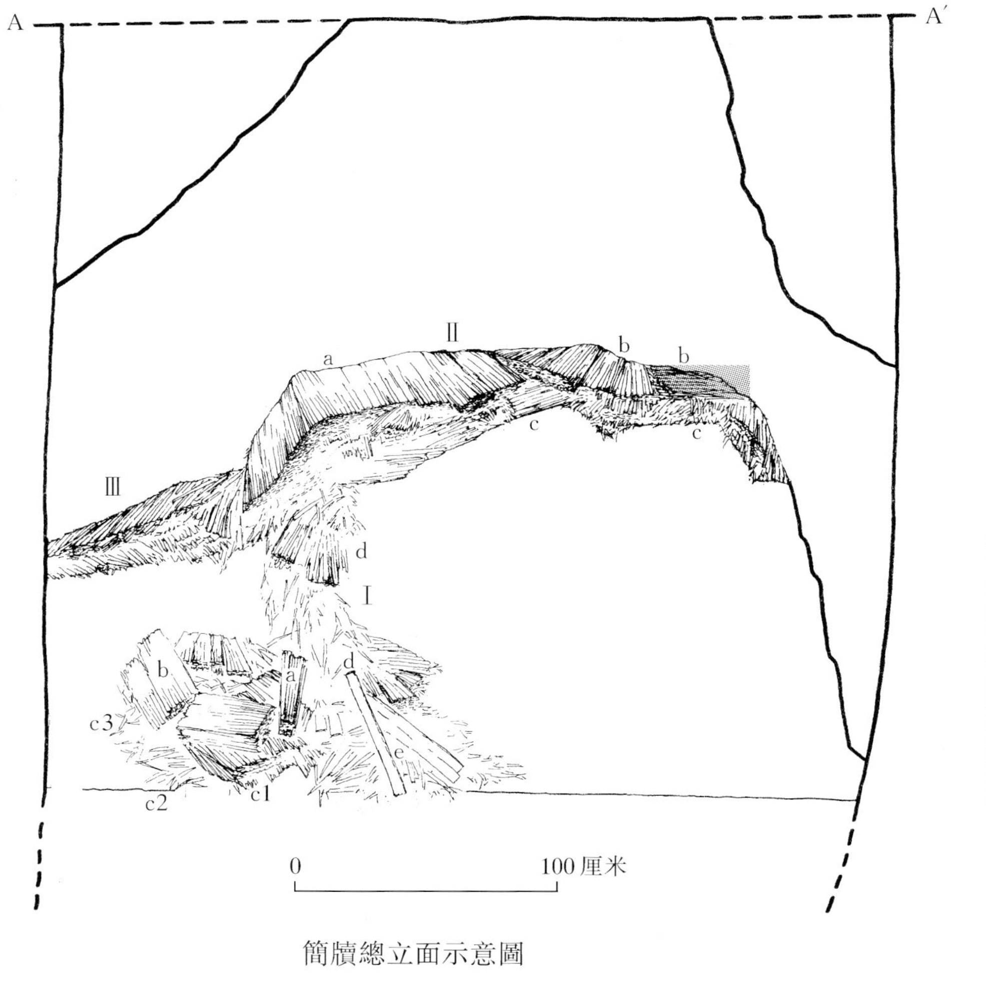

簡牘總立面示意圖

本卷簡牘揭剥整理區位

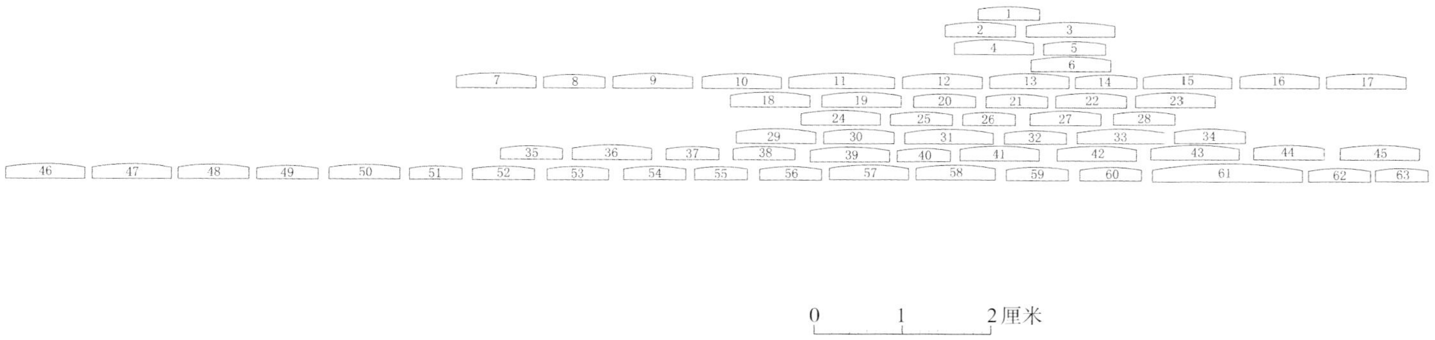

圖一　Ⅱb㊸簡牘揭剥位置示意圖

圖一竹簡整理編號與示意圖號對應表

整理號	示意圖號	整理號	示意圖號	整理號	示意圖號
一	1	二五	25	四九	49
二	2	二六	26	五〇	50
三	3	二七	27	五一	51
四	4	二八	28	五二	52
五	5	二九	29	五三	53
六	6	三〇	30	五四	54
七	7	三一	31	五五	55
八	8	三二	32	五六	56
九	9	三三	33	五七	57
一〇	10	三四	34	五八	58
一一	11	三五	35	五九	59
一二	12	三六	36	六〇	60
一三	13	三七	37	六一	61
一四	14	三八	38	六二	62
一五	15	三九	39	六三	63
一六	16	四〇	40		
一七	17	四一	41		
一八	18	四二	42		
一九	19	四三	43		
二〇	20	四四	44		
二一	21	四五	45		
二二	22	四六	46		
二三	23	四七	47		
二四	24	四八	48		

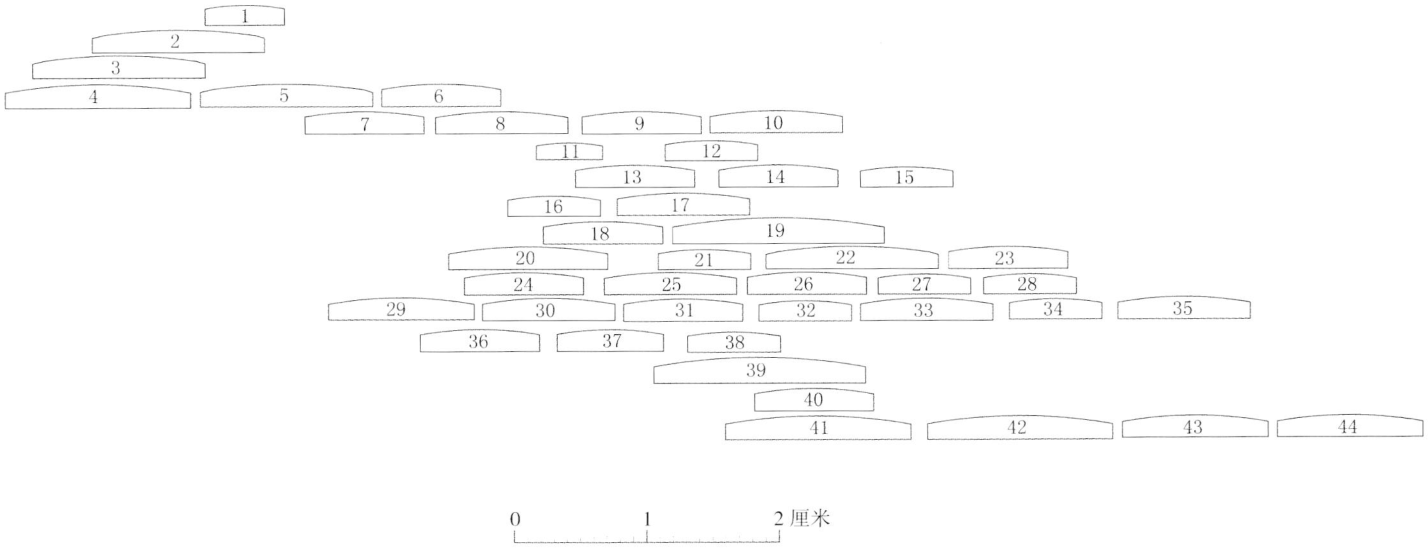

圖二　Ⅱb㊹簡牘揭剥位置示意圖

圖二竹簡整理編號與示意圖號對應表

整理號	示意圖號	整理號	示意圖號
六四	1	八八	25
六五	2	八九	26
六六	3	九〇	27
六七	4	九一	28
六八	5	九二	29
六九	6	九三	30
七〇	7	九四	31
七一	8	九五	32
七二	9	九六	33
七三	10	九七	34
七四	11	九八	35
七五	12	九九	36
七六	13	一〇〇	37
七七	14	一〇一	38
七八	15	一〇二	39
七九	16	一〇三	40
八〇	17	一〇四	41
八一	18	一〇五	42
八二	19	一〇六	43
八三	20	一〇七	44
八四	21		
八五	22		
八六	23		
八七	24		

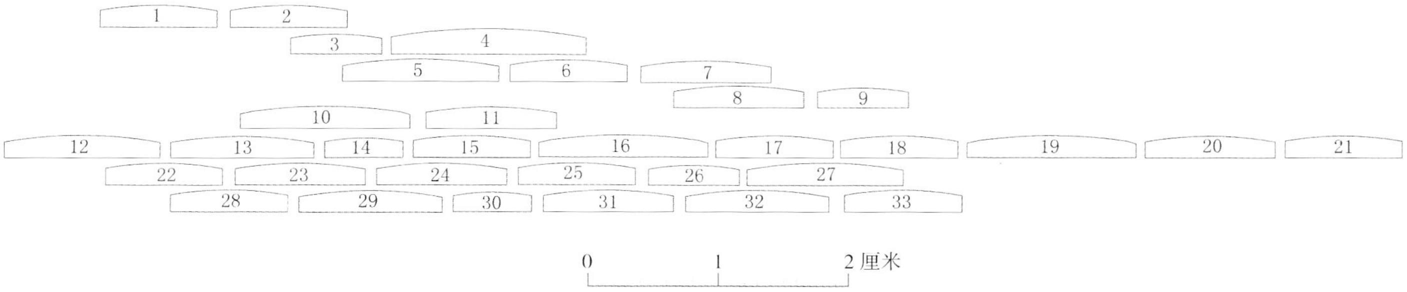

圖三　Ⅱb㊺簡牘揭剥位置示意圖

圖三竹簡整理編號與示意圖號對應表

整理號	示意圖號	整理號	示意圖號
一〇八	1	一三二	25
一〇九	2	一三三	26
一一〇	3	一三四	27
一一一	4	一三五	28
一一二	5	一三六	29
一一三	6	一三七	30
一一四	7	一三八	31
一一五	8	一三九	32
一一六	9	一四〇	33
一一七	10		
一一八	11		
一一九	12		
一二〇	13		
一二一	14		
一二二	15		
一二三	16		
一二四	17		
一二五	18		
一二六	19		
一二七	20		
一二八	21		
一二九	22		
一三〇	23		
一三一	24		

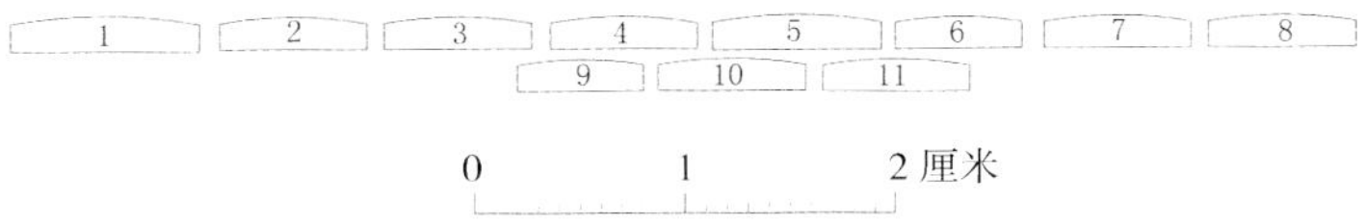

圖四　Ⅱb㊻簡牘揭剥位置示意圖

圖四竹簡整理編號與示意圖號對應表

整理號	示意圖號
一四一	1
一四二	2
一四三	3
一四四	4
一四五	5
一四六	6
一四七	7
一四八	8
一四九	9
一五〇	10
一五一	11

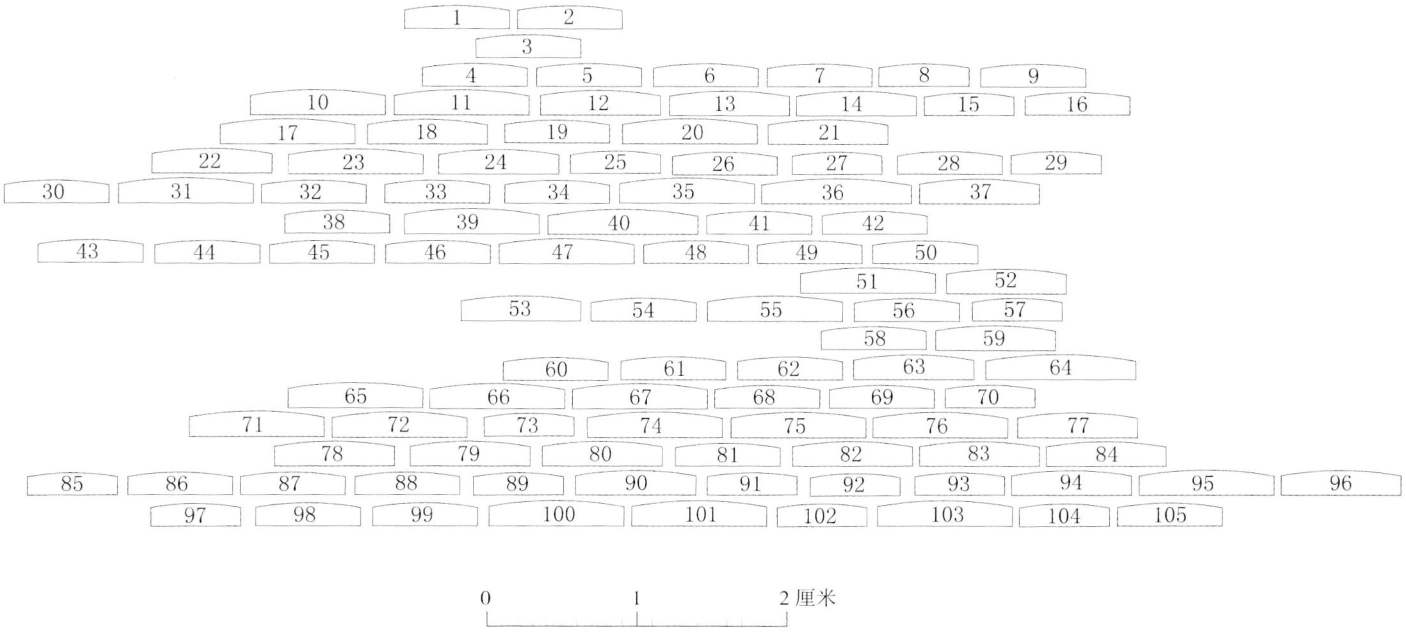

圖五　Ⅱb㊼簡牘揭剥位置示意圖

圖五竹簡整理編號與示意圖號對應表

整理號	示意圖號	整理號	示意圖號	整理號	示意圖號
一五二	1	一七六	25	二〇〇	49
一五三	2	一七七	26	二〇一	50
一五四	3	一七八	27	二〇二	51
一五五	4	一七九	28	二〇三	52
一五六	5	一八〇	29	二〇四	53
一五七	6	一八一	30	二〇五	54
一五八	7	一八二	31	二〇六	55
一五九	8	一八三	32	二〇七	56
一六〇	9	一八四	33	二〇八	57
一六一	10	一八五	34	二〇九	58
一六二	11	一八六	35	二一〇	59
一六三	12	一八七	36	二一一	60
一六四	13	一八八	37	二一二	61
一六五	14	一八九	38	二一三	62
一六六	15	一九〇	39	二一四	63
一六七	16	一九一	40	二一五	64
一六八	17	一九二	41	二一六	65
一六九	18	一九三	42	二一七	66
一七〇	19	一九四	43	二一八	67
一七一	20	一九五	44	二一九	68
一七二	21	一九六	45	二二〇	69
一七三	22	一九七	46	二二一	70
一七四	23	一九八	47	二二二	71
一七五	24	一九九	48	二二三	72

整理號	示意圖號	整理號	示意圖號
二二四	73	二四八	97
二二五	74	二四九	98
二二六	75	二五〇	99
二二七	76	二五一	100
二二八	77	二五二	101
二二九	78	二五三	102
二三〇	79	二五四	103
二三一	80	二五五	104
二三二	81	二五六	105
二三三	82		
二三四	83		
二三五	84		
二三六	85		
二三七	86		
二三八	87		
二三九	88		
二四〇	89		
二四一	90		
二四二	91		
二四三	92		
二四四	93		
二四五	94		
二四六	95		
二四七	96		

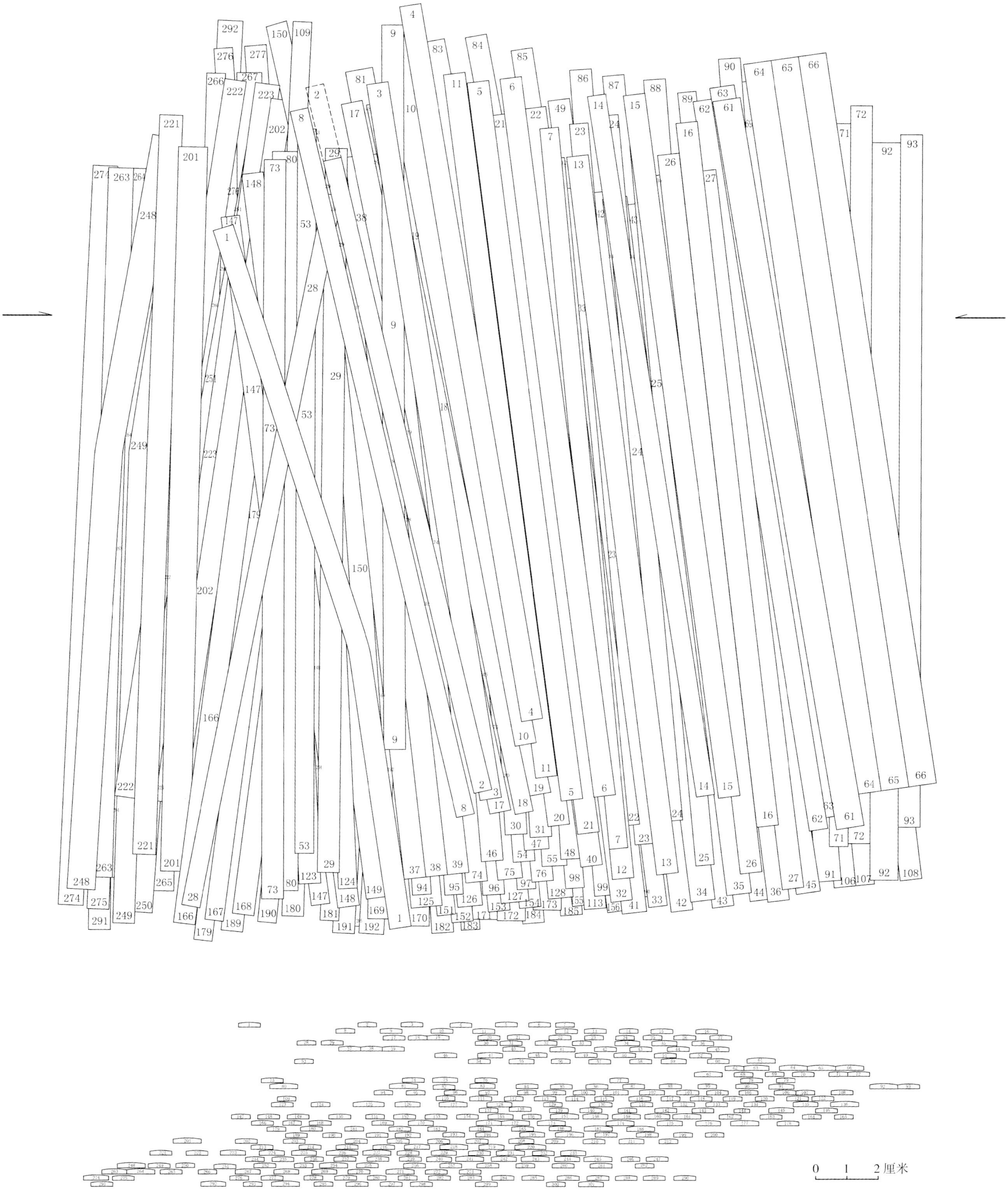

圖六　Ⅱb㊽簡牘揭剥位置示意圖

圖六竹簡整理編號與示意圖號對應表

整理號	示意圖號	整理號	示意圖號	整理號	示意圖號	整理號	示意圖號	整理號	示意圖號
二五七	1	二八一	25	三〇五	49	三二九	73	三五三	97
二五八	2	二八二	26	三〇六	50	三三〇	74	三五四	98
二五九	3	二八三	27	三〇七	51	三三一	75	三五五	99
二六〇	4	二八四	28	三〇八	52	三三二	76	三五六	100
二六一	5	二八五	29	三〇九	53	三三三	77	三五七	101
二六二	6	二八六	30	三一〇	54	三三四	78	三五八	102
二六三	7	二八七	31	三一一	55	三三五	79	三五九	103
二六四	8	二八八	32	三一二	56	三三六	80	三六〇	104
二六五	9	二八九	33	三一三	57	三三七	81	三六一	105
二六六	10	二九〇	34	三一四	58	三三八	82	三六二	106
二六七	11	二九一	35	三一五	59	三三九	83	三六三	107
二六八	12	二九二	36	三一六	60	三四〇	84	三六四	108
二六九	13	二九三	37	三一七	61	三四一	85	三六五	109
二七〇	14	二九四	38	三一八	62	三四二	86	三六六	110
二七一	15	二九五	39	三一九	63	三四三	87	三六七	111
二七二	16	二九六	40	三二〇	64	三四四	88	三六八	112
二七三	17	二九七	41	三二一	65	三四五	89	三六九	113
二七四	18	二九八	42	三二二	66	三四六	90	三七〇	114
二七五	19	二九九	43	三二三	67	三四七	91	三七一	115
二七六	20	三〇〇	44	三二四	68	三四八	92	三七二	116
二七七	21	三〇一	45	三二五	69	三四九	93	三七三	117
二七八	22	三〇二	46	三二六	70	三五〇	94	三七四	118
二七九	23	三〇三	47	三二七	71	三五一	95	三七五	119
二八〇	24	三〇四	48	三二八	72	三五二	96	三七六	120

整理號	示意圖號	整理號	示意圖號	整理號	示意圖號	整理號	示意圖號	整理號	示意圖號
三七七	121	四〇一	145	四二五	169	四四九	193	四七三	217
三七八	122	四〇二	146	四二六	170	四五〇	194	四七四	218
三七九	123	四〇三	147	四二七	171	四五一	195	四七五	219
三八〇	124	四〇四	148	四二八	172	四五二	196	四七六	220
三八一	125	四〇五	149	四二九	173	四五三	197	四七七	221
三八二	126	四〇六	150	四三〇	174	四五四	198	四七八	222
三八三	127	四〇七	151	四三一	175	四五五	199	四七九	223
三八四	128	四〇八	152	四三二	176	四五六	200	四八〇	224
三八五	129	四〇九	153	四三三	177	四五七	201	四八一	225
三八六	130	四一〇	154	四三四	178	四五八	202	四八二	226
三八七	131	四一一	155	四三五	179	四五九	203	四八三	227
三八八	132	四一二	156	四三六	180	四六〇	204	四八四	228
三八九	133	四一三	157	四三七	181	四六一	205	四八五	229
三九〇	134	四一四	158	四三八	182	四六二	206	四八六	230
三九一	135	四一五	159	四三九	183	四六三	207	四八七	231
三九二	136	四一六	160	四四〇	184	四六四	208	四八八	232
三九三	137	四一七	161	四四一	185	四六五	209	四八九	233
三九四	138	四一八	162	四四二	186	四六六	210	四九〇	234
三九五	139	四一九	163	四四三	187	四六七	211	四九一	235
三九六	140	四二〇	164	四四四	188	四六八	212	四九二	236
三九七	141	四二一	165	四四五	189	四六九	213	四九三	237
三九八	142	四二二	166	四四六	190	四七〇	214	四九四	238
三九九	143	四二三	167	四四七	191	四七一	215	四九五	239
四〇〇	144	四二四	168	四四八	192	四七二	216	四九六	240

整理號	示意圖號	整理號	示意圖號	整理號	示意圖號
四九七	241	五二一	265	五四五	289
四九八	242	五二二	266	五四六	290
四九九	243	五二三	267	五四七	291
五〇〇	244	五二四	268	五四八	292
五〇一	245	五二五	269	五四九	293
五〇二	246	五二六	270	五五〇	294
五〇三	247	五二七	271	五五一	295
五〇四	248	五二八	272	五五二	296
五〇五	249	五二九	273	五五三	297
五〇六	250	五三〇	274	五五四	298
五〇七	251	五三一	275	五五五	299
五〇八	252	五三二	276	五五六	300
五〇九	253	五三三	277	五五七	301
五一〇	254	五三四	278		
五一一	255	五三五	279		
五一二	256	五三六	280		
五一三	257	五三七	281		
五一四	258	五三八	282		
五一五	259	五三九	283		
五一六	260	五四〇	284		
五一七	261	五四一	285		
五一八	262	五四二	286		
五一九	263	五四三	287		
五二〇	264	五四四	288		

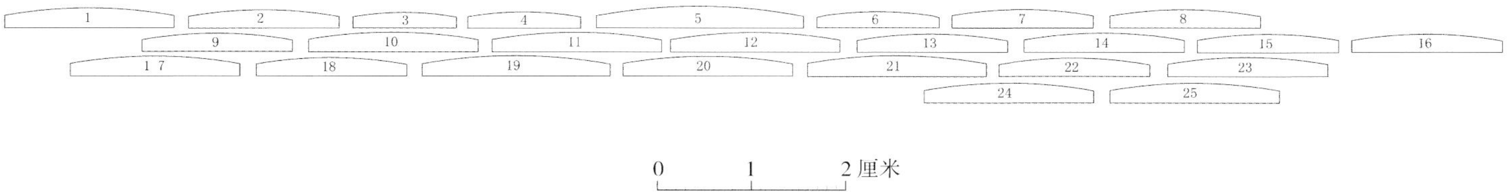

圖七　Ⅱb㊾簡牘揭剥位置示意圖

圖七竹簡整理編號與示意圖號對應表

整理號	示意圖號
七七九	1
七八〇	2
七八一	3
七八二	4
七八三	5
七八四	6
七八五	7
七八六	8
七八七	9
七八八	10
七八九	11
七九〇	12
七九一	13
七九二	14
七九三	15
七九四	16
七九五	17
七九六	18
七九七	19
七九八	20
七九九	21
八〇〇	22
八〇一	23
八〇二	24
八〇三	25

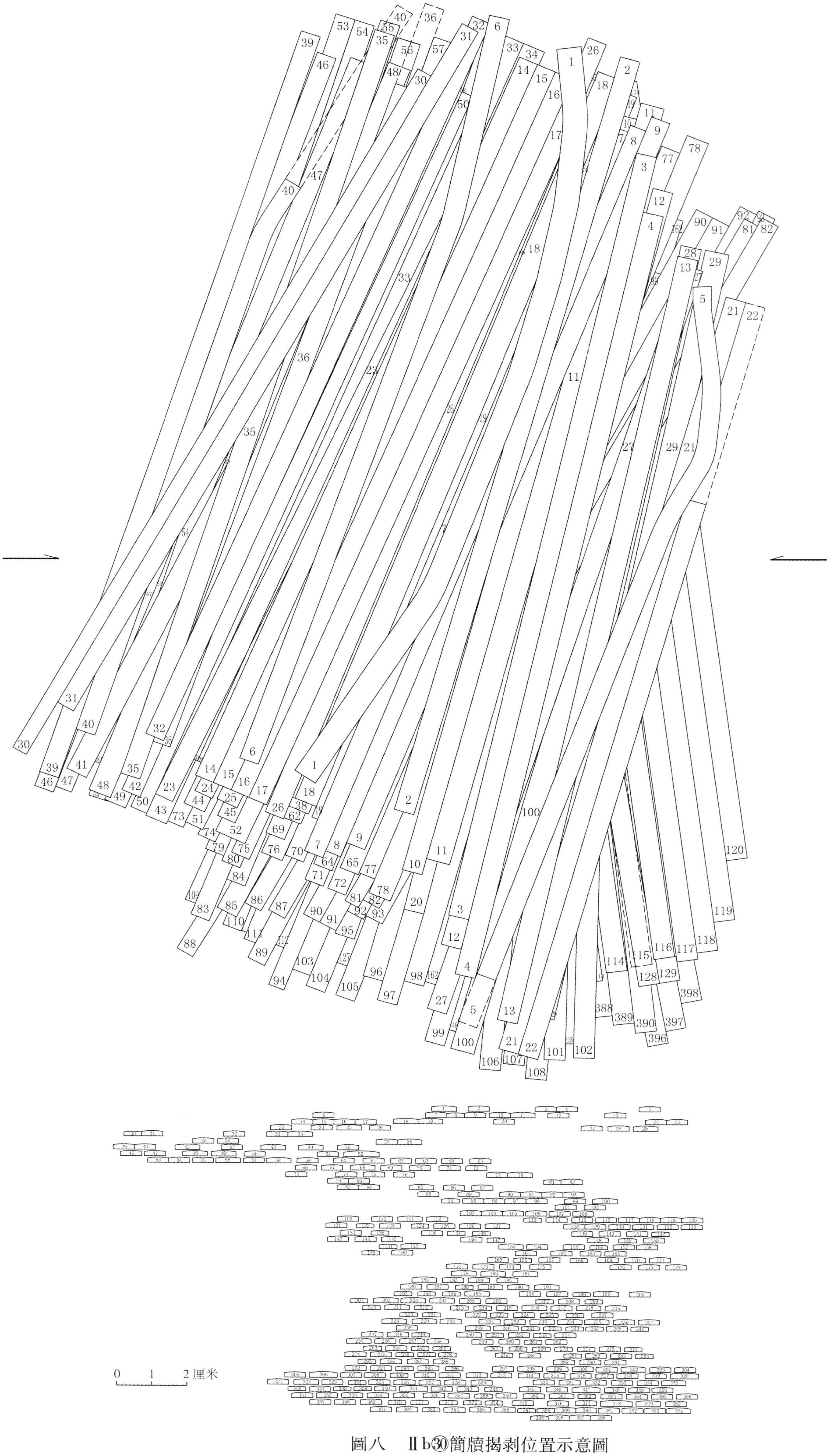

圖八 Ⅱb㉚簡牘揭剥位置示意圖

圖八竹簡整理編號與示意圖號對應表

整理號	示意圖號	整理號	示意圖號	整理號	示意圖號	整理號	示意圖號	整理號	示意圖號
八〇四	1	八二八	25	八五二	49	八七六	73	九〇〇	97
八〇五	2	八二九	26	八五三	50	八七七	74	九〇一	98
八〇六	3	八三〇	27	八五四	51	八七八	75	九〇二	99
八〇七	4	八三一	28	八五五	52	八七九	76	九〇三	100
八〇八	5	八三二	29	八五六	53	八八〇	77	九〇四	101
八〇九	6	八三三	30	八五七	54	八八一	78	九〇五	102
八一〇	7	八三四	31	八五八	55	八八二	79	九〇六	103
八一一	8	八三五	32	八五九	56	八八三	80	九〇七	104
八一二	9	八三六	33	八六〇	57	八八四	81	九〇八	105
八一三	10	八三七	34	八六一	58	八八五	82	九〇九	106
八一四	11	八三八	35	八六二	59	八八六	83	九一〇	107
八一五	12	八三九	36	八六三	60	八八七	84	九一一	108
八一六	13	八四〇	37	八六四	61	八八八	85	九一二	109
八一七	14	八四一	38	八六五	62	八八九	86	九一三	110
八一八	15	八四二	39	八六六	63	八九〇	87	九一四	111
八一九	16	八四三	40	八六七	64	八九一	88	九一五	112
八二〇	17	八四四	41	八六八	65	八九二	89	九一六	113
八二一	18	八四五	42	八六九	66	八九三	90	九一七	114
八二二	19	八四六	43	八七〇	67	八九四	91	九一八	115
八二三	20	八四七	44	八七一	68	八九五	92	九一九	116
八二四	21	八四八	45	八七二	69	八九六	93	九二〇	117
八二五	22	八四九	46	八七三	70	八九七	94	九二一	118
八二六	23	八五〇	47	八七四	71	八九八	95	九二二	119
八二七	24	八五一	48	八七五	72	八九九	96	九二三	120

整理號	示意圖號	整理號	示意圖號	整理號	示意圖號	整理號	示意圖號	整理號	示意圖號
九二四	121	九四八	145	九七二	169	九九六	193	一〇二〇	217
九二五	122	九四九	146	九七三	170	九九七	194	一〇二一	218
九二六	123	九五〇	147	九七四	171	九九八	195	一〇二二	219
九二七	124	九五一	148	九七五	172	九九九	196	一〇二三	220
九二八	125	九五二	149	九七六	173	一〇〇〇	197	一〇二四	221
九二九	126	九五三	150	九七七	174	一〇〇一	198	一〇二五	222
九三〇	127	九五四	151	九七八	175	一〇〇二	199	一〇二六	223
九三一	128	九五五	152	九七九	176	一〇〇三	200	一〇二七	224
九三二	129	九五六	153	九八〇	177	一〇〇四	201	一〇二八	225
九三三	130	九五七	154	九八一	178	一〇〇五	202	一〇二九	226
九三四	131	九五八	155	九八二	179	一〇〇六	203	一〇三〇	227
九三五	132	九五九	156	九八三	180	一〇〇七	204	一〇三一	228
九三六	133	九六〇	157	九八四	181	一〇〇八	205	一〇三二	229
九三七	134	九六一	158	九八五	182	一〇〇九	206	一〇三三	230
九三八	135	九六二	159	九八六	183	一〇一〇	207	一〇三四	231
九三九	136	九六三	160	九八七	184	一〇一一	208	一〇三五	232
九四〇	137	九六四	161	九八八	185	一〇一二	209	一〇三六	233
九四一	138	九六五	162	九八九	186	一〇一三	210	一〇三七	234
九四二	139	九六六	163	九九〇	187	一〇一四	211	一〇三八	235
九四三	140	九六七	164	九九一	188	一〇一五	212	一〇三九	236
九四四	141	九六八	165	九九二	189	一〇一六	213	一〇四〇	237
九四五	142	九六九	166	九九三	190	一〇一七	214	一〇四一	238
九四六	143	九七〇	167	九九四	191	一〇一八	215	一〇四二	239
九四七	144	九七一	168	九九五	192	一〇一九	216	一〇四三	240

整理號	示意圖號	整理號	示意圖號	整理號	示意圖號	整理號	示意圖號	整理號	示意圖號
一〇四四	241	一〇六八	265	一〇九二	289	一一一六	313	一一四〇	337
一〇四五	242	一〇六九	266	一〇九三	290	一一一七	314	一一四一	338
一〇四六	243	一〇七〇	267	一〇九四	291	一一一八	315	一一四二	339
一〇四七	244	一〇七一	268	一〇九五	292	一一一九	316	一一四三	340
一〇四八	245	一〇七二	269	一〇九六	293	一一二〇	317	一一四四	341
一〇四九	246	一〇七三	270	一〇九七	294	一一二一	318	一一四五	342
一〇五〇	247	一〇七四	271	一〇九八	295	一一二二	319	一一四六	343
一〇五一	248	一〇七五	272	一〇九九	296	一一二三	320	一一四七	344
一〇五二	249	一〇七六	273	一一〇〇	297	一一二四	321	一一四八	345
一〇五三	250	一〇七七	274	一一〇一	298	一一二五	322	一一四九	346
一〇五四	251	一〇七八	275	一一〇二	299	一一二六	323	一一五〇	347
一〇五五	252	一〇七九	276	一一〇三	300	一一二七	324	一一五一	348
一〇五六	253	一〇八〇	277	一一〇四	301	一一二八	325	一一五二	349
一〇五七	254	一〇八一	278	一一〇五	302	一一二九	326	一一五三	350
一〇五八	255	一〇八二	279	一一〇六	303	一一三〇	327	一一五四	351
一〇五九	256	一〇八三	280	一一〇七	304	一一三一	328	一一五五	352
一〇六〇	257	一〇八四	281	一一〇八	305	一一三二	329	一一五六	353
一〇六一	258	一〇八五	282	一一〇九	306	一一三三	330	一一五七	354
一〇六二	259	一〇八六	283	一一一〇	307	一一三四	331	一一五八	355
一〇六三	260	一〇八七	284	一一一一	308	一一三五	332	一一五九	356
一〇六四	261	一〇八八	285	一一一二	309	一一三六	333	一一六〇	357
一〇六五	262	一〇八九	286	一一一三	310	一一三七	334	一一六一	358
一〇六六	263	一〇九〇	287	一一一四	311	一一三八	335	一一六二	359
一〇六七	264	一〇九一	288	一一一五	312	一一三九	336	一一六三	360

整理號	示意圖號	整理號	示意圖號
一一六四	361	一一八八	385
一一六五	362	一一八九	386
一一六六	363	一一九〇	387
一一六七	364	一一九一	388
一一六八	365	一一九二	389
一一六九	366	一一九三	390
一一七〇	367	一一九四	391
一一七一	368	一一九五	392
一一七二	369	一一九六	393
一一七三	370	一一九七	394
一一七四	371	一一九八	395
一一七五	372	一一九九	396
一一七六	373	一二〇〇	397
一一七七	374	一二〇一	398
一一七八	375		
一一七九	376		
一一八〇	377		
一一八一	378		
一一八二	379		
一一八三	380		
一一八四	381		
一一八五	382		
一一八六	383		
一一八七	384		

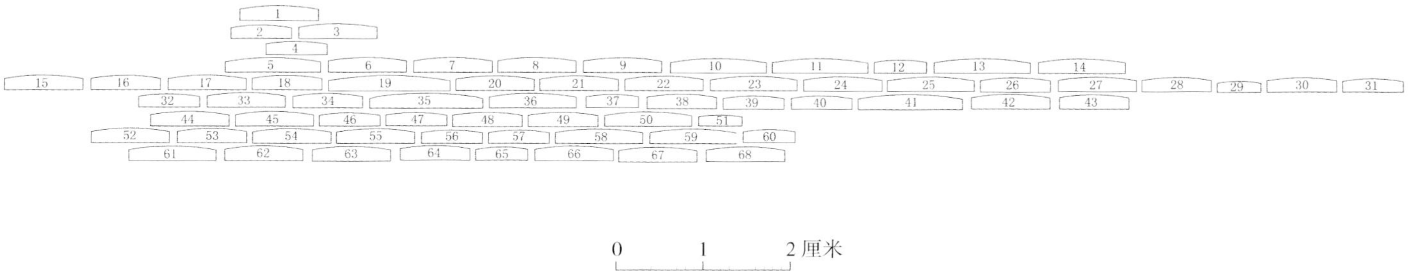

圖九　Ⅱb(51)簡牘揭剥位置示意圖

圖九竹簡整理編號與示意圖號對應表

整理號	示意圖號	整理號	示意圖號	整理號	示意圖號
二二〇二	1	二二二六	25	二二五〇	49
二二〇三	2	二二二七	26	二二五一	50
二二〇四	3	二二二八	27	二二五二	51
二二〇五	4	二二二九	28	二二五三	52
二二〇六	5	二二三〇	29	二二五四	53
二二〇七	6	二二三一	30	二二五五	54
二二〇八	7	二二三二	31	二二五六	55
二二〇九甲乙	8甲乙	二二三三	32	二二五七	56
二二一〇甲乙	9甲乙	二二三四	33	二二五八	57
二二一一	10	二二三五	34	二二五九	58
二二一二	11	二二三六	35	二二六〇	59
二二一三	12	二二三七	36	二二六一	60
二二一四	13	二二三八	37	二二六二	61
二二一五	14	二二三九	38	二二六三	62
二二一六	15	二二四〇	39	二二六四	63
二二一七	16	二二四一	40	二二六五	64
二二一八	17	二二四二	41	二二六六	65
二二一九	18	二二四三	42	二二六七	66
二二二〇	19	二二四四	43	二二六八	67
二二二一	20	二二四五	44	二二六九	68
二二二二	21	二二四六	45		
二二二三	22	二二四七	46		
二二二四	23	二二四八	47		
二二二五	24	二二四九	48		

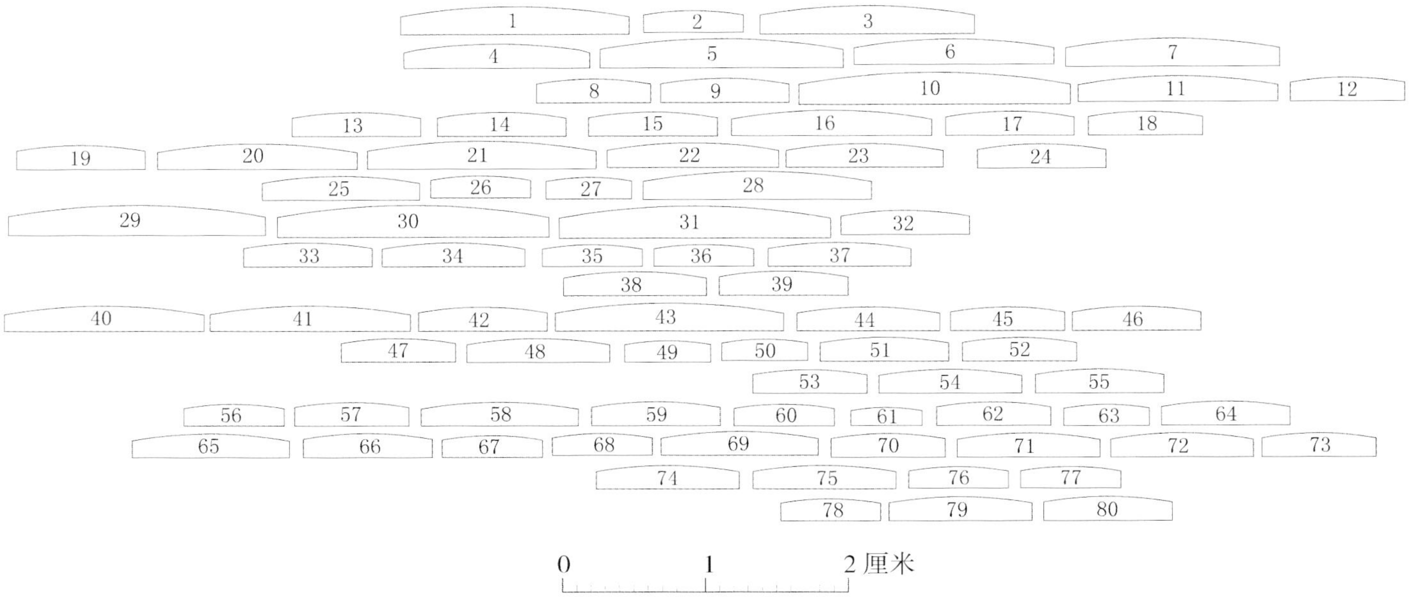

圖十　Ⅱb52簡牘揭剥位置示意圖

圖十竹簡整理編號與示意圖號對應表

整理號	示意圖號	整理號	示意圖號
一四二二	1	一四四六	25
一四二三	2	一四四七	26
一四二四	3	一四四八	27
一四二五	4	一四四九	28
一四二六	5	一四五〇	29
一四二七	6	一四五一	30
一四二八	7	一四五二	31
一四二九	8	一四五三	32
一四三〇	9	一四五四	33
一四三一	10	一四五五	34
一四三二	11	一四五六	35
一四三三	12	一四五七	36
一四三四	13	一四五八	37
一四三五	14	一四五九	38
一四三六	15	一四六〇	39
一四三七	16	一四六一	40
一四三八	17	一四六二	41
一四三九	18	一四六三	42
一四四〇	19	一四六四	43
一四四一	20	一四六五	44
一四四二	21	一四六六	45
一四四三	22	一四六七	46
一四四四	23	一四六八	47
一四四五	24	一四六九	48

整理號	示意圖號	整理號	示意圖號
一四七〇	49	一四九四	73
一四七一	50	一四九五	74
一四七二	51	一四九六	75
一四七三	52	一四九七	76
一四七四	53	一四九八	77
一四七五	54	一四九九	78
一四七六	55	一五〇〇	79
一四七七	56	一五〇一	80
一四七八	57		
一四七九	58		
一四八〇	59		
一四八一	60		
一四八二	61		
一四八三	62		
一四八四	63		
一四八五	64		
一四八六	65		
一四八七	66		
一四八八	67		
一四八九	68		
一四九〇	69		
一四九一	70		
一四九二	71		
一四九三	72		

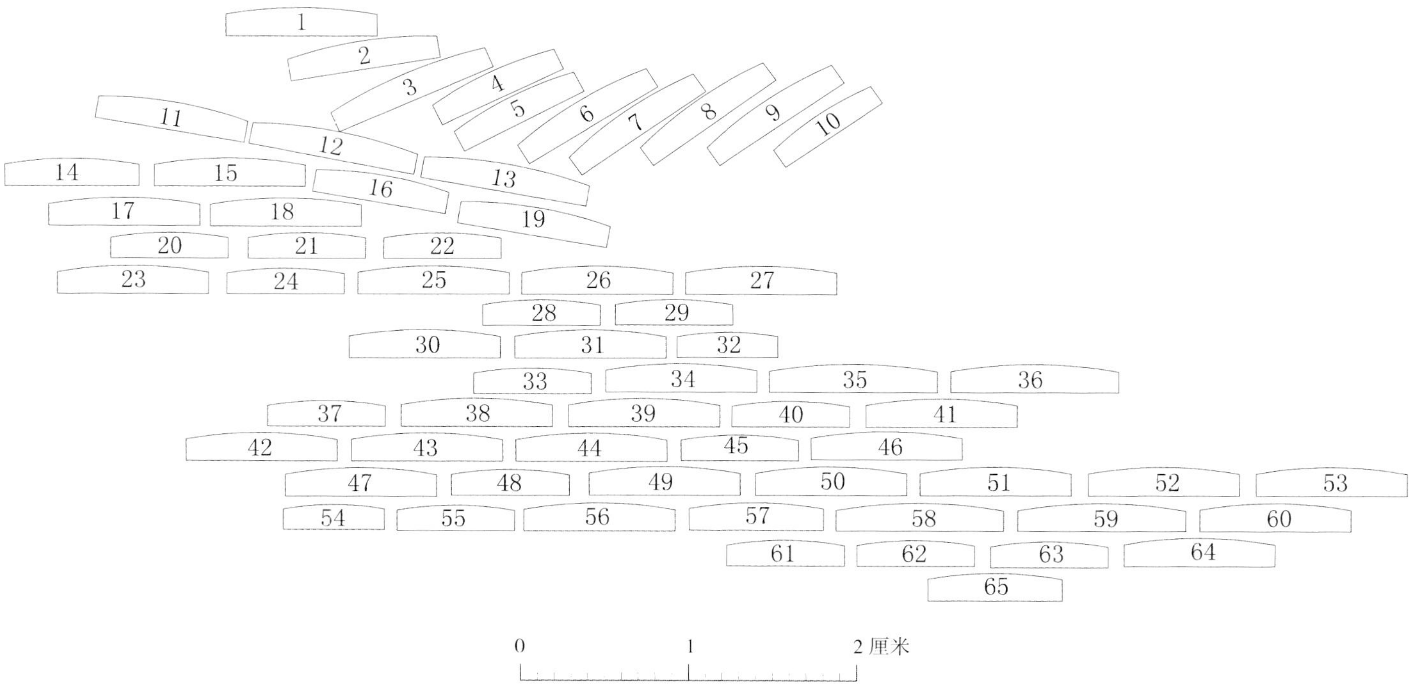

圖十一　Ⅱb㊿簡牘揭剥位置示意圖

圖十一竹簡整理編號與示意圖號對應表

整理號	示意圖號	整理號	示意圖號	整理號	示意圖號
一五〇二	1	一五二六	25	一五五〇	49
一五〇三	2	一五二七	26	一五五一	50
一五〇四	3	一五二八	27	一五五二	51
一五〇五	4	一五二九	28	一五五三	52
一五〇六	5	一五三〇	29	一五五四	53
一五〇七	6	一五三一	30	一五五五	54
一五〇八	7	一五三二	31	一五五六	55
一五〇九	8	一五三三	32	一五五七	56
一五一〇	9	一五三四	33	一五五八	57
一五一一	10	一五三五	34	一五五九	58
一五一二	11	一五三六	35	一五六〇	59
一五一三	12	一五三七	36	一五六一	60
一五一四	13	一五三八	37	一五六二	61
一五一五	14	一五三九	38	一五六三	62
一五一六	15	一五四〇	39	一五六四	63
一五一七	16	一五四一	40	一五六五	64
一五一八	17	一五四二	41	一五六六	65
一五一九	18	一五四三	42		
一五二〇	19	一五四四	43		
一五二一	20	一五四五	44		
一五二二	21	一五四六	45		
一五二三	22	一五四七	46		
一五二四	23	一五四八	47		
一五二五	24	一五四九	48		

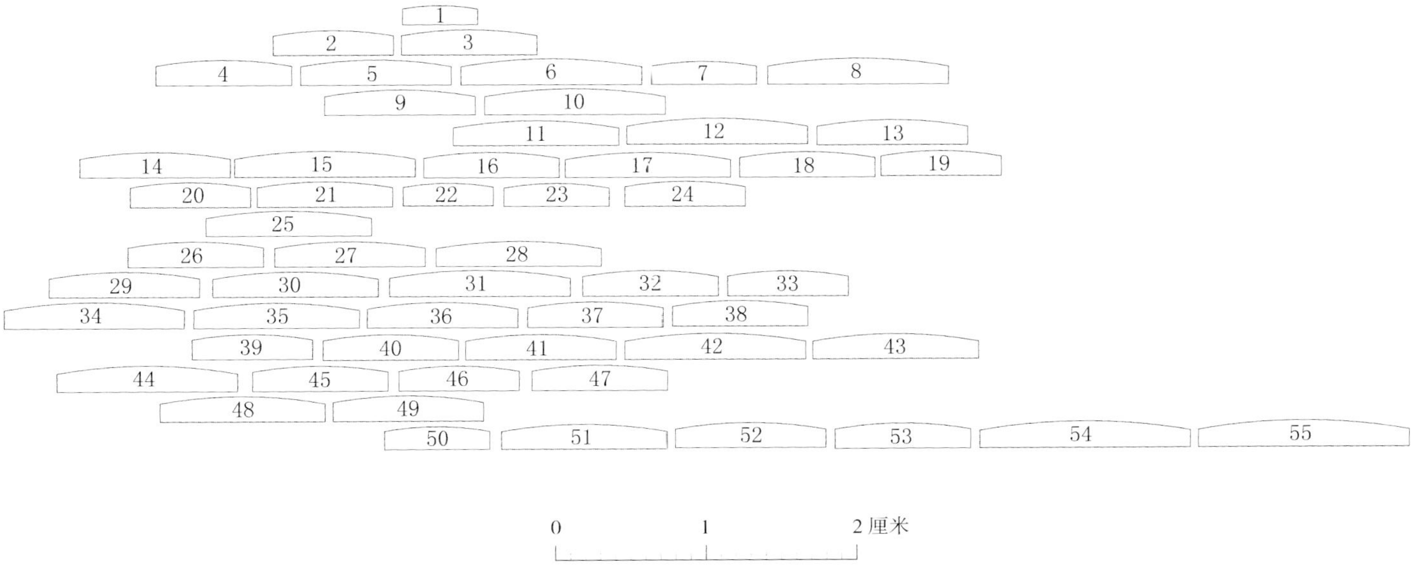

圖十二　Ⅱb㊹簡牘揭剥位置示意圖

圖十二竹簡整理編號與示意圖號對應表

整理號	示意圖號	整理號	示意圖號	整理號	示意圖號
一五六七	1	一五九一	25	一六一五	49
一五六八	2	一五九二	26	一六一六	50
一五六九	3	一五九三	27	一六一七	51
一五七〇	4	一五九四	28	一六一八	52
一五七一	5	一五九五	29	一六一九	53
一五七二	6	一五九六	30	一六二〇	54
一五七三	7	一五九七	31	一六二一	55
一五七四	8	一五九八	32		
一五七五	9	一五九九	33		
一五七六	10	一六〇〇	34		
一五七七	11	一六〇一	35		
一五七八	12	一六〇二	36		
一五七九	13	一六〇三	37		
一五八〇	14	一六〇四	38		
一五八一	15	一六〇五	39		
一五八二	16	一六〇六	40		
一五八三	17	一六〇七	41		
一五八四	18	一六〇八	42		
一五八五	19	一六〇九	43		
一五八六	20	一六一〇	44		
一五八七	21	一六一一	45		
一五八八	22	一六一二	46		
一五八九	23	一六一三	47		
一五九〇	24	一六一四	48		

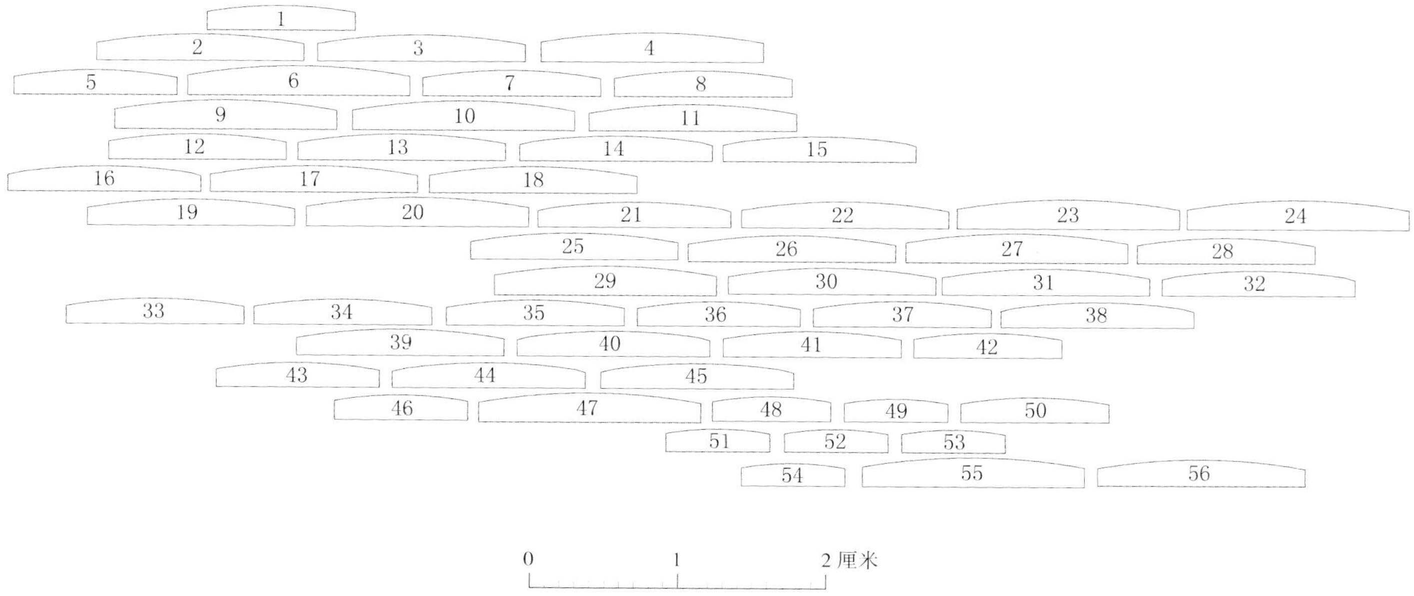

圖十三　Ⅱb(55)簡牘揭剥位置示意圖

圖十三竹簡整理編號與示意圖號對應表

整理號	示意圖號	整理號	示意圖號	整理號	示意圖號
一六二二	1	一六四六	25	一六七〇	49
一六二三	2	一六四七	26	一六七一	50
一六二四	3	一六四八	27	一六七二	51
一六二五	4	一六四九	28	一六七三	52
一六二六	5	一六五〇	29	一六七四	53
一六二七	6	一六五一	30	一六七五	54
一六二八	7	一六五二	31	一六七六	55
一六二九	8	一六五三	32	一六七七	56
一六三〇	9	一六五四	33		
一六三一	10	一六五五	34		
一六三二	11	一六五六	35		
一六三三	12	一六五七	36		
一六三四	13	一六五八	37		
一六三五	14	一六五九	38		
一六三六	15	一六六〇	39		
一六三七	16	一六六一	40		
一六三八	17	一六六二	41		
一六三九	18	一六六三	42		
一六四〇	19	一六六四	43		
一六四一	20	一六六五	44		
一六四二	21	一六六六	45		
一六四三	22	一六六七	46		
一六四四	23	一六六八	47		
一六四五	24	一六六九	48		

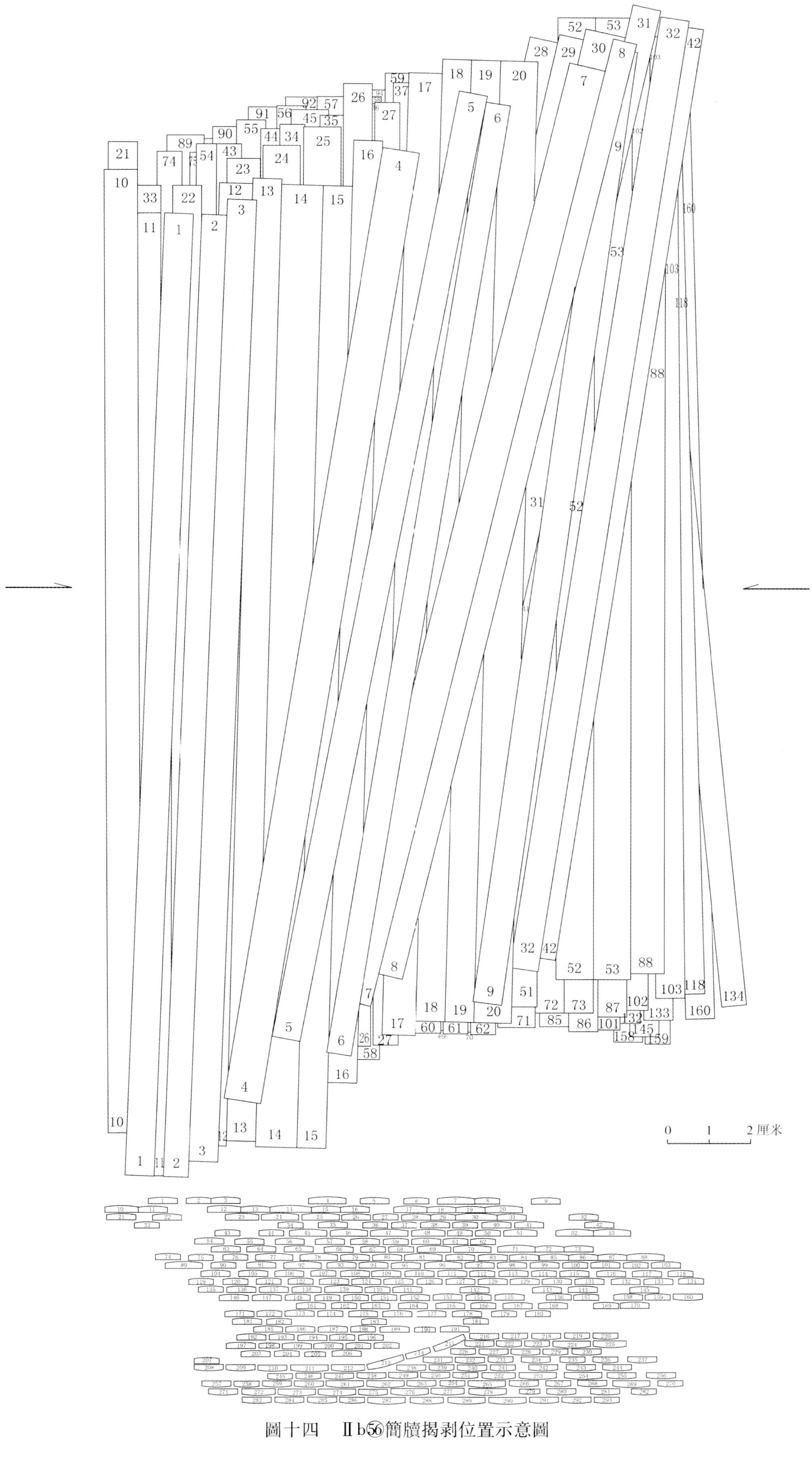

圖十四　Ⅱb㊻簡牘揭剥位置示意圖

圖十四竹簡整理編號與示意圖號對應表

整理號	示意圖號	整理號	示意圖號	整理號	示意圖號	整理號	示意圖號	整理號	示意圖號
一六七八	1	一七〇一	24	一七二四	47	一七四七	70	一七七〇	93
一六七九	2	一七〇二	25	一七二五	48	一七四八	71	一七七一	94
一六八〇	3	一七〇三	26	一七二六	49	一七四九	72	一七七二	95
一六八一	4	一七〇四	27	一七二七	50	一七五〇	73	一七七三	96
一六八二	5	一七〇五	28	一七二八	51	一七五一	74	一七七四	97
一六八三	6	一七〇六	29	一七二九	52	一七五二	75	一七七五	98
一六八四	7	一七〇七	30	一七三〇	53	一七五三	76	一七七六	99
一六八五	8	一七〇八	31	一七三一	54	一七五四	77	一七七七	100
一六八六	9	一七〇九	32	一七三二	55	一七五五	78	一七七八	101
一六八七	10	一七一〇	33	一七三三	56	一七五六	79	一七七九	102
一六八八	11	一七一一	34	一七三四	57	一七五七	80	一七八〇	103
一六八九	12	一七一二	35	一七三五	58	一七五八	81	一七八一	104
一六九〇	13	一七一三	36	一七三六	59	一七五九	82	一七八二	105
一六九一	14	一七一四	37	一七三七	60	一七六〇	83	一七八三	106
一六九二	15	一七一五	38	一七三八	61	一七六一	84	一七八四	107
一六九三	16	一七一六	39	一七三九	62	一七六二	85	一七八五	108
一六九四	17	一七一七	40	一七四〇	63	一七六三	86	一七八六	109
一六九五	18	一七一八	41	一七四一	64	一七六四	87	一七八七	110
一六九六	19	一七一九	42	一七四二	65	一七六五	88	一七八八	111
一六九七	20	一七二〇	43	一七四三	66	一七六六	89	一七八九	112
一六九八	21	一七二一	44	一七四四	67	一七六七	90	一七九〇	113
一六九九	22	一七二二	45	一七四五	68	一七六八	91	一七九一	114
一七〇〇	23	一七二三	46	一七四六	69	一七六九	92	一七九二	115

整理號	示意圖號	整理號	示意圖號	整理號	示意圖號	整理號	示意圖號	整理號	示意圖號
一七九三	116	一八一七	140	一八四一	164	一八六五	188	一八八九	212
一七九四	117	一八一八	141	一八四二	165	一八六六	189	一八九○	213
一七九五	118	一八一九	142	一八四三	166	一八六七	190	一八九一	214
一七九六	119	一八二○	143	一八四四	167	一八六八	191	一八九二	215
一七九七	120	一八二一	144	一八四五	168	一八六九	192	一八九三	216
一七九八	121	一八二二	145	一八四六	169	一八七○	193	一八九四	217
一七九九	122	一八二三	146	一八四七	170	一八七一	194	一八九五	218
一八○○	123	一八二四	147	一八四八	171	一八七二	195	一八九六	219
一八○一	124	一八二五	148	一八四九	172	一八七三	196	一八九七	220
一八○二	125	一八二六	149	一八五○	173	一八七四	197	一八九八	221
一八○三	126	一八二七	150	一八五一	174	一八七五	198	一八九九	222
一八○四	127	一八二八	151	一八五二	175	一八七六	199	一九○○	223
一八○五	128	一八二九	152	一八五三	176	一八七七	200	一九○一	224
一八○六	129	一八三○	153	一八五四	177	一八七八	201	一九○二	225
一八○七	130	一八三一	154	一八五五	178	一八七九	202	一九○三	226
一八○八	131	一八三二	155	一八五六	179	一八八○	203	一九○四	227
一八○九	132	一八三三	156	一八五七	180	一八八一	204	一九○五	228
一八一○	133	一八三四	157	一八五八	181	一八八二	205	一九○六	229
一八一一	134	一八三五	158	一八五九	182	一八八三	206	一九○七	230
一八一二	135	一八三六	159	一八六○	183	一八八四	207	一九○八	231
一八一三	136	一八三七	160	一八六一	184	一八八五	208	一九○九	232
一八一四	137	一八三八	161	一八六二	185	一八八六	209	一九一○	233
一八一五	138	一八三九	162	一八六三	186	一八八七	210	一九一一	234
一八一六	139	一八四○	163	一八六四	187	一八八八	211	一九一二	235

整理號	示意圖號	整理號	示意圖號	整理號	示意圖號
一九一三	236	一九三七	260	一九六一	284
一九一四	237	一九三八	261	一九六二	285
一九一五	238	一九三九	262	一九六三	286
一九一六	239	一九四〇	263	一九六四	287
一九一七	210	一九四一	264	一九六五	288
一九一八	241	一九四二	265	一九六六	289
一九一九	242	一九四三	266	一九六七	290
一九二〇	243	一九四四	267	一九六八	291
一九二一	244	一九四五	268	一九六九	292
一九二二	245	一九四六	269	一九七〇	293
一九二三	246	一九四七	270		
一九二四	247	一九四八	271		
一九二五	248	一九四九	272		
一九二六	249	一九五〇	273		
一九二七	250	一九五一	274		
一九二八	251	一九五二	275		
一九二九	252	一九五三	276		
一九三〇	253	一九五四	277		
一九三一	254	一九五五	278		
一九三二	255	一九五六	279		
一九三三	256	一九五七	280		
一九三四	257	一九五八	281		
一九三五	258	一九五九	282		
一九三六	259	一九六〇	283		

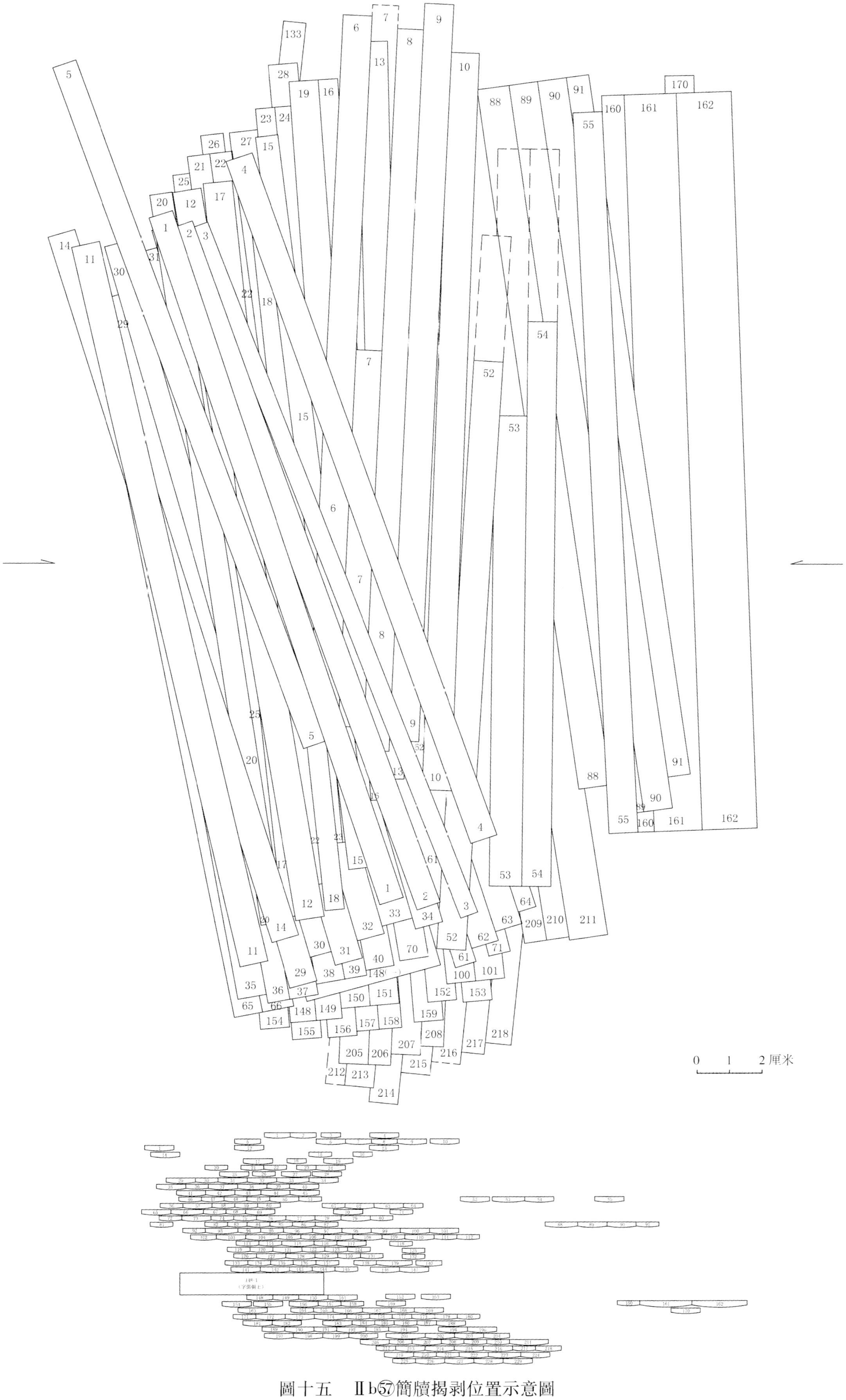

圖十五 Ⅱb㊼簡牘揭剥位置示意圖

圖十五竹簡整理編號與示意圖號對應表

整理號	示意圖號	整理號	示意圖號	整理號	示意圖號	整理號	示意圖號	整理號	示意圖號
一九七八	1	二〇〇二	25	二〇二六	49	二〇五〇	73	二〇七四	97
一九七九	2	二〇〇三	26	二〇二七	50	二〇五一	74	二〇七五	98
一九八〇	3	二〇〇四	27	二〇二八	51	二〇五二	75	二〇七六	99
一九八一	4	二〇〇五	28	二〇二九	52	二〇五三	76	二〇七七	100
一九八二	5	二〇〇六	29	二〇三〇	53	二〇五四	77	二〇七八	101
一九八三	6	二〇〇七	30	二〇三一	54	二〇五五	78	二〇七九	102
一九八四	7	二〇〇八	31	二〇三二	55	二〇五六	79	二〇八〇	103
一九八五	8	二〇〇九	32	二〇三三	56	二〇五七	80	二〇八一	104
一九八六	9	二〇一〇	33	二〇三四	57	二〇五八	81	二〇八二	105
一九八七	10	二〇一一	34	二〇三五	58	二〇五九	82	二〇八三	106
一九八八	11	二〇一二	35	二〇三六	59	二〇六〇	83	二〇八四	107
一九八九	12	二〇一三	36	二〇三七	60	二〇六一	84	二〇八五	108
一九九〇	13	二〇一四	37	二〇三八	61	二〇六二	85	二〇八六	109
一九九一	14	二〇一五	38	二〇三九	62	二〇六三	86	二〇八七	110
一九九二	15	二〇一六	39	二〇四〇	63	二〇六四	87	二〇八八	111
一九九三	16	二〇一七	40	二〇四一	64	二〇六五	88	二〇八九	112
一九九四	17	二〇一八	41	二〇四二	65	二〇六六	89	二〇九〇	113
一九九五	18	二〇一九	42	二〇四三	66	二〇六七	90	二〇九一	114
一九九六	19	二〇二〇	43	二〇四四	67	二〇六八	91	二〇九二	115
一九九七	20	二〇二一	44	二〇四五	68	二〇六九	92	二〇九三	116
一九九八	21	二〇二二	45	二〇四六	69	二〇七〇	93	二〇九四	117
一九九九	22	二〇二三	46	二〇四七	70	二〇七一	94	二〇九五	118
二〇〇〇	23	二〇二四	47	二〇四八	71	二〇七二	95	二〇九六	119
二〇〇一	24	二〇二五	48	二〇四九	72	二〇七三	96	二〇九七	120

整理號	示意圖號	整理號	示意圖號	整理號	示意圖號	整理號	示意圖號	整理號	示意圖號
二〇九八	121	二一二二	145	二一四五	168	二一六九	192	二一九三	216
二〇九九	122	二一二三	146	二一四六	169	二一七〇	193	二一九四	217
二一〇〇	123	二一二四	147	二一四七	170	二一七一	194	二一九五	218
二一〇一	124	二一二四（二）	147（二）	二一四八	171	二一七二	195	二一九六	219
二一〇二	125	二一二五	148	二一四九	172	二一七三	196	二一九七	220
二一〇三	126	二一二六	149	二一五〇	173	二一七四	197	二一九八	221
二一〇四	127	二一二七	150	二一五一	174	二一七五	198	二一九九	222
二一〇五	128	二一二八	151	二一五二	175	二一七六	199	二二〇〇	223
二一〇六	129	二一二九	152	二一五三	176	二一七七	200	二二〇一	224
二一〇七	130	二一三〇	153	二一五四	177	二一七八	201	二二〇二	225
二一〇八	131	二一三一	154	二一五五	178	二一七九	202	二二〇三	226
二一〇九	132	二一三二	155	二一五六	179	二一八〇	203	二二〇四	227
二一一〇	133	二一三三	156	二一五七	180	二一八一	204	二二〇五	228
二一一一	134	二一三四	157	二一五八	181	二一八二	205	二二〇六	229
二一一二	135	二一三五	158	二一五九	182	二一八三	206		
二一一三	136	二一三六	159	二一六〇	183	二一八四	207		
二一一四	137	二一三七	160	二一六一	184	二一八五	208		
二一一五	138	二一三八	161	二一六二	185	二一八六	209		
二一一六	139	二一三九	162	二一六三	186	二一八七	210		
二一一七	140	二一四〇	163	二一六四	187	二一八八	211		
二一一八	141	二一四一	164	二一六五	188	二一八九	212		
二一一九	142	二一四二	165	二一六六	189	二一九〇	213		
二一二〇	143	二一四三	166	二一六七	190	二一九一	214		
二一二一	144	二一四四	167	二一六八	191	二一九二	215		

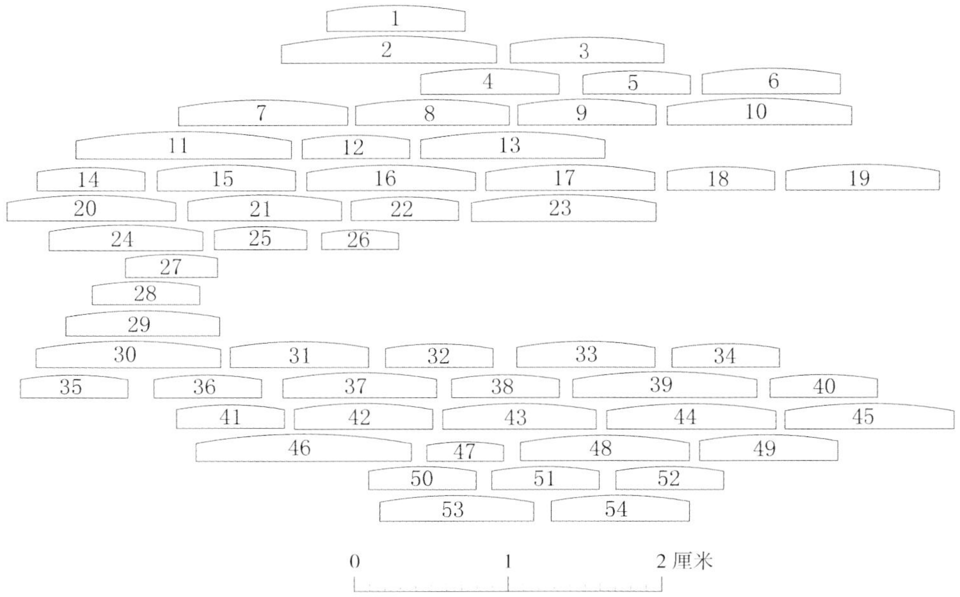

圖十六　Ⅱb㊿簡牘揭剥位置示意圖

圖十六竹簡整理編號與示意圖號對應表

整理號	示意圖號	整理號	示意圖號	整理號	示意圖號
二二〇七	1	二二三一	25	二二五五	49
二二〇八	2	二二三二	26	二二五六	50
二二〇九	3	二二三三	27	二二五七	51
二二一〇	4	二二三四	28	二二五八	52
二二一一	5	二二三五	29	二二五九	53
二二一二	6	二二三六	30	二二六〇	54
二二一三	7	二二三七	31		
二二一四	8	二二三八	32		
二二一五	9	二二三九	33		
二二一六	10	二二四〇	34		
二二一七	11	二二四一	35		
二二一八	12	二二四二	36		
二二一九	13	二二四三	37		
二二二〇	14	二二四四	38		
二二二一	15	二二四五	39		
二二二二	16	二二四六	40		
二二二三	17	二二四七	41		
二二二四	18	二二四八	42		
二二二五	19	二二四九	43		
二二二六	20	二二五〇	44		
二二二七	21	二二五一	45		
二二二八	22	二二五二	46		
二二二九	23	二二五三	47		
二二三〇	24	二二五四	48		

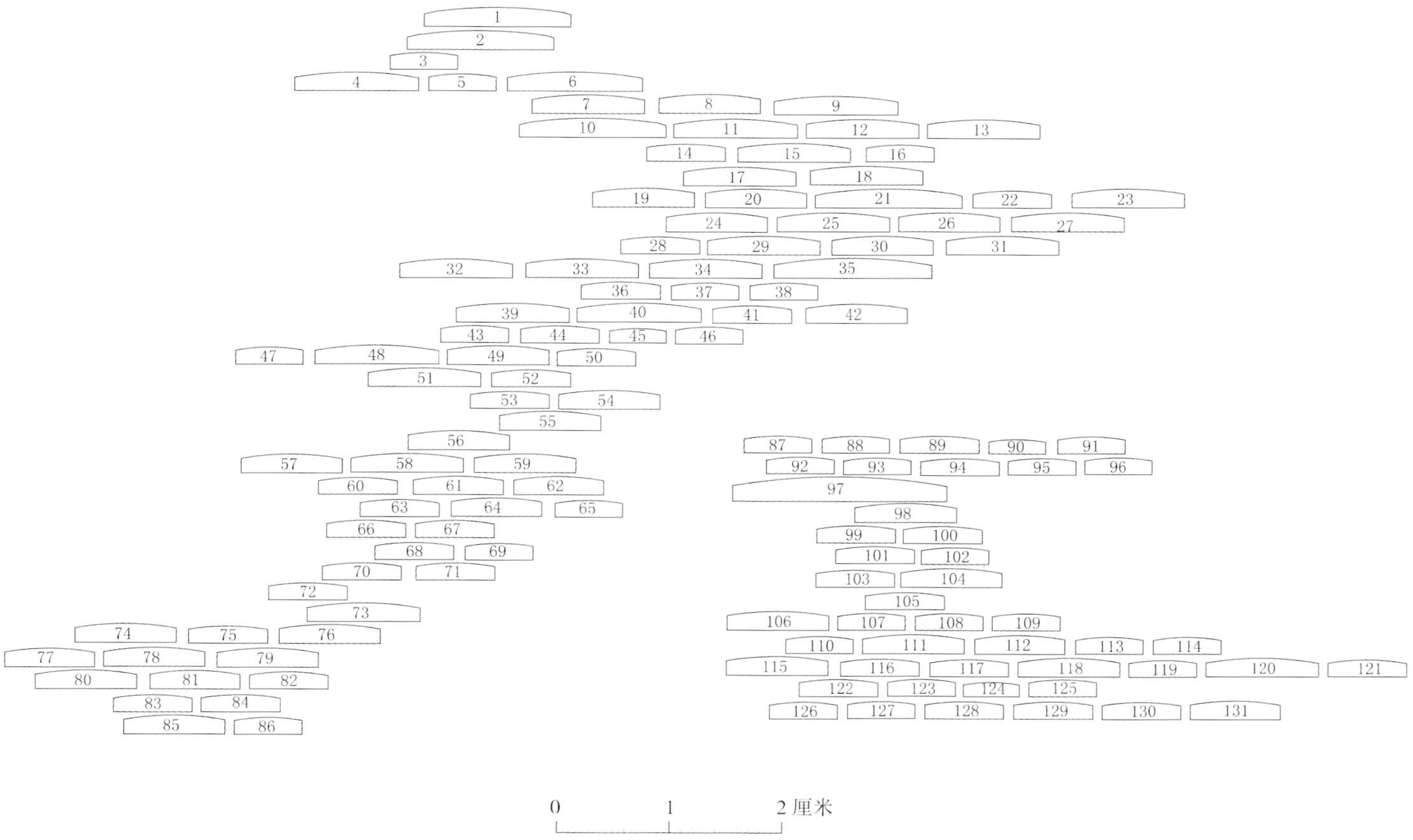

圖十七　Ⅱb㊾簡牘揭剥位置示意圖

圖十七竹簡整理編號與示意圖號對應表

整理號	示意圖號	整理號	示意圖號
二三一六一	1	二三一八五	25
二三一六二	2	二三一八六	26
二三一六三	3	二三一八七	27
二三一六四	4	二三一八八	28
二三一六五	5	二三一八九	29
二三一六六	6	二三一九〇	30
二三一六七	7	二三一九一	31
二三一六八	8	二三一九二	32
二三一六九	9	二三一九三	33
二三一七〇	10	二三一九四	34
二三一七一	11	二三一九五	35
二三一七二	12	二三一九六	36
二三一七三	13	二三一九七	37
二三一七四	14	二三一九八	38
二三一七五	15	二三一九九	39
二三一七六	16	二三二〇〇	40
二三一七七	17	二三二〇一	41
二三一七八	18	二三二〇二	42
二三一七九	19	二三二〇三	43
二三一八〇	20	二三二〇四	44
二三一八一	21	二三二〇五	45
二三一八二	22	二三二〇六	46
二三一八三	23	二三二〇七	47
二三一八四	24	二三二〇八	48

整理號	示意圖號	整理號	示意圖號	整理號	示意圖號	整理號	示意圖號
二三〇九	49	二三三三	73	二三五七	97	二三八一	121
二三一〇	50	二三三四	74	二三五八	98	二三八二	122
二三一一	51	二三三五	75	二三五九	99	二三八三	123
二三一二	52	二三三六	76	二三六〇	100	二三八四	124
二三一三	53	二三三七	77	二三六一	101	二三八五	125
二三一四	54	二三三八	78	二三六二	102	二三八六	126
二三一五	55	二三三九	79	二三六三	103	二三八七	127
二三一六	56	二三四〇	80	二三六四	104	二三八八	128
二三一七	57	二三四一	81	二三六五	105	二三八九	129
二三一八	58	二三四二	82	二三六六	106	二三九〇	130
二三一九	59	二三四三	83	二三六七	107	二三九一	131
二三二〇	60	二三四四	84	二三六八	108		
二三二一	61	二三四五	85	二三六九	109		
二三二二	62	二三四六	86	二三七〇	110		
二三二三	63	二三四七	87	二三七一	111		
二三二四	64	二三四八	88	二三七二	112		
二三二五	65	二三四九	89	二三七三	113		
二三二六	66	二三五〇	90	二三七四	114		
二三二七	67	二三五一	91	二三七五	115		
二三二八	68	二三五二	92	二三七六	116		
二三二九	69	二三五三	93	二三七七	117		
二三三〇	70	二三五四	94	二三七八	118		
二三三一	71	二三五五	95	二三七九	119		
二三三二	72	二三五六	96	二三八〇	120		

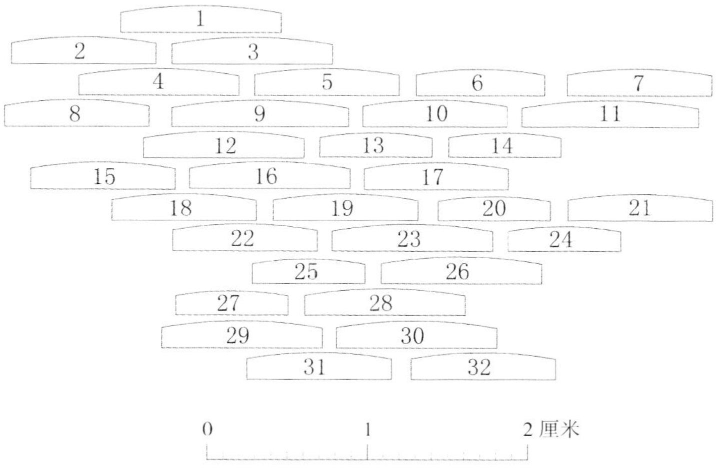

圖十八　Ⅱc①簡牘揭剥位置示意圖

圖十八竹簡整理編號與示意圖號對應表

整理號	示意圖號	整理號	示意圖號
二三九二	1	二四一六	25
二三九三	2	二四一七	26
二三九四	3	二四一八	27
二三九五	4	二四一九	28
二三九六	5	二四二〇	29
二三九七	6	二四二一	30
二三九八	7	二四二二	31
二三九九	8	二四二三	32
二四〇〇	9		
二四〇一	10		
二四〇二	11		
二四〇三	12		
二四〇四	13		
二四〇五	14		
二四〇六	15		
二四〇七	16		
二四〇八	17		
二四〇九	18		
二四一〇	19		
二四一一	20		
二四一二	21		
二四一三	22		
二四一四	23		
二四一五	24		

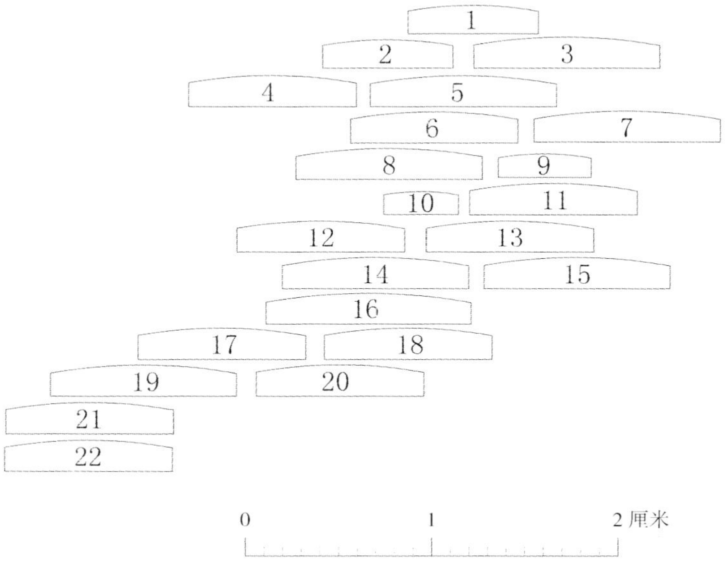

圖十九　Ⅱc②簡牘揭剥位置示意圖

圖十九竹簡整理編號與示意圖號對應表

整理號	示意圖號
二四二四	1
二四二五	2
二四二六	3
二四二七	4
二四二八	5
二四二九	6
二四三〇	7
二四三一	8
二四三二	9
二四三三	10
二四三四	11
二四三五	12
二四三六	13
二四三七	14
二四三八	15
二四三九	16
二四四〇	17
二四四一	18
二四四二	19
二四四三	20
二四四四	21
二四四五	22

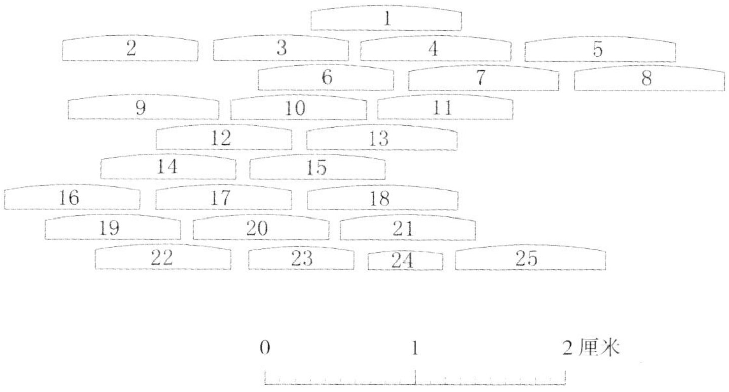

圖二十　Ⅱc③簡牘揭剥位置示意圖

圖二十竹簡整理編號與示意圖號對應表

整理號	示意圖號
二四四六	1
二四四七	2
二四四八	3
二四四九	4
二四五〇	5
二四五一	6
二四五二	7
二四五三	8
二四五四	9
二四五五	10
二四五六	11
二四五七	12
二四五八	13
二四五九	14
二四六〇	15
二四六一	16
二四六二	17
二四六三	18
二四六四	19
二四六五	20
二四六六	21
二四六七	22
二四六八	23
二四六九	24
二四七〇	25

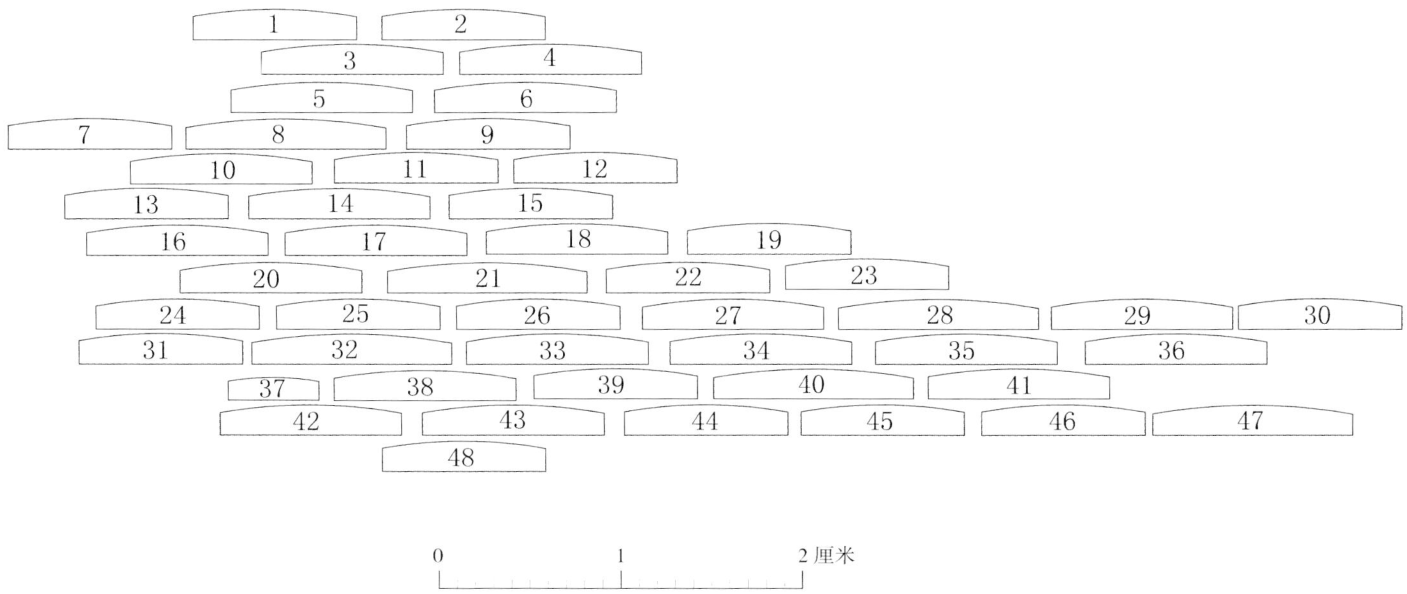

圖二十一　Ⅱc④簡牘揭剥位置示意圖

圖二十一竹簡整理編號與示意圖號對應表

整理號	示意圖號	整理號	示意圖號
二四七一	1	二四九五	25
二四七二	2	二四九六	26
二四七三	3	二四九七	27
二四七四	4	二四九八	28
二四七五	5	二四九九	29
二四七六	6	二五〇〇	30
二四七七	7	二五〇一	31
二四七八	8	二五〇二	32
二四七九	9	二五〇三	33
二四八〇	10	二五〇四	34
二四八一	11	二五〇五	35
二四八二	12	二五〇六	36
二四八三	13	二五〇七	37
二四八四	14	二五〇八	38
二四八五	15	二五〇九	39
二四八六	16	二五一〇	40
二四八七	17	二五一一	41
二四八八	18	二五一二	42
二四八九	19	二五一三	43
二四九〇	20	二五一四	44
二四九一	21	二五一五	45
二四九二	22	二五一六	46
二四九三	23	二五一七	47
二四九四	24	二五一八	48

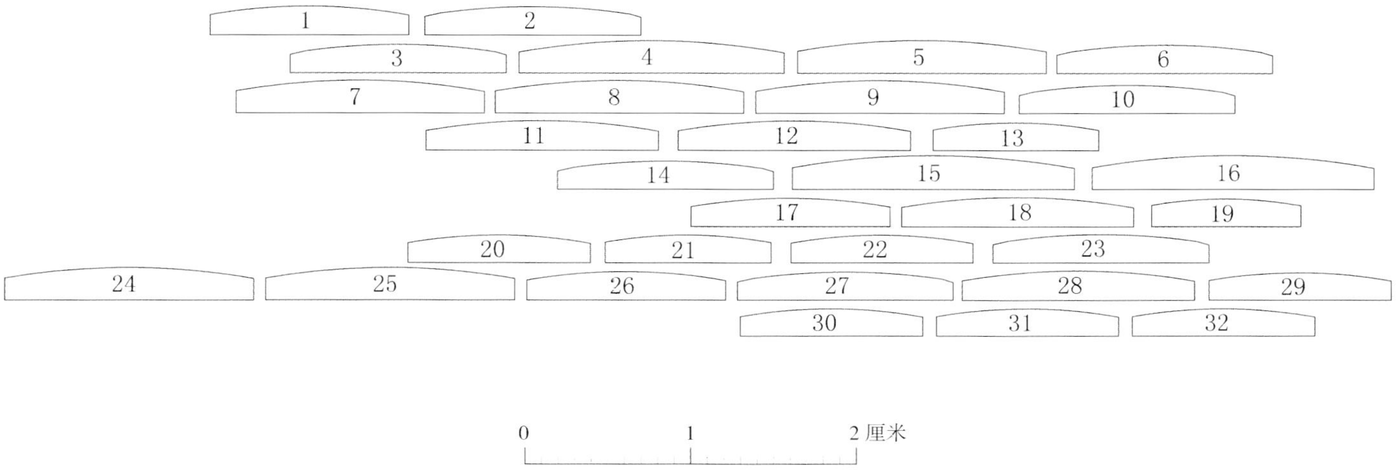

圖二十二　Ⅱc⑤圖牘揭剝位置示意圖

圖二十二竹簡整理編號與示意圖號對應表

整理號	示意圖號	整理號	示意圖號
二五一九	1	二五四二	24
二五二〇	2	二五四三	25
二五二一	3	二五四四	26
二五二二	4	二五四五	27
二五二三	5	二五四六	28
二五二四	6	二五四七	29
二五二五	7	二五四八	30
二五二六	8	二五四九	31
二五二七	9	二五五〇	32
二五二八	10		
二五二九	11		
二五三〇	12		
二五三一	13		
二五三二	14		
二五三三	15		
二五三四	16		
二五三五	17		
二五三六	18		
二五三七	19		
二五三八	20		
二五三九	21		
二五四〇	22		
二五四一	23		

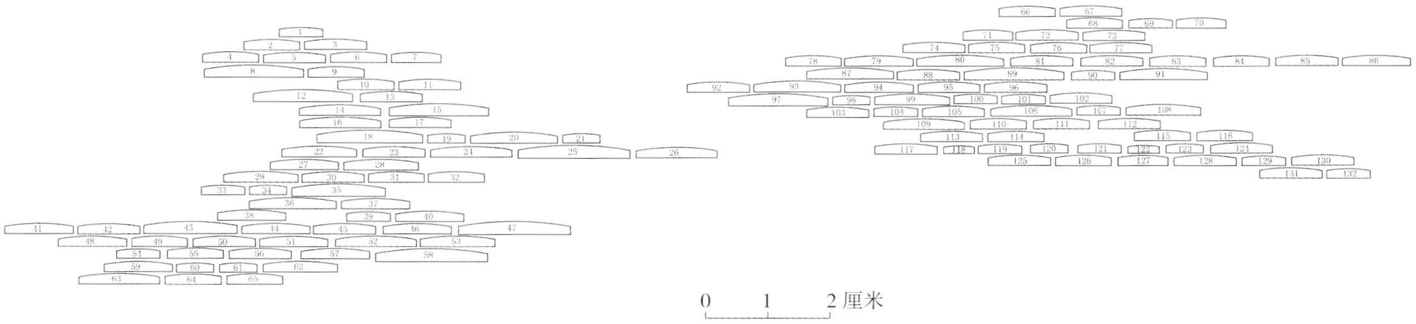

圖二十三　Ⅱc⑥簡牘揭剥位置示意圖

圖二十三竹簡整理編號與示意圖號對應表

整理號	示意圖號	整理號	示意圖號	整理號	示意圖號
二五五一	1	二五七五	25	二五九九	49
二五五二	2	二五七六	26	二六〇〇	50
二五五三	3	二五七七	27	二六〇一	51
二五五四	4	二五七八	28	二六〇二	52
二五五五	5	二五七九	29	二六〇三	53
二五五六	6	二五八〇	30	二六〇四	54
二五五七	7	二五八一	31	二六〇五	55
二五五八	8	二五八二	32	二六〇六	56
二五五九	9	二五八三	33	二六〇七	57
二五六〇	10	二五八四	34	二六〇八	58
二五六一	11	二五八五	35	二六〇九	59
二五六二	12	二五八六	36	二六一〇	60
二五六三	13	二五八七	37	二六一一	61
二五六四	14	二五八八	38	二六一二	62
二五六五	15	二五八九	39	二六一三	63
二五六六	16	二五九〇	40	二六一四	64
二五六七	17	二五九一	41	二六一五	65
二五六八	18	二五九二	42	二六一六	66
二五六九	19	二五九三	43	二六一七	67
二五七〇	20	二五九四	44	二六一八	68
二五七一	21	二五九五	45	二六一九	69
二五七二	22	二五九六	46	二六二〇	70
二五七三	23	二五九七	47	二六二一	71
二五七四	24	二五九八	48	二六二二	72

整理號	示意圖號	整理號	示意圖號	整理號	示意圖號
二六二三	73	二六四七	97	二六七一	121
二六二四	74	二六四八	98	二六七二	122
二六二五	75	二六四九	99	二六七三	123
二六二六	76	二六五〇	100	二六七四	124
二六二七	77	二六五一	101	二六七五	125
二六二八	78	二六五二	102	二六七六	126
二六二九	79	二六五三	103	二六七七	127
二六三〇	80	二六五四	104	二六七八	128
二六三一	81	二六五五	105	二六七九	129
二六三二	82	二六五六	106	二六八〇	130
二六三三	83	二六五七	107	二六八一	131
二六三四	84	二六五八	108	二六八二	132
二六三五	85	二六五九	109		
二六三六	86	二六六〇	110		
二六三七	87	二六六一	111		
二六三八	88	二六六二	112		
二六三九	89	二六六三	113		
二六四〇	90	二六六四	114		
二六四一	91	二六六五	115		
二六四二	92	二六六六	116		
二六四三	93	二六六七	117		
二六四四	94	二六六八	118		
二六四五	95	二六六九	119		
二六四六	96	二六七〇	120		

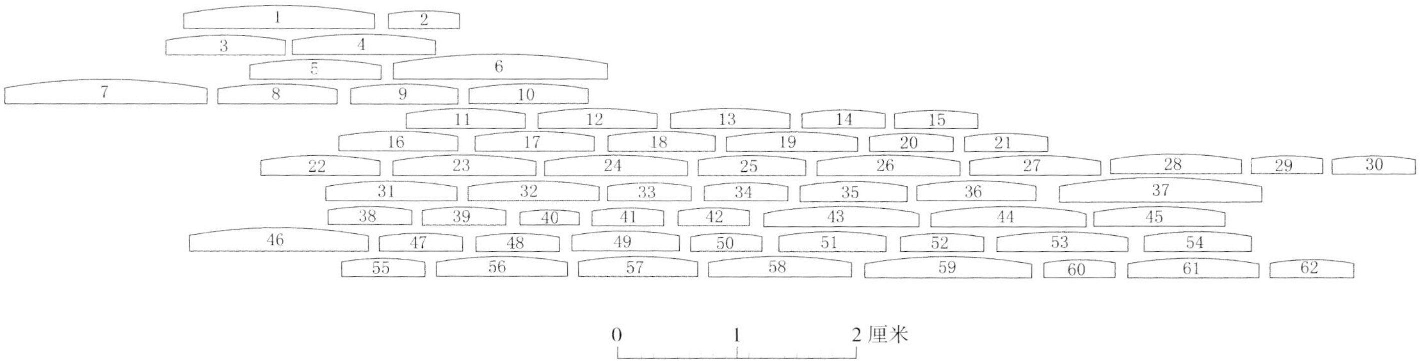

圖二十四　簡牘揭剥位置示意圖

圖二十四竹簡整理編號與示意圖號對應表

整理號	示意圖號	整理號	示意圖號	整理號	示意圖號
二八八八	1	二九一二	25	二九三六	49
二八八九	2	二九一三	26	二九三七	50
二八九〇	3	二九一四	27	二九三八	51
二八九一	4	二九一五	28	二九三九	52
二八九二	5	二九一六	29	二九四〇	53
二八九三	6	二九一七	30	二九四一	54
二八九四	7	二九一八	31	二九四二	55
二八九五	8	二九一九	32	二九四三	56
二八九六	9	二九二〇	33	二九四四	57
二八九七	10	二九二一	34	二九四五	58
二八九八	11	二九二二	35	二九四六	59
二八九九	12	二九二三	36	二九四七	60
二九〇〇	13	二九二四	37	二九四八	61
二九〇一	14	二九二五	38	二九四九	62
二九〇二	15	二九二六	39		
二九〇三	16	二九二七	40		
二九〇四	17	二九二八	41		
二九〇五	18	二九二九	42		
二九〇六	19	二九三〇	43		
二九〇七	20	二九三一	44		
二九〇八	21	二九三二	45		
二九〇九	22	二九三三	46		
二九一〇	23	二九三四	47		
二九一一	24	二九三五	48		

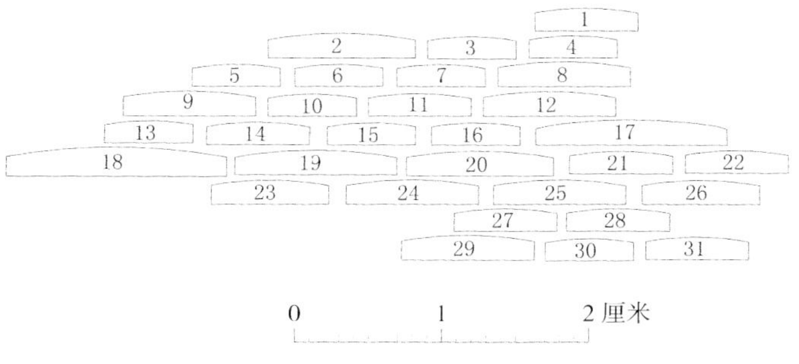

圖二十五　Ⅱc⑧簡牘揭剥位置示意圖

圖二十五竹簡整理編號與示意圖號對應表

整理號	示意圖號	整理號	示意圖號
二九五〇	1	二九七三	24
二九五一	2	二九七四	25
二九五二	3	二九七五	26
二九五三	4	二九七六	27
二九五四	5	二九七七	28
二九五五	6	二九七八	29
二九五六	7	二九七九	30
二九五七	8	二九八〇	31
二九五八	9		
二九五九	10		
二九六〇	11		
二九六一	12		
二九六二	13		
二九六三	14		
二九六四	15		
二九六五	16		
二九六六	17		
二九六七	18		
二九六八	19		
二九六九	20		
二九七〇	21		
二九七一	22		
二九七二	23		

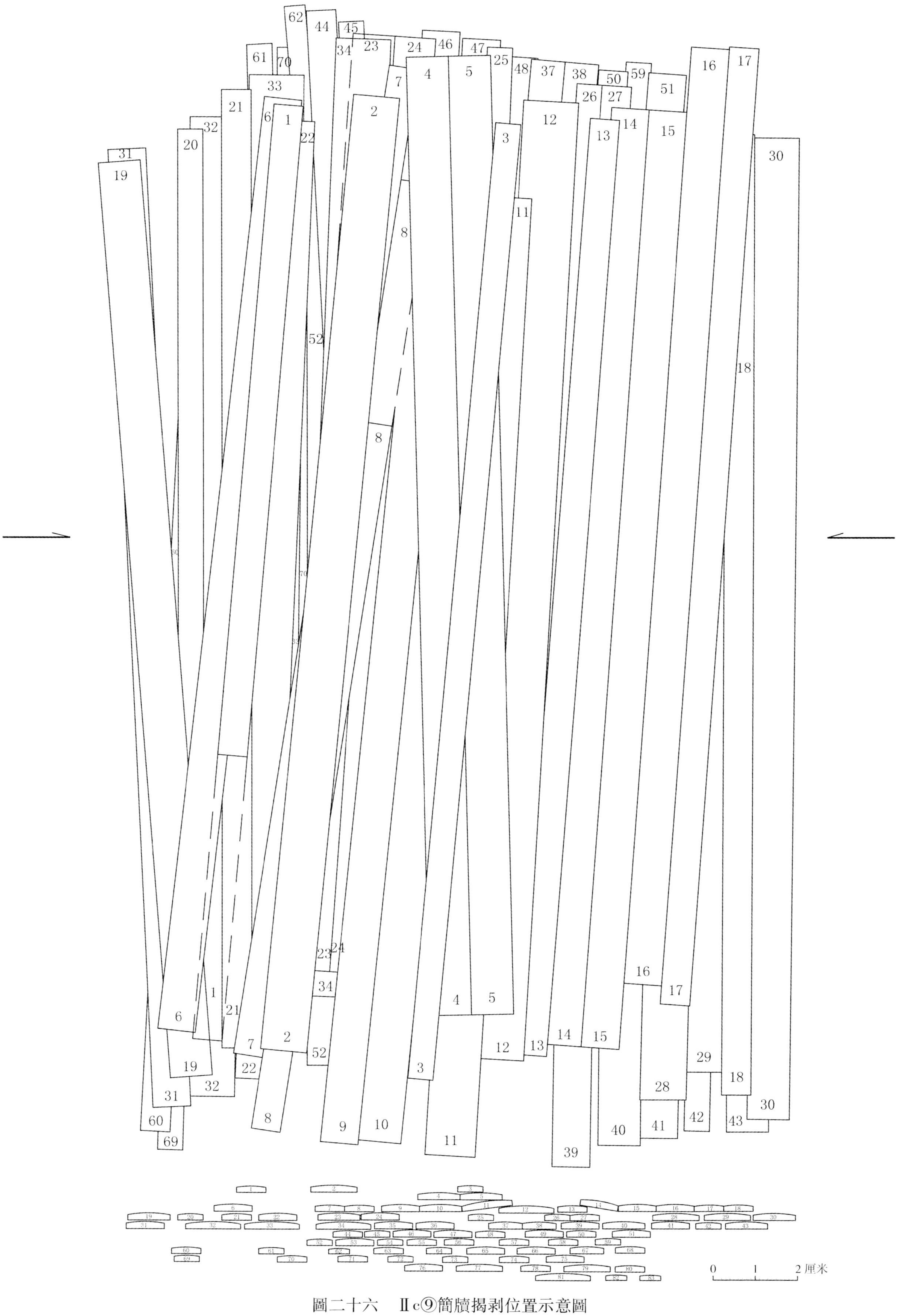

圖二十六　Ⅱc⑨簡牘揭剥位置示意圖

圖二十六竹簡整理編號與示意圖號對應表

整理號	示意圖號	整理號	示意圖號	整理號	示意圖號	整理號	示意圖號
二九八一	1	三○○五	25	三○二九	49	三○五三	73
二九八二	2	三○○六	26	三○三○	50	三○五四	74
二九八三	3	三○○七	27	三○三一	51	三○五五	75
二九八四	4	三○○八	28	三○三二	52	三○五六	76
二九八五	5	三○○九	29	三○三三	53	三○五七	77
二九八六	6	三○一○	30	三○三四	54	三○五八	78
二九八七	7	三○一一	31	三○三五	55	三○五九	79
二九八八	8	三○一二	32	三○三六	56	三○六○	80
二九八九	9	三○一三	33	三○三七	57	三○六一	81
二九九○	10	三○一四	34	三○三八	58	三○六二	82
二九九一	11	三○一五	35	三○三九	59	三○六三	83
二九九二	12	三○一六	36	三○四○	60		
二九九三	13	三○一七	37	三○四一	61		
二九九四	14	三○一八	38	三○四二	62		
二九九五	15	三○一九	39	三○四三	63		
二九九六	16	三○二○	40	三○四四	64		
二九九七	17	三○二一	41	三○四五	65		
二九九八	18	三○二二	42	三○四六	66		
二九九九	19	三○二三	43	三○四七	67		
三○○○	20	三○二四	44	三○四八	68		
三○○一	21	三○二五	45	三○四九	69		
三○○二	22	三○二六	46	三○五○	70		
三○○三	23	三○二七	47	三○五一	71		
三○○四	24	三○二八	48	三○五二	72		

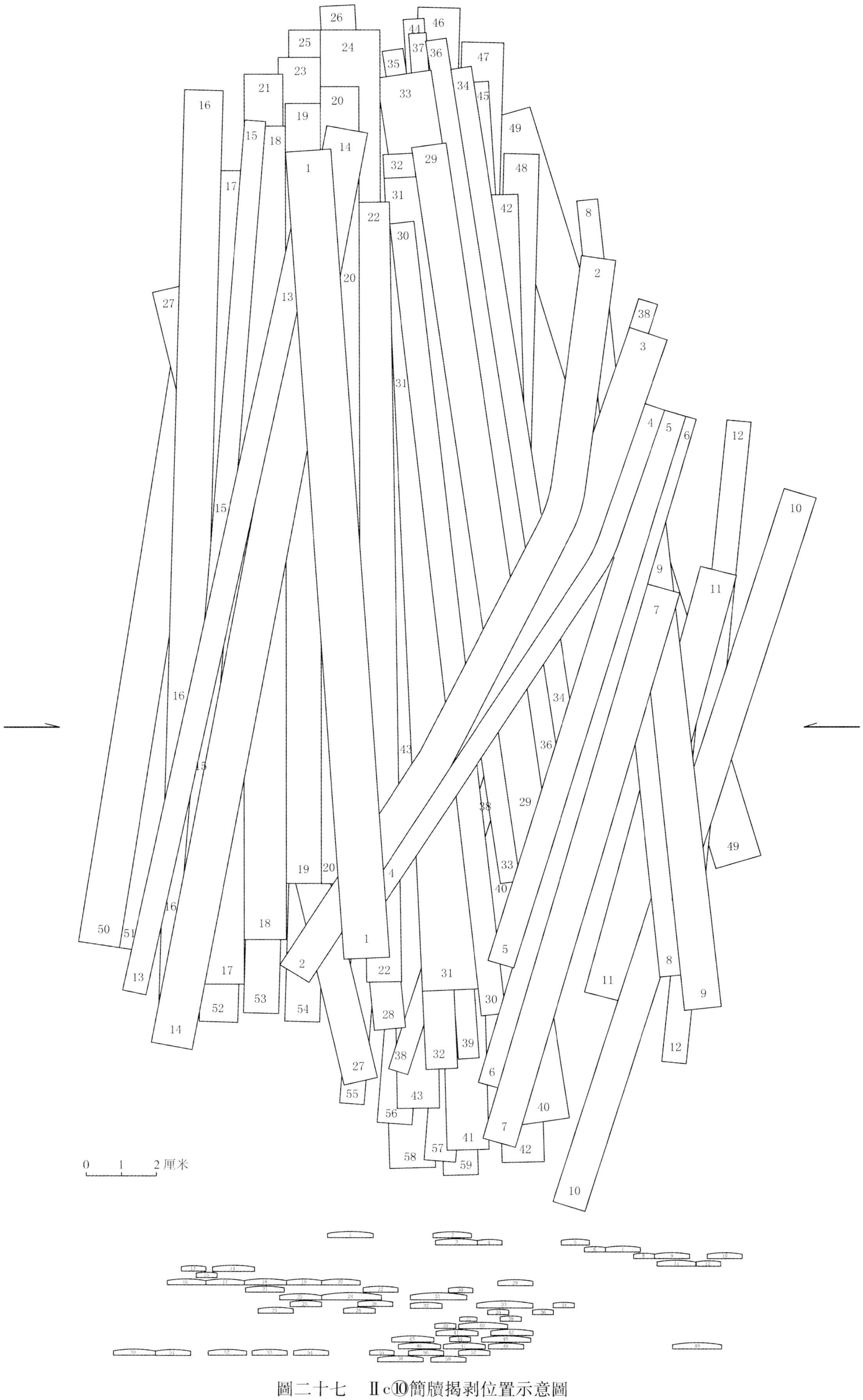

圖二十七　Ⅱc⑩簡牘揭剥位置示意圖

圖二十七竹簡整理編號與示意圖號對應表

整理號	示意圖號	整理號	示意圖號	整理號	示意圖號
三〇六四	1	三〇八八	25	三一一二	49
三〇六五	2	三〇八九	26	三一一三	50
三〇六六	3	三〇九〇	27	三一一四	51
三〇六七	4	三〇九一	28	三一一五	52
三〇六八	5	三〇九二	29	三一一六	53
三〇六九	6	三〇九三	30	三一一七	54
三〇七〇	7	三〇九四	31	三一一八	55
三〇七一	8	三〇九五	32	三一一九	56
三〇七二	9	三〇九六	33	三一二〇	57
三〇七三	10	三〇九七	34	三一二一	58
三〇七四	11	三〇九八	35	三一二二	59
三〇七五	12	三〇九九	36		
三〇七六	13	三一〇〇	37		
三〇七七	14	三一〇一	38		
三〇七八	15	三一〇二	39		
三〇七九	16	三一〇三	40		
三〇八〇	17	三一〇四	41		
三〇八一	18	三一〇五	42		
三〇八二	19	三一〇六	43		
三〇八三	20	三一〇七	44		
三〇八四	21	三一〇八	45		
三〇八五	22	三一〇九	46		
三〇八六	23	三一一〇	47		
三〇八七	24	三一一一	48		

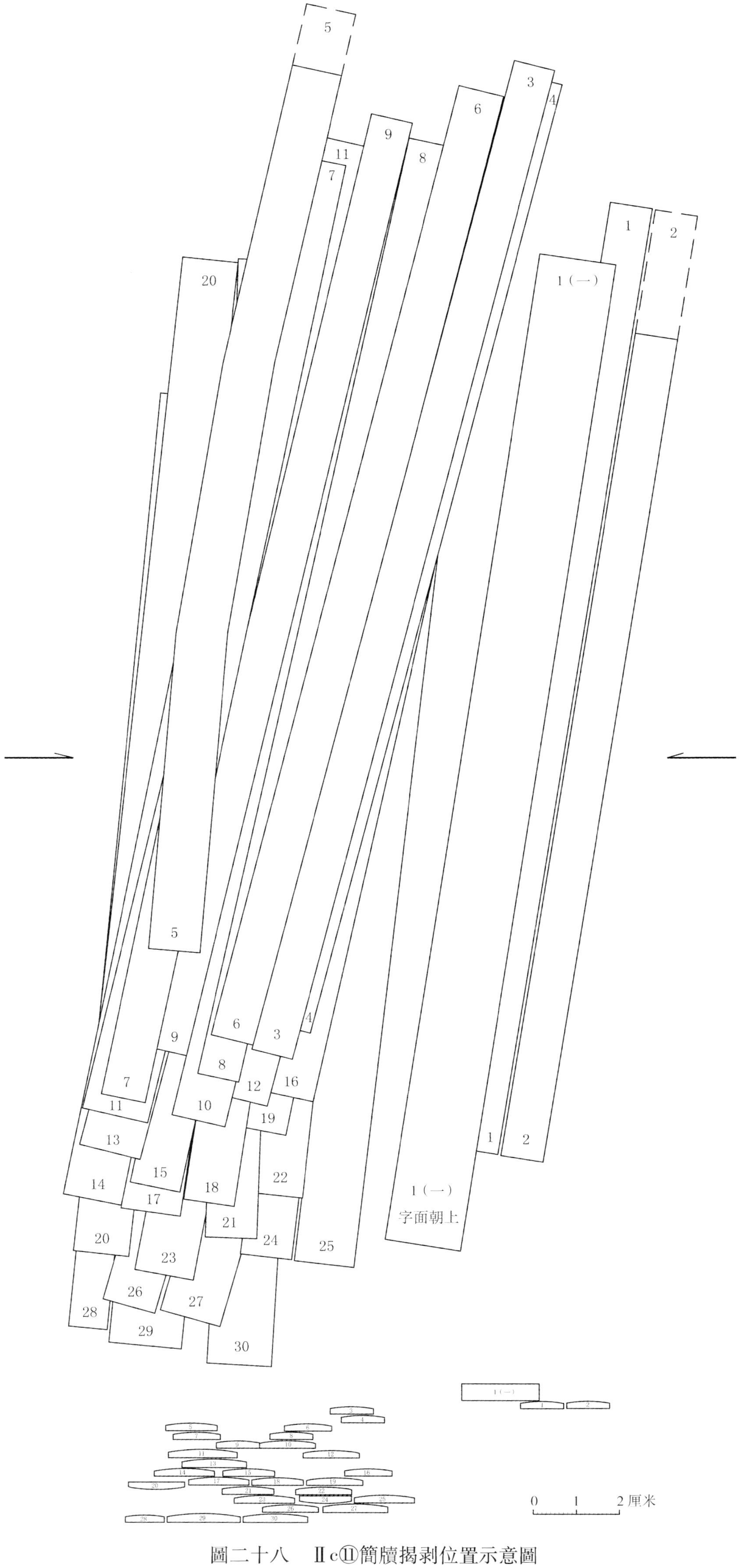

圖二十八　Ⅱc⑪簡牘揭剥位置示意圖

圖二十八竹簡整理編號與示意圖號對應表

整理號	示意圖號	整理號	示意圖號
三一二三	1	三一四五	23
三一二三（一）	1（一）	三一四六	24
三一二四	2	三一四七	25
三一二五	3	三一四八	26
三一二六	4	三一四九	27
三一二七	5	三一五〇	28
三一二八	6	三一五一	29
三一二九	7	三一五二	30
三一三〇	8		
三一三一	9		
三一三二	10		
三一三三	11		
三一三四	12		
三一三五	13		
三一三六	14		
三一三七	15		
三一三八	16		
三一三九	17		
三一四〇	18		
三一四一	19		
三一四二	20		
三一四三	21		
三一四四	22		

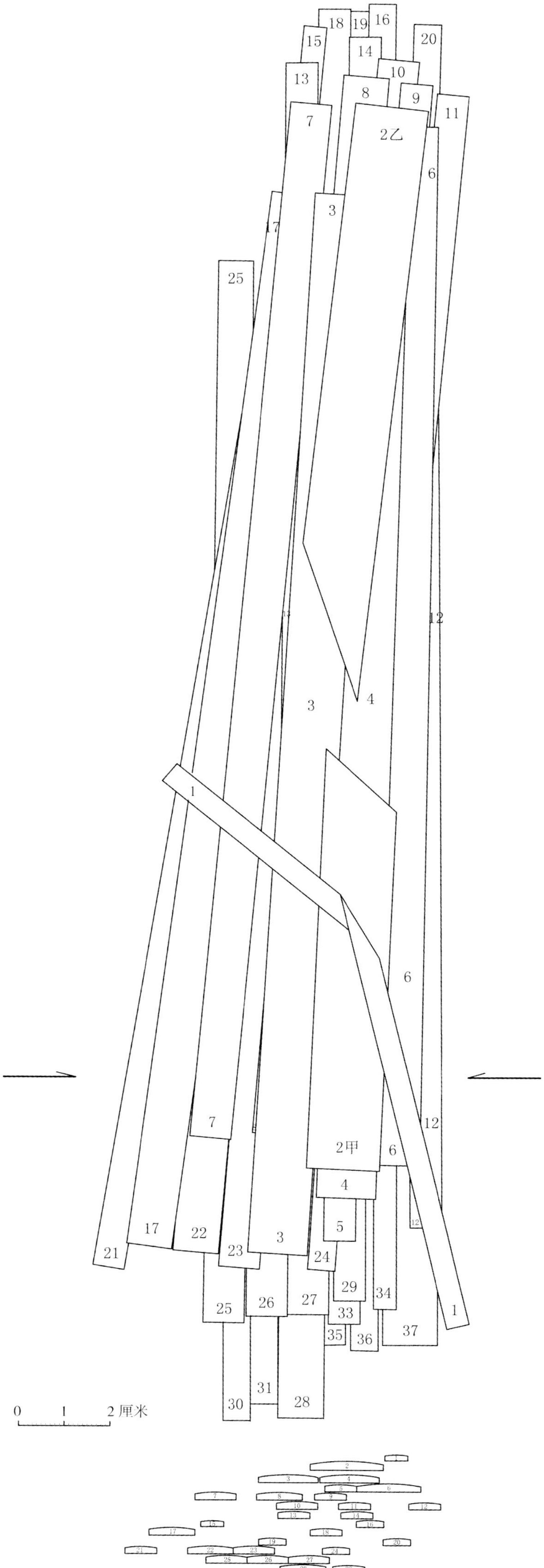

圖二十九　Ⅱc⑫簡牘揭剥位置示意圖

圖二十九竹簡整理編號與示意圖號對應表

整理號	示意圖號	整理號	示意圖號
三一五三	1	三一七六	24
三一五四甲乙	2甲乙	三一七七	25
三一五五	3	三一七八	26
三一五六	4	三一七九	27
三一五七	5	三一八〇	28
三一五八	6	三一八一	29
三一五九	7	三一八二	30
三一六〇	8	三一八三	31
三一六一	9	三一八四	32
三一六二	10	三一八五	33
三一六三	11	三一八六	34
三一六四	12	三一八七	35
三一六五	13	三一八八	36
三一六六	14	三一八九	37
三一六七	15	三一九〇	38
三一六八	16	三一九一	39
三一六九	17	三一九二	40
三一七〇	18	三一九三	41
三一七一	19	三一九四	42
三一七二	20	三一九五	43
三一七三	21		
三一七四	22		
三一七五	23		

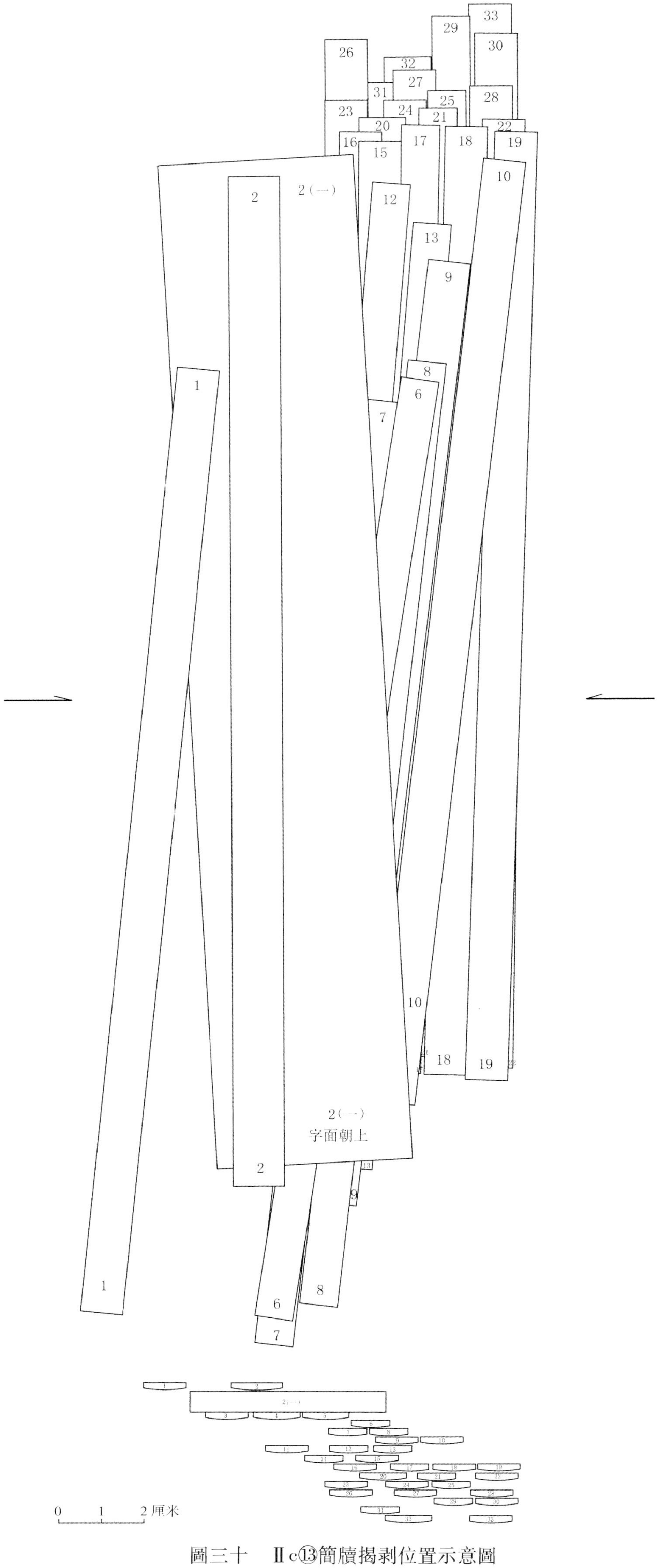

圖三十　Ⅱc⑬簡牘揭剥位置示意圖

圖三十竹簡整理編號與示意圖號對應表

整理號	示意圖號	整理號	示意圖號
三一九六	1	三二一八	23
三一九七	2	三二一九	24
三一九七（一）	2（一）	三二二〇	25
三一九八	3	三二二一	26
三一九九	4	三二二二	27
三二〇〇	5	三二二三	28
三二〇一	6	三二二四	29
三二〇二	7	三二二五	30
三二〇三	8	三二二六	31
三二〇四	9	三二二七	32
三二〇五	10	三二二八	33
三二〇六	11		
三二〇七	12		
三二〇八	13		
三二〇九	14		
三二一〇	15		
三二一一	16		
三二一二	17		
三二一三	18		
三二一四	19		
三二一五	20		
三二一六	21		
三二一七	22		

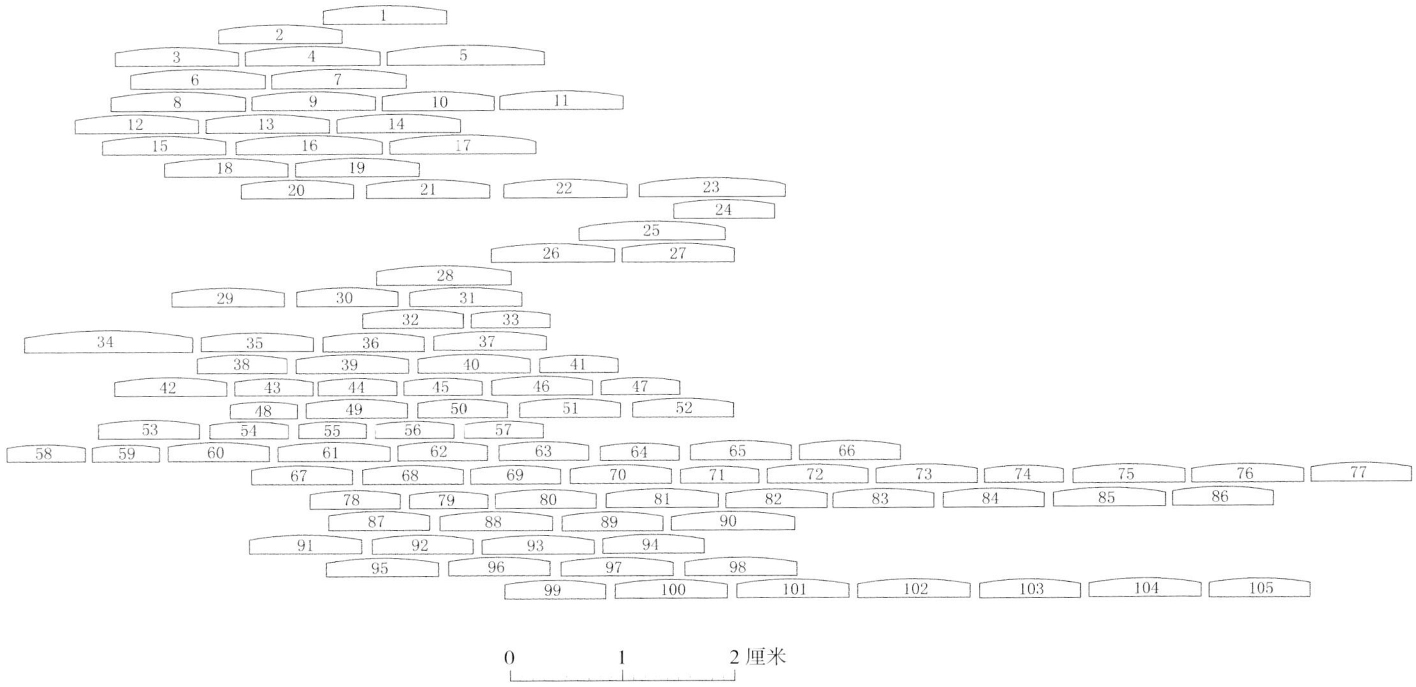

圖三十一 Ⅱc⑭簡牘揭剥位置示意圖

圖三十一竹簡整理編號與示意圖號對應表

整理號	示意圖號	整理號	示意圖號
三二二九	1	三二五二	24
三二三○	2	三二五三	25
三二三一	3	三二五四	26
三二三二	4	三二五五	27
三二三三	5	三二五六	28
三二三四	6	三二五七	29
三二三五	7	三二五八	30
三二三六	8	三二五九	31
三二三七	9	三二六○	32
三二三八	10	三二六一	33
三二三九	11	三二六二	34
三二四○	12	三二六三	35
三二四一	13	三二六四	36
三二四二	14	三二六五	37
三二四三	15	三二六六	38
三二四四	16	三二六七	39
三二四五	17	三二六八	40
三二四六	18	三二六九	41
三二四七	19	三二七○	42
三二四八	20	三二七一	43
三二四九	21	三二七二	44
三二五○	22	三二七三	45
三二五一	23	三二七四	46

整理號	示意圖號	整理號	示意圖號	整理號	示意圖號
三二七五	47	三二九九	71	三三二三	95
三二七六	48	三三〇〇	72	三三二四	96
三二七七	49	三三〇一	73	三三二五	97
三二七八	50	三三〇二	74	三三二六	98
三二七九	51	三三〇三	75	三三二七	99
三二八〇	52	三三〇四	76	三三二八	100
三二八一	53	三三〇五	77	三三二九	101
三二八二	54	三三〇六	78	三三三〇	102
三二八三	55	三三〇七	79	三三三一	103
三二八四	56	三三〇八	80	三三三二	104
三二八五	57	三三〇九	81	三三三三	105
三二八六	58	三三一〇	82		
三二八七	59	三三一一	83		
三二八八	60	三三一二	84		
三二八九	61	三三一三	85		
三二九〇	62	三三一四	86		
三二九一	63	三三一五	87		
三二九二	64	三三一六	88		
三二九三	65	三三一七	89		
三二九四	66	三三一八	90		
三二九五	67	三三一九	91		
三二九六	68	三三二〇	92		
三二九七	69	三三二一	93		
三二九八	70	三三二二	94		

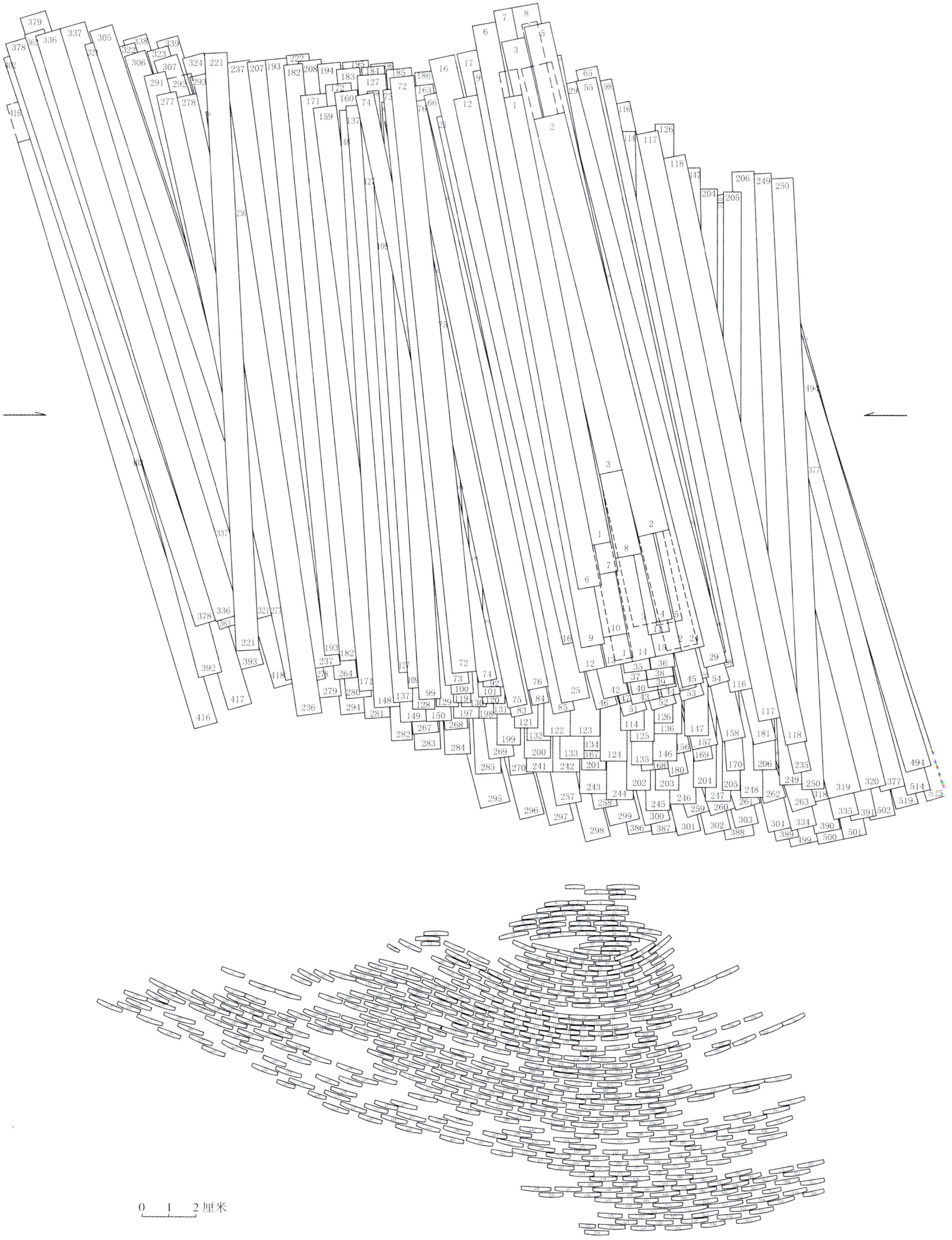

圖三十二　Ⅱc⑮簡牘揭剥位置示意圖

圖三十二竹簡整理編號與示意圖號對應表

整理號	示意圖號	整理號	示意圖號	整理號	示意圖號	整理號	示意圖號	整理號	示意圖號
三五二八	1	三五五二	25	三五七六	49	三六○○	73	三六二四	97
三五二九	2	三五五三	26	三五七七	50	三六○一	74	三六二五	98
三五三○	3	三五五四	27	三五七八	51	三六○二	75	三六二六	99
三五三一	4	三五五五	28	三五七九	52	三六○三	76	三六二七	100
三五三二	5	三五五六	29	三五八○	53	三六○四	77	三六二八	101
三五三三	6	三五五七	30	三五八一	54	三六○五	78	三六二九	102
三五三四	7	三五五八	31	三五八二	55	三六○六	79	三六三○	103
三五三五	8	三五五九	32	三五八三	56	三六○七	80	三六三一	104
三五三六	9	三五六○	33	三五八四	57	三六○八	81	三六三二	105
三五三七	10	三五六一	34	三五八五	58	三六○九	82	三六三三	106
三五三八	11	三五六二	35	三五八六	59	三六一○	83	三六三四	107
三五三九	12	三五六三	36	三五八七	60	三六一一	84	三六三五	108
三五四○	13	三五六四	37	三五八八	61	三六一二	85	三六三六	109
三五四一	14	三五六五	38	三五八九	62	三六一三	86	三六三七	110
三五四二	15	三五六六	39	三五九○	63	三六一四	87	三六三八	111
三五四三	16	三五六七	40	三五九一	64	三六一五	88	三六三九	112
三五四四	17	三五六八	41	三五九二	65	三六一六	89	三六四○	113
三五四五	18	三五六九	42	三五九三	66	三六一七	90	三六四一	114
三五四六	19	三五七○	43	三五九四	67	三六一八	91	三六四二	115
三五四七	20	三五七一	44	三五九五	68	三六一九	92	三六四三	116
三五四八	21	三五七二	45	三五九六	69	三六二○	93	三六四四	117
三五四九	22	三五七三	46	三五九七	70	三六二一	94	三六四五	118
三五五○	23	三五七四	47	三五九八	71	三六二二	95	三六四六	119
三五五一	24	三五七五	48	三五九九	72	三六二三	96	三六四七	120

整理號	示意圖號	整理號	示意圖號	整理號	示意圖號	整理號	示意圖號	整理號	示意圖號
三六四八	121	三六七二	145	三六九六	169	三七二〇	193	三七四四	217
三六四九	122	三六七三	146	三六九七	170	三七二一	194	三七四五	218
三六五〇	123	三六七四	147	三六九八	171	三七二二	195	三七四六	219
三六五一	124	三六七五	148	三六九九	172	三七二三	196	三七四七	220
三六五二	125	三六七六	149	三七〇〇	173	三七二四	197	三七四八	221
三六五三	126	三六七七	150	三七〇一	174	三七二五	198	三七四九	222
三六五四	127	三六七八	151	三七〇二	175	三七二六	199	三七五〇	223
三六五五	128	三六七九	152	三七〇三	176	三七二七	200	三七五一	224
三六五六	129	三六八〇	153	三七〇四	177	三七二八	201	三七五二	225
三六五七	130	三六八一	154	三七〇五	178	三七二九	202	三七五三	226
三六五八	131	三六八二	155	三七〇六	179	三七三〇	203	三七五四	227
三六五九	132	三六八三	156	三七〇七	180	三七三一	204	三七五五	228
三六六〇	133	三六八四	157	三七〇八	181	三七三二	205	三七五六	229
三六六一	134	三六八五	158	三七〇九	182	三七三三	206	三七五七	230
三六六二	135	三六八六	159	三七一〇	183	三七三四	207	三七五八	231
三六六三	136	三六八七	160	三七一一	184	三七三五	208	三七五九	232
三六六四	137	三六八八	161	三七一二	185	三七三六	209	三七六〇	233
三六六五	138	三六八九	162	三七一三	186	三七三七	210	三七六一	234
三六六六	139	三六九〇	163	三七一四	187	三七三八	211	三七六二	235
三六六七	140	三六九一	164	三七一五	188	三七三九	212	三七六三	236
三六六八	141	三六九二	165	三七一六	189	三七四〇	213	三七六四	237
三六六九	142	三六九三	166	三七一七	190	三七四一	214	三七六五	238
三六七〇	143	三六九四	167	三七一八	191	三七四二	215	三七六六	239
三六七一	144	三六九五	168	三七一九	192	三七四三	216	三七六七	240

整理號	示意圖號	整理號	示意圖號	整理號	示意圖號	整理號	示意圖號	整理號	示意圖號
三七六八	241	三七九二	265	三八一六	289	三八四〇	313	三八六四	337
三七六九	242	三七九三	266	三八一七	290	三八四一	314	三八六五	338
三七七〇	243	三七九四	267	三八一八	291	三八四二	315	三八六六	339
三七七一	244	三七九五	268	三八一九	292	三八四三	316	三八六七	340
三七七二	245	三七九六	269	三八二〇	293	三八四四	317	三八六八	341
三七七三	246	三七九七	270	三八二一	294	三八四五	318	三八六九	342
三七七四	247	三七九八	271	三八二二	295	三八四六	319	三八七〇	343
三七七五	248	三七九九	272	三八二三	296	三八四七	320	三八七一	344
三七七六	249	三八〇〇	273	三八二四	297	三八四八	321	三八七二	345
三七七七	250	三八〇一	274	三八二五	298	三八四九	322	三八七三	346
三七七八	251	三八〇二	275	三八二六	299	三八五〇	323	三八七四	347
三七七九	252	三八〇三	276	三八二七	300	三八五一	324	三八七五	348
三七八〇	253	三八〇四	277	三八二八	301	三八五二	325	三八七六	349
三七八一	254	三八〇五	278	三八二九	302	三八五三	326	三八七七	350
三七八二	255	三八〇六	279	三八三〇	303	三八五四	327	三八七八	351
三七八三	256	三八〇七	280	三八三一	304	三八五五	328	三八七九	352
三七八四	257	三八〇八	281	三八三二	305	三八五六	329	三八八〇	353
三七八五	258	三八〇九	282	三八三三	306	三八五七	330	三八八一	354
三七八六	259	三八一〇	283	三八三四	307	三八五八	331	三八八二	355
三七八七	260	三八一一	284	三八三五	308	三八五九	332	三八八三	356
三七八八	261	三八一二	285	三八三六	309	三八六〇	333	三八八四	357
三七八九	262	三八一三	286	三八三七	310	三八六一	334	三八八五	358
三七九〇	263	三八一四	287	三八三八	311	三八六二	335	三八八六	359
三七九一	264	三八一五	288	三八三九	312	三八六三	336	三八八七	360

整理號	示意圖號	整理號	示意圖號	整理號	示意圖號	整理號	示意圖號	整理號	示意圖號
三八八八	361	三九一二	385	三九三六	409	三九六〇	433	三九八四	457
三八八九	362	三九一三	386	三九三七	410	三九六一	434	三九八五	458
三八九〇	363	三九一四	387	三九三八	411	三九六二	435	三九八六	459
三八九一	364	三九一五	388	三九三九	412	三九六三	436	三九八七	460
三八九二	365	三九一六	389	三九四〇	413	三九六四	437	三九八八	461
三八九三	366	三九一七	390	三九四一	414	三九六五	438	三九八九	462
三八九四	367	三九一八	391	三九四二	415	三九六六	439	三九九〇	463
三八九五	368	三九一九	392	三九四三	416	三九六七	440	三九九一	464
三八九六	369	三九二〇	393	三九四四	417	三九六八	441	三九九二	465
三八九七	370	三九二一	394	三九四五	418	三九六九	442	三九九三	466
三八九八	371	三九二二	395	三九四六	419	三九七〇	443	三九九四	467
三八九九	372	三九二三	396	三九四七	420	三九七一	444	三九九五	468
三九〇〇	373	三九二四	397	三九四八	421	三九七二	445	三九九六	469
三九〇一	374	三九二五	398	三九四九	422	三九七三	446	三九九七	470
三九〇二	375	三九二六	399	三九五〇	423	三九七四	447	三九九八	471
三九〇三	376	三九二七	400	三九五一	424	三九七五	448	三九九九	472
三九〇四	377	三九二八	401	三九五二	425	三九七六	449	四〇〇〇	473
三九〇五	378	三九二九	402	三九五三	426	三九七七	450	四〇〇一	474
三九〇六	379	三九三〇	403	三九五四	427	三九七八	451	四〇〇二	475
三九〇七	380	三九三一	404	三九五五	428	三九七九	452	四〇〇三	476
三九〇八	381	三九三二	405	三九五六	429	三九八〇	453	四〇〇四	477
三九〇九	382	三九三三	406	三九五七	430	三九八一	454	四〇〇五	478
三九一〇	383	三九三四	407	三九五八	431	三九八二	455	四〇〇六	479
三九一一	384	三九三五	408	三九五九	432	三九八三	456	四〇〇七	480

整理號	示意圖號	整理號	示意圖號	整理號	示意圖號
四〇〇八	481	四〇三二	505	四〇五六	529
四〇〇九	482	四〇三三	506	四〇五七	530
四〇一〇	483	四〇三四	507	四〇五八	531
四〇一一	484	四〇三五	508	四〇五九	532
四〇一二	485	四〇三六	509	四〇六〇	533
四〇一三	486	四〇三七	510	四〇六一	534
四〇一四	487	四〇三八	511	四〇六二	535
四〇一五	488	四〇三九	512	四〇六三	536
四〇一六	489	四〇四〇	513	四〇六四	537
四〇一七	490	四〇四一	514	四〇六五	538
四〇一八	491	四〇四二	515		
四〇一九	492	四〇四三	516		
四〇二〇	493	四〇四四	517		
四〇二一	494	四〇四五	518		
四〇二二	495	四〇四六	519		
四〇二三	496	四〇四七	520		
四〇二四	497	四〇四八	521		
四〇二五	498	四〇四九	522		
四〇二六	499	四〇五〇	523		
四〇二七	500	四〇五一	524		
四〇二八	501	四〇五二	525		
四〇二九	502	四〇五三	526		
四〇三〇	503	四〇五四	527		
四〇三一	504	四〇五五	528		

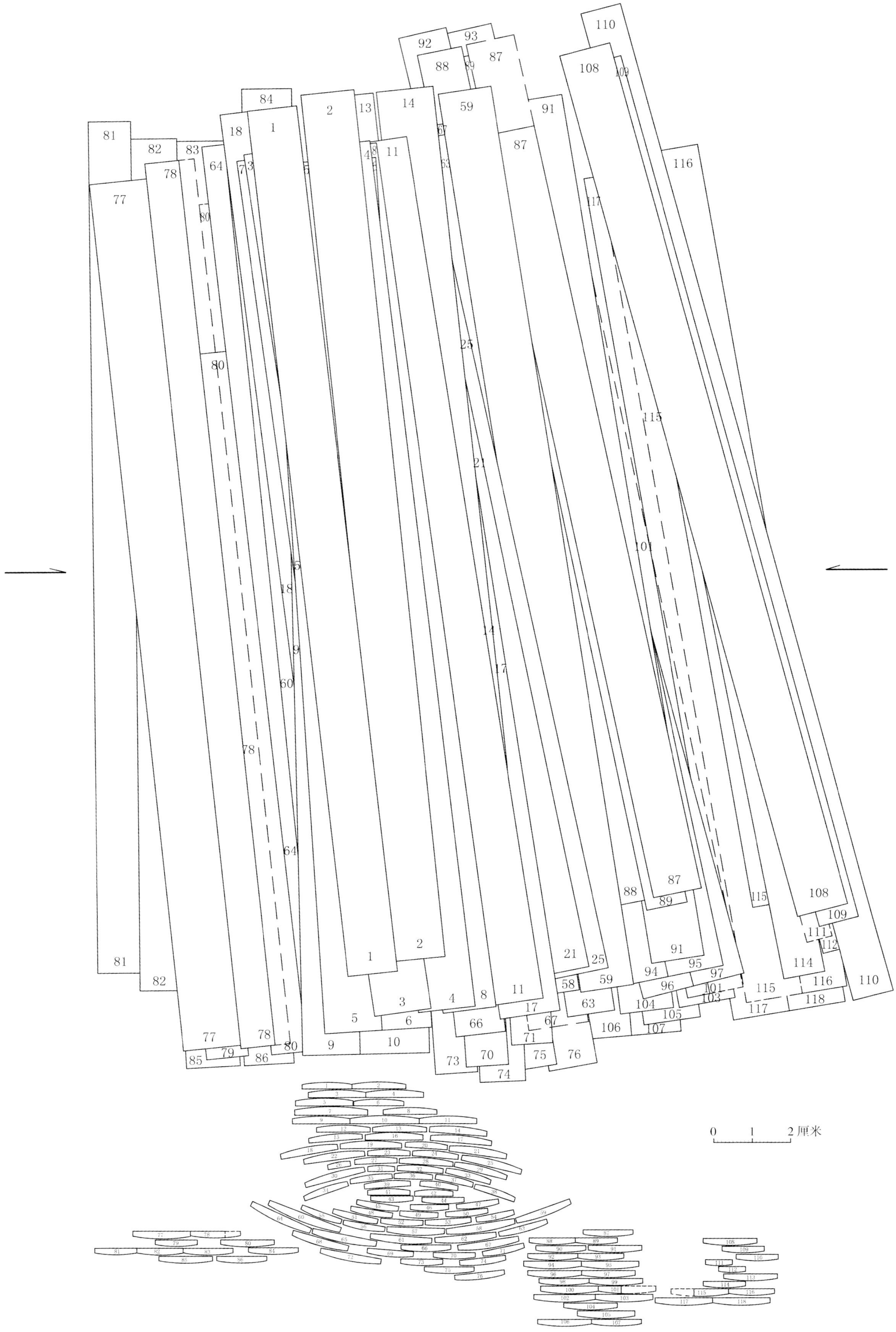

圖三十三　Ⅱc⑯簡牘揭剥位置示意圖

圖三十三竹簡整理編號與示意圖號對應表

整理號	示意圖號	整理號	示意圖號	整理號	示意圖號	整理號	示意圖號	整理號	示意圖號
四〇六六	1	四〇九〇	25	四一一四	49	四一三八	73	四一六二	97
四〇六七	2	四〇九一	26	四一一五	50	四一三九	74	四一六三	98
四〇六八	3	四〇九二	27	四一一六	51	四一四〇	75	四一六四	99
四〇六九	4	四〇九三	28	四一一七	52	四一四一	76	四一六五	100
四〇七〇	5	四〇九四	29	四一一八	53	四一四二	77	四一六六	101
四〇七一	6	四〇九五	30	四一一九	54	四一四三	78	四一六七	102
四〇七二	7	四〇九六	31	四一二〇	55	四一四四	79	四一六八	103
四〇七三	8	四〇九七	32	四一二一	56	四一四五	80	四一六九	104
四〇七四	9	四〇九八	33	四一二二	57	四一四六	81	四一七〇	105
四〇七五	10	四〇九九	34	四一二三	58	四一四七	82	四一七一	106
四〇七六	11	四一〇〇	35	四一二四	59	四一四八	83	四一七二	107
四〇七七	12	四一〇一	36	四一二五	60	四一四九	84	四一七三	108
四〇七八	13	四一〇二	37	四一二六	61	四一五〇	85	四一七四	109
四〇七九	14	四一〇三	38	四一二七	62	四一五一	86	四一七五	110
四〇八〇	15	四一〇四	39	四一二八	63	四一五二	87	四一七六	111
四〇八一	16	四一〇五	40	四一二九	64	四一五三	88	四一七七	112
四〇八二	17	四一〇六	41	四一三〇	65	四一五四	89	四一七八	113
四〇八三	18	四一〇七	42	四一三一	66	四一五五	90	四一七九	114
四〇八四	19	四一〇八	43	四一三二	67	四一五六	91	四一八〇	115
四〇八五	20	四一〇九	44	四一三三	68	四一五七	92	四一八一	116
四〇八六	21	四一一〇	45	四一三四	69	四一五八	93	四一八二	117
四〇八七	22	四一一一	46	四一三五	70	四一五九	94	四一八三	118
四〇八八	23	四一一二	47	四一三六	71	四一六〇	95		
四〇八九	24	四一一三	48	四一三七	72	四一六一	96		

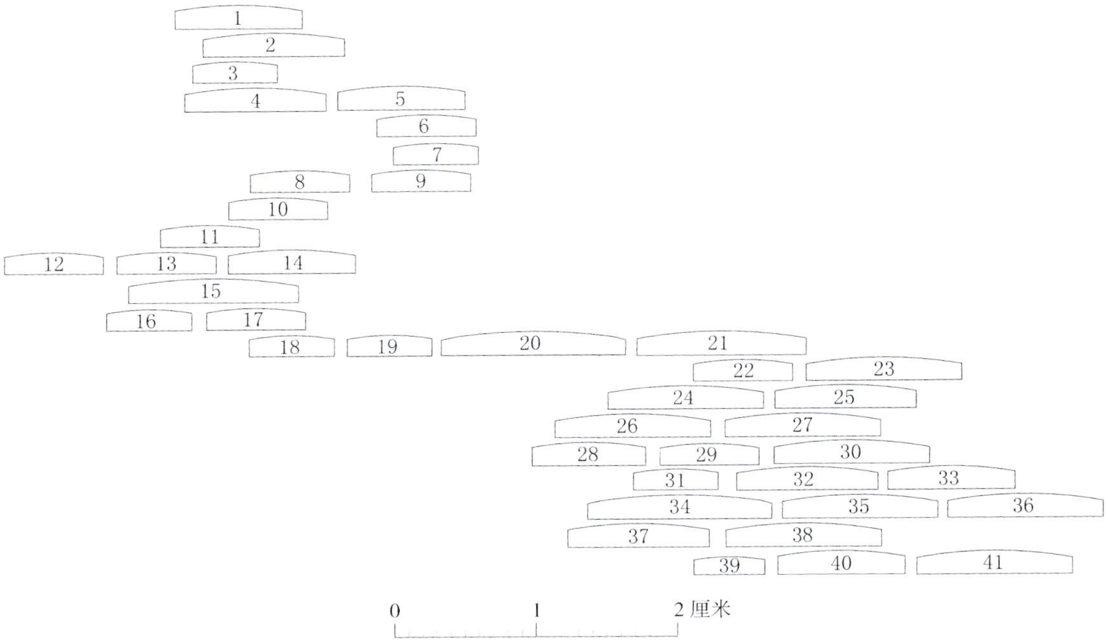

圖三十四 Ⅱc⑰簡牘揭剥位置示意圖

圖三十四竹簡整理編號與示意圖號對應表

整理號	示意圖號	整理號	示意圖號
四一八四	1	四二〇七	24
四一八五	2	四二〇八	25
四一八六	3	四二〇九	26
四一八七	4	四二一〇	27
四一八八	5	四二一一	28
四一八九	6	四二一二	29
四一九〇	7	四二一三	30
四一九一	8	四二一四	31
四一九二	9	四二一五	32
四一九三	10	四二一六	33
四一九四	11	四二一七	34
四一九五	12	四二一八	35
四一九六	13	四二一九	36
四一九七	14	四二二〇	37
四一九八	15	四二二一	38
四一九九	16	四二二二	39
四二〇〇	17	四二二三	40
四二〇一	18	四二二四	41
四二〇二	19		
四二〇三	20		
四二〇四	21		
四二〇五	22		
四二〇六	23		

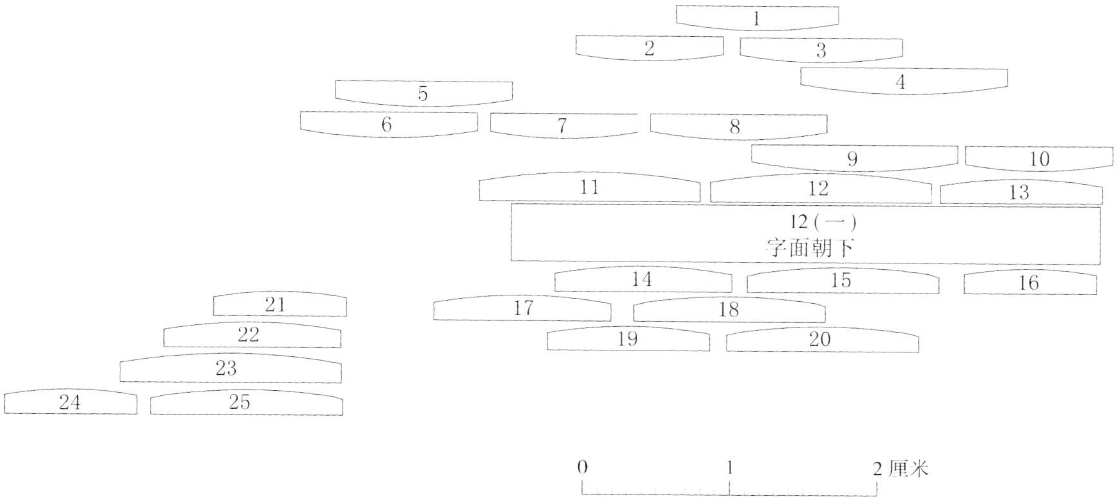

圖三十五 Ⅱc⑱簡牘揭剥位置示意圖

圖三十五竹簡整理編號與示意圖號對應表

整理號	示意圖號	整理號	示意圖號
四二二五	1	四二四七	23
四二二六	2	四二四八	24
四二二七	3	四二四九	25
四二二八	4		
四二二九	5		
四二三〇	6		
四二三一	7		
四二三二	8		
四二三三	9		
四二三四	10		
四二三五	11		
四二三六	12		
四二三六(一)	12(一)		
四二三七	13		
四二三八	14		
四二三九	15		
四二四〇	16		
四二四一	17		
四二四二	18		
四二四三	19		
四二四四	20		
四二四五	21		
四二四六	22		

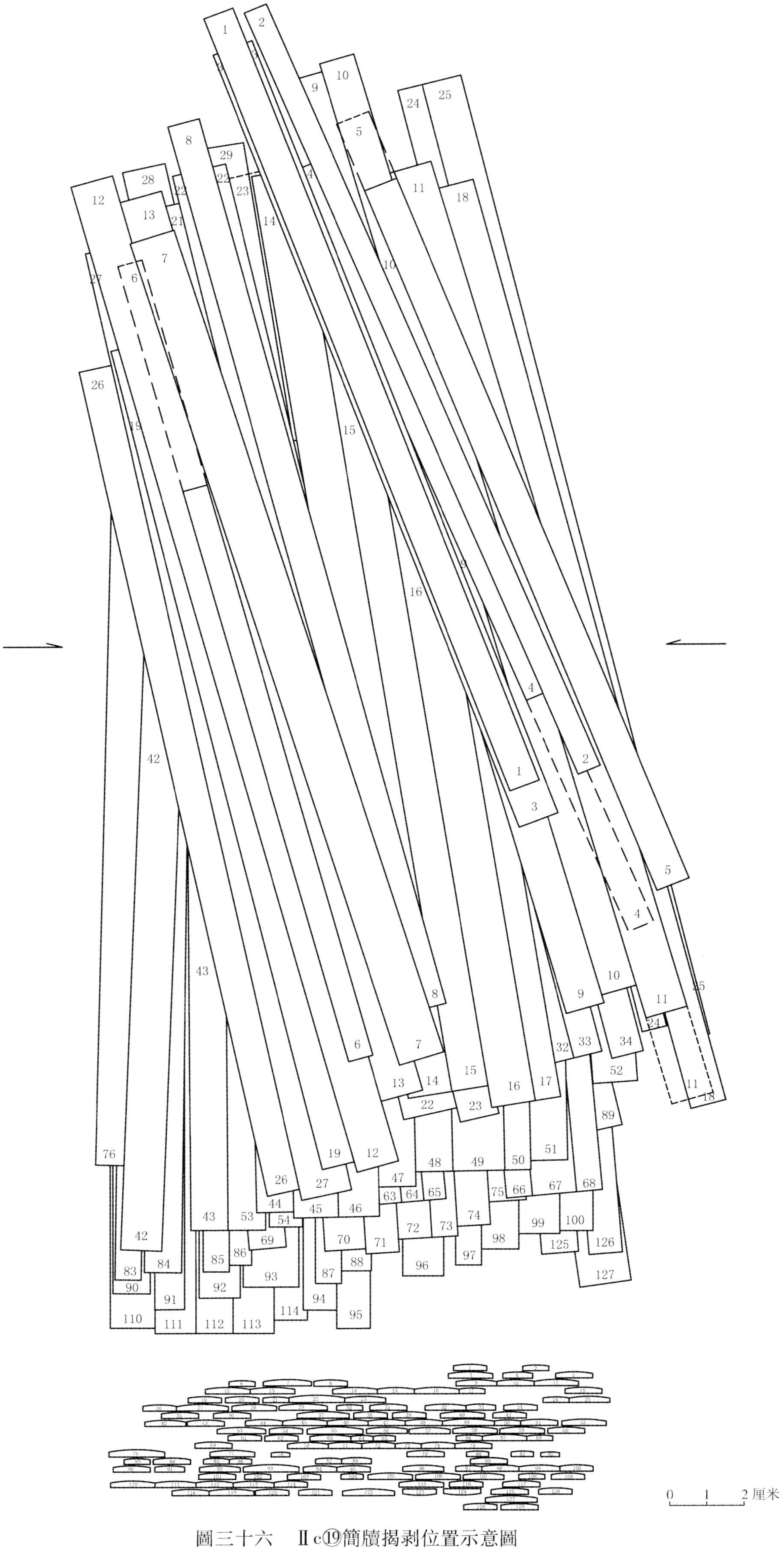

圖三十六　Ⅱc⑲簡牘揭剥位置示意圖

圖三十六竹簡整理編號與示意圖號對應表

整理號	示意圖號	整理號	示意圖號	整理號	示意圖號	整理號	示意圖號
四二五〇	1	四二七四	25	四二九八	49	四三二二	73
四二五一	2	四二七五	26	四二九九	50	四三二三	74
四二五二	3	四二七六	27	四三〇〇	51	四三二四	75
四二五三	4	四二七七	28	四三〇一	52	四三二五	76
四二五四	5	四二七八	29	四三〇二	53	四三二六	77
四二五五	6	四二七九	30	四三〇三	54	四三二七	78
四二五六	7	四二八〇	31	四三〇四	55	四三二八	79
四二五七	8	四二八一	32	四三〇五	56	四三二九	80
四二五八	9	四二八二	33	四三〇六	57	四三三〇	81
四二五九	10	四二八三	34	四三〇七	58	四三三一	82
四二六〇	11	四二八四	35	四三〇八	59	四三三二	83
四二六一	12	四二八五	36	四三〇九	60	四三三三	84
四二六二	13	四二八六	37	四三一〇	61	四三三四	85
四二六三	14	四二八七	38	四三一一	62	四三三五	86
四二六四	15	四二八八	39	四三一二	63	四三三六	87
四二六五	16	四二八九	40	四三一三	64	四三三七	88
四二六六	17	四二九〇	41	四三一四	65	四三三八	89
四二六七	18	四二九一	42	四三一五	66	四三三九	90
四二六八	19	四二九二	43	四三一六	67	四三四〇	91
四二六九	20	四二九三	44	四三一七	68	四三四一	92
四二七〇	21	四二九四	45	四三一八	69	四三四二	93
四二七一	22	四二九五	46	四三一九	70	四三四三	94
四二七二	23	四二九六	47	四三二〇	71	四三四四	95
四二七三	24	四二九七	48	四三二一	72	四三四五	96

整理號	示意圖號	整理號	示意圖號
四三四六	97	四三七〇	121
四三四七	98	四三七一	122
四三四八	99	四三七二	123
四三四九	100	四三七三	124
四三五〇	101	四三七四	125
四三五一	102	四三七五	126
四三五二	103	四三七六	127
四三五三	104	四三七七	128
四三五四	105	四三七八	129
四三五五	106		
四三五六	107		
四三五七	108		
四三五八	109		
四三五九	110		
四三六〇	111		
四三六一	112		
四三六二	113		
四三六三	114		
四三六四	115		
四三六五	116		
四三六六	117		
四三六七	118		
四三六八	119		
四三六九	120		

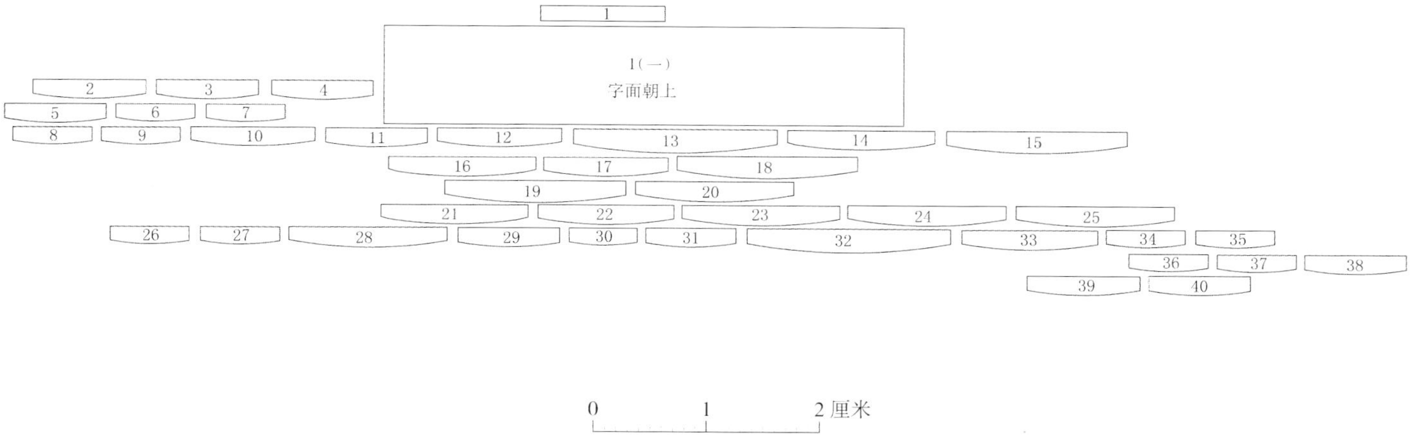

圖三十七　Ⅱc⑳簡牘揭剥位置示意圖

圖三十七竹簡整理編號與示意圖號對應表

整理號	示意圖號	整理號	示意圖號
四三七九	1	四四〇一	23
四三七九(一)	1(一)	四四〇二	24
四三八〇	2	四四〇三	25
四三八一	3	四四〇四	26
四三八二	4	四四〇五	27
四三八三	5	四四〇六	28
四三八四	6	四四〇七	29
四三八五	7	四四〇八	30
四三八六	8	四四〇九	31
四三八七	9	四四一〇	32
四三八八	10	四四一一	33
四三八九	11	四四一二	34
四三九〇	12	四四一三	35
四三九一	13	四四一四	36
四三九二	14	四四一五	37
四三九三	15	四四一六	38
四三九四	16	四四一七	39
四三九五	17	四四一八	40
四三九六	18		
四三九七	19		
四三九八	20		
四三九九	21		
四四〇〇	22		

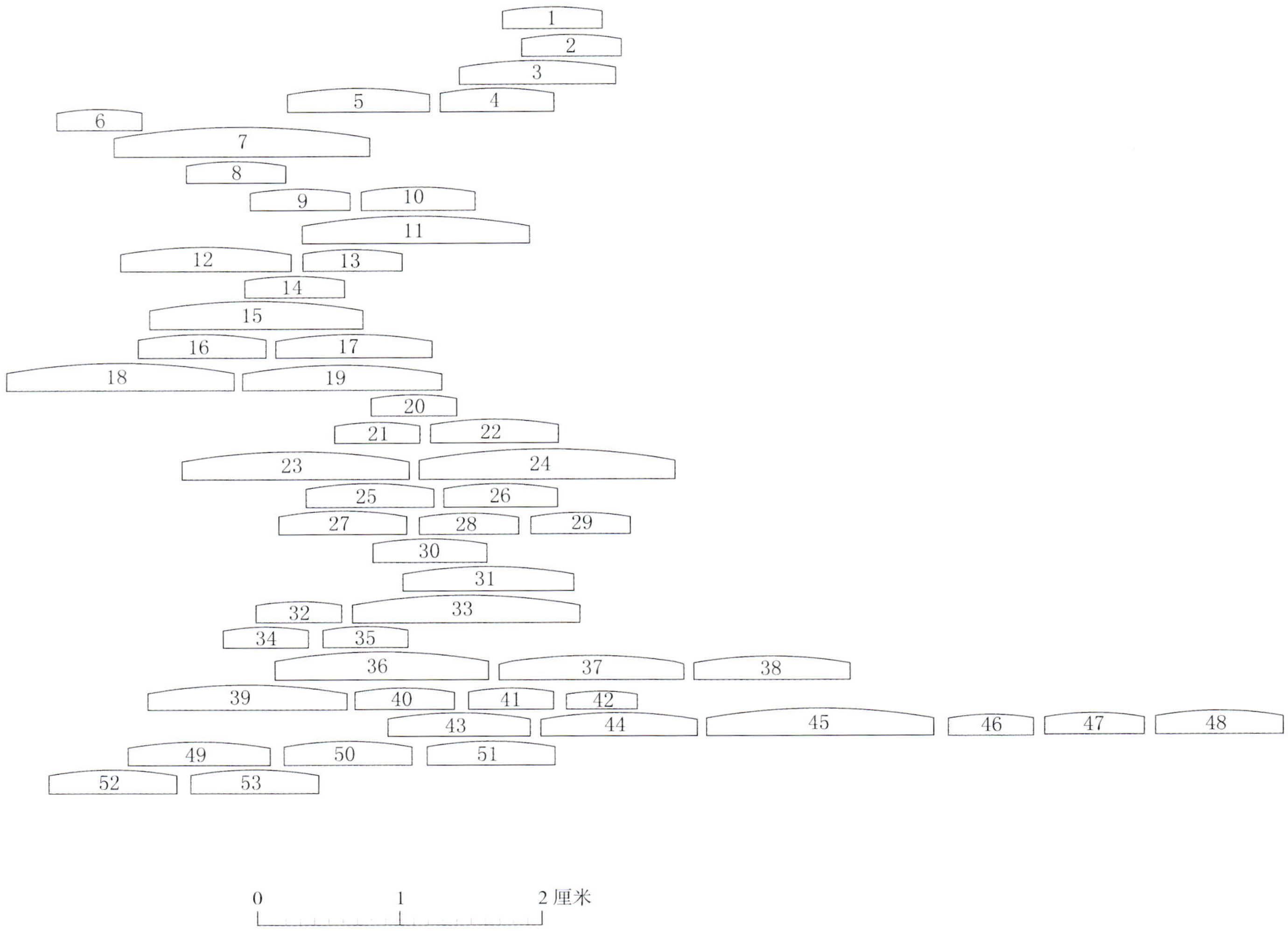

圖三十八　Ⅱb㉑簡牘揭剥位置示意圖

圖三十八竹簡整理編號與示意圖號對應表

整理號	示意圖號
四四一九	1
四四二〇	2
四四二一	3
四四二二	4
四四二三	5
四四二四	6
四四二五	7
四四二六	8
四四二七	9
四四二八	10
四四二九	11
四四三〇	12
四四三一	13
四四三二	14
四四三三	15
四四三四	16
四四三五	17
四四三六	18
四四三七	19
四四三八	20
四四三九	21
四四四〇	22
四四四一	23

整理號	示意圖號	整理號	示意圖號
四四四二	24	四四六五	47
四四四三	25	四四六六	48
四四四四	26	四四六七	49
四四四五	27	四四六八	50
四四四六	28	四四六九	51
四四四七	29	四四七〇	52
四四四八	30	四四七一	53
四四四九	31		
四四五〇	32		
四四五一	33		
四四五二	34		
四四五三	35		
四四五四	36		
四四五五	37		
四四五六	38		
四四五七	39		
四四五八	40		
四四五九	41		
四四六〇	42		
四四六一	43		
四四六二	44		
四四六三	45		
四四六四	46		

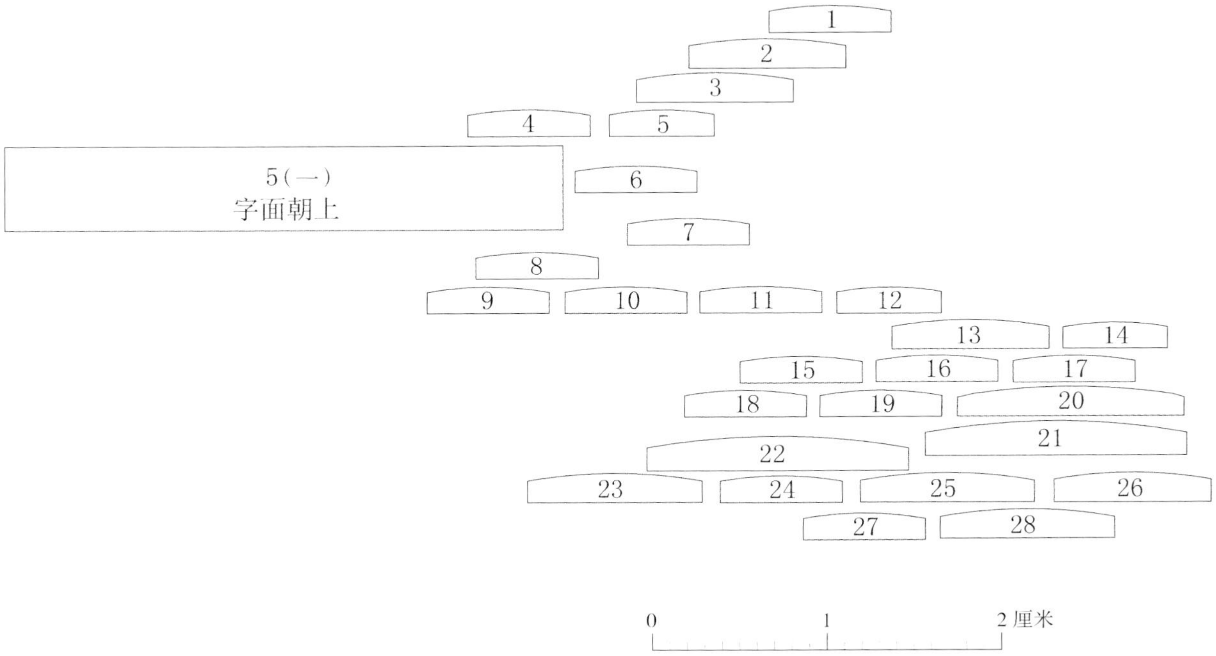

圖三十九 Ⅱc㉒簡牘揭剥位置示意圖

圖三十九竹簡整理編號與示意圖號對應表

整理號	示意圖號	整理號	示意圖號
四四七二	1	四四九四	23
四四七三	2	四四九五	24
四四七四	3	四四九六	25
四四七五	4	四四九七	26
四四七六	5	四四九八	27
四四七六（一）	5（一）	四四九九	28
四四七七	6		
四四七八	7		
四四七九	8		
四四八〇	9		
四四八一	10		
四四八二	11		
四四八三	12		
四四八四	13		
四四八五	14		
四四八六	15		
四四八七	16		
四四八八	17		
四四八九	18		
四四九〇	19		
四四九一	20		
四四九二	21		
四四九三	22		

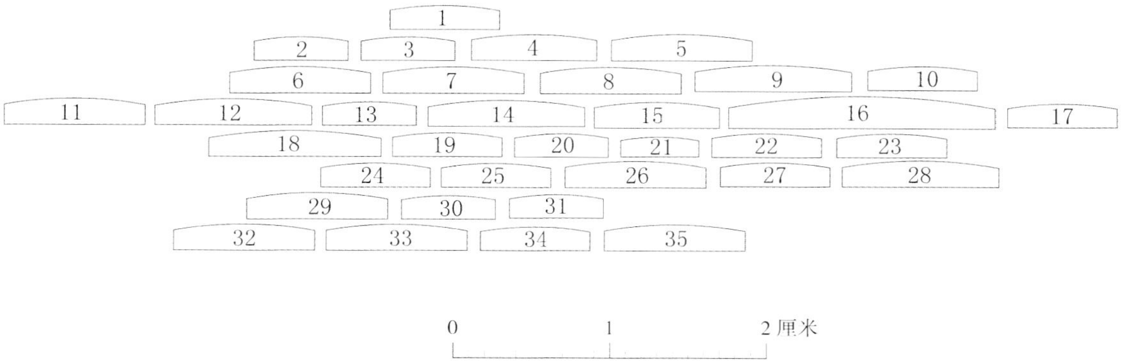

圖四十 Ⅱc㉓簡牘揭剥位置示意圖

圖四十竹簡整理編號與示意圖號對應表

整理號	示意圖號	整理號	示意圖號
四五〇〇	1	四五二三	24
四五〇一	2	四五二四	25
四五〇二	3	四五二五	26
四五〇三	4	四五二六	27
四五〇四	5	四五二七	28
四五〇五	6	四五二八	29
四五〇六	7	四五二九	30
四五〇七	8	四五三〇	31
四五〇八	9	四五三一	32
四五〇九	10	四五三二	33
四五一〇	11	四五三三	34
四五一一	12	四五三四	35
四五一二	13		
四五一三	14		
四五一四	15		
四五一五	16		
四五一六	17		
四五一七	18		
四五一八	19		
四五一九	20		
四五二〇	21		
四五二一	22		
四五二二	23		

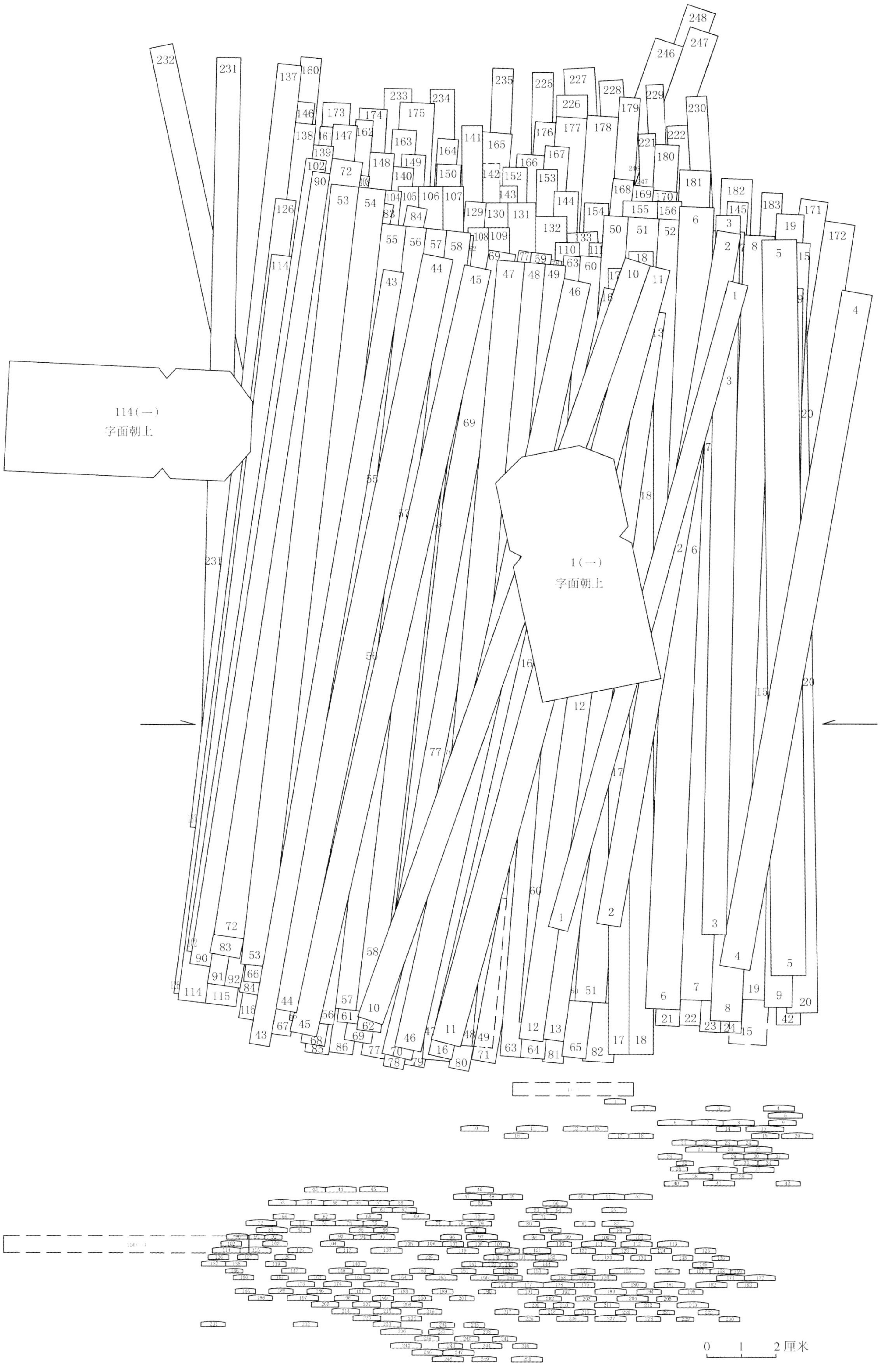

圖四十一 Ⅱc㉔簡牘揭剥位置示意圖

圖四十一 竹簡整理編號與示意圖號對應表

整理號	示意圖號	整理號	示意圖號	整理號	示意圖號	整理號	示意圖號	整理號	示意圖號
四七〇七	1	四七三〇	24	四七五四	48	四七七八	72	四八〇二	96
四七〇七（一）	1（一）	四七三一	25	四七五五	49	四七七九	73	四八〇三	97
四七〇八	2	四七三二	26	四七五六	50	四七八〇	74	四八〇四	98
四七〇九	3	四七三三	27	四七五七	51	四七八一	75	四八〇五	99
四七一〇	4	四七三四	28	四七五八	52	四七八二	76	四八〇六	100
四七一一	5	四七三五	29	四七五九	53	四七八三	77	四八〇七	101
四七一二	6	四七三六	30	四七六〇	54	四七八四	78	四八〇八	102
四七一三	7	四七三七	31	四七六一	55	四七八五	79	四八〇九	103
四七一四	8	四七三八	32	四七六二	56	四七八六	80	四八一〇	104
四七一五	9	四七三九	33	四七六三	57	四七八七	81	四八一一	105
四七一六	10	四七四〇	34	四七六四	58	四七八八	82	四八一二	106
四七一七	11	四七四一	35	四七六五	59	四七八九	83	四八一三	107
四七一八	12	四七四二	36	四七六六	60	四七九〇	84	四八一四	108
四七一九	13	四七四三	37	四七六七	61	四七九一	85	四八一五	109
四七二〇	14	四七四四	38	四七六八	62	四七九二	86	四八一六	110
四七二一	15	四七四五	39	四七六九	63	四七九三	87	四八一七	111
四七二二	16	四七四六	40	四七七〇	64	四七九四	88	四八一八	112
四七二三	17	四七四七	41	四七七一	65	四七九五	89	四八一九	113
四七二四	18	四七四八	42	四七七二	66	四七九六	90	四八二〇	114
四七二五	19	四七四九	43	四七七三	67	四七九七	91	四八二〇（一）	114（一）
四七二六	20	四七五〇	44	四七七四	68	四七九八	92	四八二一	115
四七二七	21	四七五一	45	四七七五	69	四七九九	93	四八二二	116
四七二八	22	四七五二	46	四七七六	70	四八〇〇	94	四八二三	117
四七二九	23	四七五三	47	四七七七	71	四八〇一	95	四八二四	118

整理號	示意圖號	整理號	示意圖號	整理號	示意圖號	整理號	示意圖號	整理號	示意圖號
四八二五	119	四八五〇	144	四八七五	169	四九〇〇	194	四九二五	219
四八二六	120	四八五一	145	四八七六	170	四九〇一	195	四九二六	220
四八二七	121	四八五二	146	四八七七	171	四九〇二	196	四九二七	221
四八二八	122	四八五三	147	四八七八	172	四九〇三	197	四九二八	222
四八二九	123	四八五四	148	四八七九	173	四九〇四	198	四九二九	223
四八三〇	124	四八五五	149	四八八〇	174	四九〇五	199	四九三〇	224
四八三一	125	四八五六	150	四八八一	175	四九〇六	200	四九三一	225
四八三二	126	四八五七	151	四八八二	176	四九〇七	201	四九三二	226
四八三三	127	四八五八	152	四八八三	177	四九〇八	202	四九三三	227
四八三四	128	四八五九	153	四八八四	178	四九〇九	203	四九三四	228
四八三五	129	四八六〇	154	四八八五	179	四九一〇	204	四九三五	229
四八三六	130	四八六一	155	四八八六	180	四九一一	205	四九三六	230
四八三七	131	四八六二	156	四八八七	181	四九一二	206	四九三七	231
四八三八	132	四八六三	157	四八八八	182	四九一三	207	四九三八	232
四八三九	133	四八六四	158	四八八九	183	四九一四	208	四九三九	233
四八四〇	134	四八六五	159	四八九〇	184	四九一五	209	四九四〇	234
四八四一	135	四八六六	160	四八九一	185	四九一六	210	四九四一	235
四八四二	136	四八六七	161	四八九二	186	四九一七	211	四九四二	236
四八四三	137	四八六八	162	四八九三	187	四九一八	212	四九四三	237
四八四四	138	四八六九	163	四八九四	188	四九一九	213	四九四四	238
四八四五	139	四八七〇	164	四八九五	189	四九二〇	214	四九四五	239
四八四六	140	四八七一	165	四八九六	190	四九二一	215	四九四六	240
四八四七	141	四八七二	166	四八九七	191	四九二二	216	四九四七	241
四八四八	142	四八七三	167	四八九八	192	四九二三	217	四九四八	242
四八四九	143	四八七四	168	四八九九	193	四九二四	218	四九四九	243

整理號	示意圖號
四九五〇	244
四九五一	245
四九五二	246
四九五三	247
四九五四	248
四九五五	249
四九五六	250

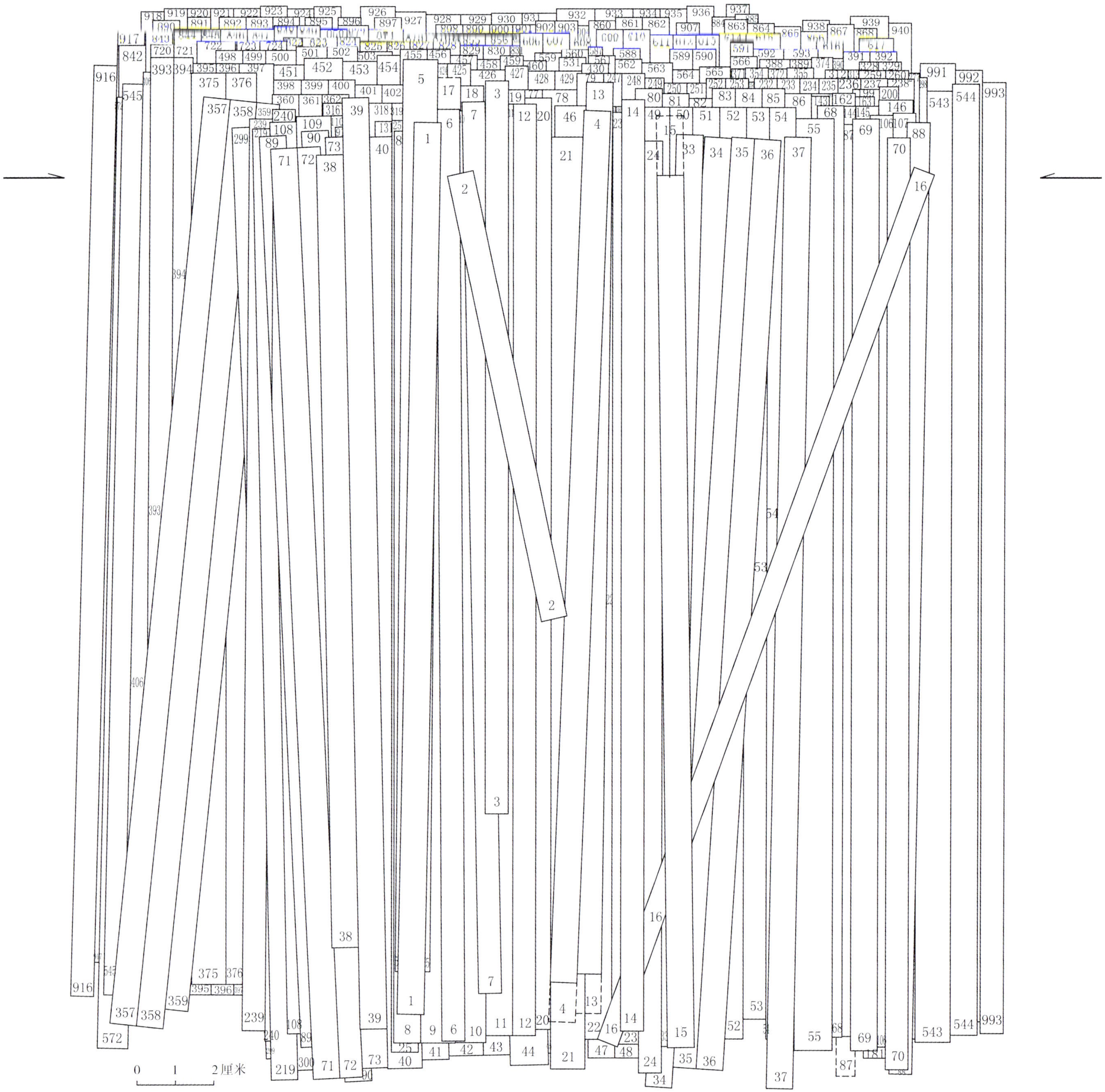
0
1
2厘米

圖四十二　Ⅱc㉕簡牘揭剥位置示意圖

圖四十二竹簡整理編號與示意圖號對應表

整理號	示意圖號	整理號	示意圖號	整理號	示意圖號	整理號	示意圖號	整理號	示意圖號
四九五七	1	四九八一	25	五〇〇五	49	五〇二九	73	五〇五三	97
四九五八	2	四九八二	26	五〇〇六	50	五〇三〇	74	五〇五四	98
四九五九	3	四九八三	27	五〇〇七	51	五〇三一	75	五〇五五	99
四九六〇	4	四九八四	28	五〇〇八	52	五〇三二	76	五〇五六	100
四九六一	5	四九八五	29	五〇〇九	53	五〇三三	77	五〇五七	101
四九六二	6	四九八六	30	五〇一〇	54	五〇三四	78	五〇五八	102
四九六三	7	四九八七	31	五〇一一	55	五〇三五	79	五〇五九	103
四九六四	8	四九八八	32	五〇一二	56	五〇三六	80	五〇六〇	104
四九六五	9	四九八九	33	五〇一三	57	五〇三七	81	五〇六一	105
四九六六	10	四九九〇	34	五〇一四	58	五〇三八	82	五〇六二	106
四九六七	11	四九九一	35	五〇一五	59	五〇三九	83	五〇六三	107
四九六八	12	四九九二	36	五〇一六	60	五〇四〇	84	五〇六四	108
四九六九	13	四九九三	37	五〇一七	61	五〇四一	85	五〇六五	109
四九七〇	14	四九九四	38	五〇一八	62	五〇四二	86	五〇六六	110
四九七一	15	四九九五	39	五〇一九	63	五〇四三	87	五〇六七	111
四九七二	16	四九九六	40	五〇二〇	64	五〇四四	88	五〇六八	112
四九七三	17	四九九七	41	五〇二一	65	五〇四五	89	五〇六九	113
四九七四	18	四九九八	42	五〇二二	66	五〇四六	90	五〇七〇	114
四九七五	19	四九九九	43	五〇二三	67	五〇四七	91	五〇七一	115
四九七六	20	五〇〇〇	44	五〇二四	68	五〇四八	92	五〇七二	116
四九七七	21	五〇〇一	45	五〇二五	69	五〇四九	93	五〇七三	117
四九七八	22	五〇〇二	46	五〇二六	70	五〇五〇	94	五〇七四	118
四九七九	23	五〇〇三	47	五〇二七	71	五〇五一	95	五〇七五	119
四九八〇	24	五〇〇四	48	五〇二八	72	五〇五二	96	五〇七六	120

整理號	示意圖號	整理號	示意圖號	整理號	示意圖號	整理號	示意圖號	整理號	示意圖號
五〇七七	121	五一〇二	146	五一二七	171	五一五二	196	五一七七	221
五〇七八	122	五一〇三	147	五一二八	172	五一五三	197	五一七八	222
五〇七九	123	五一〇四	148	五一二九	173	五一五四	198	五一七九	223
五〇八〇	124	五一〇五	149	五一三〇	174	五一五五	199	五一八〇	224
五〇八一	125	五一〇六	150	五一三一	175	五一五六	200	五一八一	225
五〇八二	126	五一〇七	151	五一三二	176	五一五七	201	五一八二	226
五〇八三	127	五一〇八	152	五一三三	177	五一五八	202	五一八三	227
五〇八四	128	五一〇九	153	五一三四	178	五一五九	203	五一八四	228
五〇八五	129	五一一〇	154	五一三五	179	五一六〇	204	五一八五	229
五〇八六	130	五一一一	155	五一三六	180	五一六一	205	五一八六	230
五〇八七	131	五一一二	156	五一三七	181	五一六二	206	五一八七	231
五〇八八	132	五一一三	157	五一三八	182	五一六三	207	五一八八	232
五〇八九	133	五一一四	158	五一三九	183	五一六四	208	五一八九	233
五〇九〇	134	五一一五	159	五一四〇	184	五一六五	209	五一九〇	234
五〇九一	135	五一一六	160	五一四一	185	五一六六	210	五一九一	235
五〇九二	136	五一一七	161	五一四二	186	五一六七	211	五一九二	236
五〇九三	137	五一一八	162	五一四三	187	五一六八	212	五一九三	237
五〇九四	138	五一一九	163	五一四四	188	五一六九	213	五一九四	238
五〇九五	139	五一二〇	164	五一四五	189	五一七〇	214	五一九五	239
五〇九六	140	五一二一	165	五一四六	190	五一七一	215	五一九六	240
五〇九七	141	五一二二	166	五一四七	191	五一七二	216	五一九七	241
五〇九八	142	五一二三	167	五一四八	192	五一七三	217	五一九八	242
五〇九九	143	五一二四	168	五一四九	193	五一七四	218	五一九九	243
五一〇〇	144	五一二五	169	五一五〇	194	五一七五	219	五二〇〇	244
五一〇一	145	五一二六	170	五一五一	195	五一七六	220	五二〇一	245

整理號	示意圖號
五二〇二	246
五二〇三	247
五二〇四	248
五二〇五	249
五二〇六	250
五二〇七	251
五二〇八	252
五二〇九	253
五二一〇	254
五二一一	255
五二一二	256
五二一三	257
五二一四	258
五二一五	259
五二一六	260
五二一七	261
五二一八	262
五二一九	263
五二二〇	264
五二二一	265
五二二二	266
五二二三	267
五二二四	268
五二二五	269
五二二六	270
五二二七	271
五二二八	272
五二二九	273
五二三〇	274
五二三一	275
五二三二	276
五二三三	277
五二三四	278
五二三五	279
五二三六	280
五二三七	281
五二三八	282
五二三九	283
五二四〇	284
五二四一	285
五二四二	286
五二四三	287
五二四四	288
五二四五	289
五二四六	290
五二四七	291
五二四八	292
五二四九	293
五二五〇	294
五二五一	295
五二五二	296
五二五三	297
五二五四	298
五二五五	299
五二五六	300
五二五七	301
五二五八	302
五二五九	303
五二六〇	304
五二六一	305
五二六二	306
五二六三	307
五二六四	308
五二六五	309
五二六六	310
五二六七	311
五二六八	312
五二六九	313
五二七〇	314
五二七一	315
五二七二	316
五二七三	317
五二七四	318
五二七五	319
五二七六	320
五二七七	321
五二七八	322
五二七九	323
五二八〇	324
五二八一	325
五二八二	326
五二八三	327
五二八四	328
五二八五	329
五二八六	330
五二八七	331
五二八八	332
五二八九	333
五二九〇	334
五二九一	335
五二九二	336
五二九三	337
五二九四	338
五二九五	339
五二九六	340
五二九七	341
五二九八	342
五二九九	343
五三〇〇	344
五三〇一	345
五三〇二	346
五三〇三	347
五三〇四	348
五三〇五	349
五三〇六	350
五三〇七	351
五三〇八	352
五三〇九	353
五三一〇	354
五三一一	355
五三一二	356
五三一三	357
五三一四	358
五三一五	359
五三一六	360
五三一七	361
五三一八	362
五三一九	363
五三二〇	364
五三二一	365
五三二二	366
五三二三	367
五三二四	368
五三二五	369
五三二六	370

整理號	示意圖號	整理號	示意圖號	整理號	示意圖號	整理號	示意圖號	整理號	示意圖號
五三二七	371	五三五二	396	五三七七	421	五四〇二	446	五四二七	471
五三二八	372	五三五三	397	五三七八	422	五四〇三	447	五四二八	472
五三二九	373	五三五四	398	五三七九	423	五四〇四	448	五四二九	473
五三三〇	374	五三五五	399	五三八〇	424	五四〇五	449	五四三〇	474
五三三一	375	五三五六	400	五三八一	425	五四〇六	450	五四三一	475
五三三二	376	五三五七	401	五三八二	426	五四〇七	451	五四三二	476
五三三三	377	五三五八	402	五三八三	427	五四〇八	452	五四三三	477
五三三四	378	五三五九	403	五三八四	428	五四〇九	453	五四三四	478
五三三五	379	五三六〇	404	五三八五	429	五四一〇	454	五四三五	479
五三三六	380	五三六一	405	五三八六	430	五四一一	455	五四三六	480
五三三七	381	五三六二	406	五三八七	431	五四一二	456	五四三七	481
五三三八	382	五三六三	407	五三八八	432	五四一三	457	五四三八	482
五三三九	383	五三六四	408	五三八九	433	五四一四	458	五四三九	483
五三四〇	384	五三六五	409	五三九〇	434	五四一五	459	五四四〇	484
五三四一	385	五三六六	410	五三九一	435	五四一六	460	五四四一	485
五三四二	386	五三六七	411	五三九二	436	五四一七	461	五四四二	486
五三四三	387	五三六八	412	五三九三	437	五四一八	462	五四四三	487
五三四四	388	五三六九	413	五三九四	438	五四一九	463	五四四四	488
五三四五	389	五三七〇	414	五三九五	439	五四二〇	464	五四四五	489
五三四六	390	五三七一	415	五三九六	440	五四二一	465	五四四六	490
五三四七	391	五三七二	416	五三九七	441	五四二二	466	五四四七	491
五三四八	392	五三七三	417	五三九八	442	五四二三	467	五四四八	492
五三四九	393	五三七四	418	五三九九	443	五四二四	468	五四四九	493
五三五〇	394	五三七五	419	五四〇〇	444	五四二五	469	五四五〇	494
五三五一	395	五三七六	420	五四〇一	445	五四二六	470	五四五一	495

整理號	示意圖號	整理號	示意圖號	整理號	示意圖號	整理號	示意圖號	整理號	示意圖號
五四五二	496	五四七七	521	五五〇二	546	五五二七	571	五五五二	596
五四五三	497	五四七八	522	五五〇三	547	五五二八	572	五五五三	597
五四五四	498	五四七九	523	五五〇四	548	五五二九	573	五五五四	598
五四五五	499	五四八〇	524	五五〇五	549	五五三〇	574	五五五五	599
五四五六	500	五四八一	525	五五〇六	550	五五三一	575	五五五六	600
五四五七	501	五四八二	526	五五〇七	551	五五三二	576	五五五七	601
五四五八	502	五四八三	527	五五〇八	552	五五三三	577	五五五八	602
五四五九	503	五四八四	528	五五〇九	553	五五三四	578	五五五九	603
五四六〇	504	五四八五	529	五五一〇	554	五五三五	579	五五六〇	604
五四六一	505	五四八六	530	五五一一	555	五五三六	580	五五六一	605
五四六二	506	五四八七	531	五五一二	556	五五三七	581	五五六二	606
五四六三	507	五四八八	532	五五一三	557	五五三八	582	五五六三	607
五四六四	508	五四八九	533	五五一四	558	五五三九	583	五五六四	608
五四六五	509	五四九〇	534	五五一五	559	五五四〇	584	五五六五	609
五四六六	510	五四九一	535	五五一六	560	五五四一	585	五五六六	610
五四六七	511	五四九二	536	五五一七	561	五五四二	586	五五六七	611
五四六八	512	五四九三	537	五五一八	562	五五四三	587	五五六八	612
五四六九	513	五四九四	538	五五一九	563	五五四四	588	五五六九	613
五四七〇	514	五四九五	539	五五二〇	564	五五四五	589	五五七〇	614
五四七一	515	五四九六	540	五五二一	565	五五四六	590	五五七一	615
五四七二	516	五四九七	541	五五二二	566	五五四七	591	五五七二	616
五四七三	517	五四九八	542	五五二三	567	五五四八	592	五五七三	617
五四七四	518	五四九九	543	五五二四	568	五五四九	593	五五七四	618
五四七五	519	五五〇〇	544	五五二五	569	五五五〇	594	五五七五	619
五四七六	520	五五〇一	545	五五二六	570	五五五一	595	五五七六	620

整理號	示意圖號	整理號	示意圖號	整理號	示意圖號	整理號	示意圖號	整理號	示意圖號
五五七七	621	五六〇二	646	五六二七	671	五六五二	696	五六七七	721
五五七八	622	五六〇三	647	五六二八	672	五六五三	697	五六七八	722
五五七九	623	五六〇四	648	五六二九	673	五六五四	698	五六七九	723
五五八〇	624	五六〇五	649	五六三〇	674	五六五五	699	五六八〇	724
五五八一	625	五六〇六	650	五六三一	675	五六五六	700	五六八一	725
五五八二	626	五六〇七	651	五六三二	676	五六五七	701	五六八二	726
五五八三	627	五六〇八	652	五六三三	677	五六五八	702	五六八三	727
五五八四	628	五六〇九	653	五六三四	678	五六五九	703	五六八四	728
五五八五	629	五六一〇	654	五六三五	679	五六六〇	704	五六八五	729
五五八六	630	五六一一	655	五六三六	680	五六六一	705	五六八六	730
五五八七	631	五六一二	656	五六三七	681	五六六二	706	五六八七	731
五五八八	632	五六一三	657	五六三八	682	五六六三	707	五六八八	732
五五八九	633	五六一四	658	五六三九	683	五六六四	708	五六八九	733
五五九〇	634	五六一五	659	五六四〇	684	五六六五	709	五六九〇	734
五五九一	635	五六一六	660	五六四一	685	五六六六	710	五六九一	735
五五九二	636	五六一七	661	五六四二	686	五六六七	711	五六九二	736
五五九三	637	五六一八	662	五六四三	687	五六六八	712	五六九三	737
五五九四	638	五六一九	663	五六四四	688	五六六九	713	五六九四	738
五五九五	639	五六二〇	664	五六四五	689	五六七〇	714	五六九五	739
五五九六	640	五六二一	665	五六四六	690	五六七一	715	五六九六	740
五五九七	641	五六二二	666	五六四七	691	五六七二	716	五六九七	741
五五九八	642	五六二三	667	五六四八	692	五六七三	717	五六九八	742
五五九九	643	五六二四	668	五六四九	693	五六七四	718	五六九九	743
五六〇〇	644	五六二五	669	五六五〇	694	五六七五	719	五七〇〇	744
五六〇一	645	五六二六	670	五六五一	695	五六七六	720	五七〇一	745

整理號	示意圖號	整理號	示意圖號	整理號	示意圖號	整理號	示意圖號	整理號	示意圖號
五七〇二	746	五七二七	771	五七五二	796	五七七七	821	五八〇二	846
五七〇三	747	五七二八	772	五七五三	797	五七七八	822	五八〇三	847
五七〇四	748	五七二九	773	五七五四	798	五七七九	823	五八〇四	848
五七〇五	749	五七三〇	774	五七五五	799	五七八〇	824	五八〇五	849
五七〇六	750	五七三一	775	五七五六	800	五七八一	825	五八〇六	850
五七〇七	751	五七三二	776	五七五七	801	五七八二	826	五八〇七	851
五七〇八	752	五七三三	777	五七五八	802	五七八三	827	五八〇八	852
五七〇九	753	五七三四	778	五七五九	803	五七八四	828	五八〇九	853
五七一〇	754	五七三五	779	五七六〇	804	五七八五	829	五八一〇	854
五七一一	755	五七三六	780	五七六一	805	五七八六	830	五八一一	855
五七一二	756	五七三七	781	五七六二	806	五七八七	831	五八一二	856
五七一三	757	五七三八	782	五七六三	807	五七八八	832	五八一三	857
五七一四	758	五七三九	783	五七六四	808	五七八九	833	五八一四	858
五七一五	759	五七四〇	784	五七六五	809	五七九〇	834	五八一五	859
五七一六	760	五七四一	785	五七六六	810	五七九一	835	五八一六	860
五七一七	761	五七四二	786	五七六七	811	五七九二	836	五八一七	861
五七一八	762	五七四三	787	五七六八	812	五七九三	837	五八一八	862
五七一九	763	五七四四	788	五七六九	813	五七九四	838	五八一九	863
五七二〇	764	五七四五	789	五七七〇	814	五七九五	839	五八二〇	864
五七二一	765	五七四六	790	五七七一	815	五七九六	840	五八二一	865
五七二二	766	五七四七	791	五七七二	816	五七九七	841	五八二二	866
五七二三	767	五七四八	792	五七七三	817	五七九八	842	五八二三	867
五七二四	768	五七四九	793	五七七四	818	五七九九	843	五八二四	868
五七二五	769	五七五〇	794	五七七五	819	五八〇〇	844	五八二五	869
五七二六	770	五七五一	795	五七七六	820	五八〇一	845	五八二六	870

整理號	示意圖號	整理號	示意圖號	整理號	示意圖號	整理號	示意圖號	整理號	示意圖號
五八二七	871	五八五二	896	五八七七	921	五九〇二	946	五九二七	971
五八二八	872	五八五三	897	五八七八	922	五九〇三	947	五九二八	972
五八二九	873	五八五四	898	五八七九	923	五九〇四	948	五九二九	973
五八三〇	874	五八五五	899	五八八〇	924	五九〇五	949	五九三〇	974
五八三一	875	五八五六	900	五八八一	925	五九〇六	950	五九三一	975
五八三二	876	五八五七	901	五八八二	926	五九〇七	951	五九三二	976
五八三三	877	五八五八	902	五八八三	927	五九〇八	952	五九三三	977
五八三四	878	五八五九	903	五八八四	928	五九〇九	953	五九三四	978
五八三五	879	五八六〇	904	五八八五	929	五九一〇	954	五九三五	979
五八三六	880	五八六一	905	五八八六	930	五九一一	955	五九三六	980
五八三七	881	五八六二	906	五八八七	931	五九一二	956	五九三七	981
五八三八	882	五八六三	907	五八八八	932	五九一三	957	五九三八	982
五八三九	883	五八六四	908	五八八九	933	五九一四	958	五九三九	983
五八四〇	884	五八六五	909	五八九〇	934	五九一五	959	五九四〇	984
五八四一	885	五八六六	910	五八九一	935	五九一六	960	五九四一	985
五八四二	886	五八六七	911	五八九二	936	五九一七	961	五九四二	986
五八四三	887	五八六八	912	五八九三	937	五九一八	962	五九四三	987
五八四四	888	五八六九	913	五八九四	938	五九一九	963	五九四四	988
五八四五	889	五八七〇	914	五八九五	939	五九二〇	964	五九四五	989
五八四六	890	五八七一	915	五八九六	940	五九二一	965	五九四六	990
五八四七	891	五八七二	916	五八九七	941	五九二二	966	五九四七	991
五八四八	892	五八七三	917	五八九八	942	五九二三	967	五九四八	992
五八四九	893	五八七四	918	五八九九	943	五九二四	968	五九四九	993
五八五〇	894	五八七五	919	五九〇〇	944	五九二五	969	五九五〇	994
五八五一	895	五八七六	920	五九〇一	945	五九二六	970	五九五一	995

整理號	示意圖號	整理號	示意圖號	整理號	示意圖號	整理號	示意圖號	整理號	示意圖號
五九五二	996	五九七七	1021	六〇〇二	1046	六〇二七	1071	六〇五二	1096
五九五三	997	五九七八	1022	六〇〇三	1047	六〇二八	1072	六〇五三	1097
五九五四	998	五九七九	1023	六〇〇四	1048	六〇二九	1073	六〇五四	1098
五九五五	999	五九八〇	1024	六〇〇五	1049	六〇三〇	1074	六〇五五	1099
五九五六	1000	五九八一	1025	六〇〇六	1050	六〇三一	1075	六〇五六	1100
五九五七	1001	五九八二	1026	六〇〇七	1051	六〇三二	1076	六〇五七	1101
五九五八	1002	五九八三	1027	六〇〇八	1052	六〇三三	1077	六〇五八	1102
五九五九	1003	五九八四	1028	六〇〇九	1053	六〇三四	1078	六〇五九	1103
五九六〇	1004	五九八五	1029	六〇一〇	1054	六〇三五	1079	六〇六〇	1104
五九六一	1005	五九八六	1030	六〇一一	1055	六〇三六	1080	六〇六一	1105
五九六二	1006	五九八七	1031	六〇一二	1056	六〇三七	1081	六〇六二	1106
五九六三	1007	五九八八	1032	六〇一三	1057	六〇三八	1082	六〇六三	1107
五九六四	1008	五九八九	1033	六〇一四	1058	六〇三九	1083	六〇六四	1108
五九六五	1009	五九九〇	1034	六〇一五	1059	六〇四〇	1084	六〇六五	1109
五九六六	1010	五九九一	1035	六〇一六	1060	六〇四一	1085	六〇六六	1110
五九六七	1011	五九九二	1036	六〇一七	1061	六〇四二	1086	六〇六七	1111
五九六八	1012	五九九三	1037	六〇一八	1062	六〇四三	1087	六〇六八	1112
五九六九	1013	五九九四	1038	六〇一九	1063	六〇四四	1088	六〇六九	1113
五九七〇	1014	五九九五	1039	六〇二〇	1064	六〇四五	1089	六〇七〇	1114
五九七一	1015	五九九六	1040	六〇二一	1065	六〇四六	1090	六〇七一	1115
五九七二	1016	五九九七	1041	六〇二二	1066	六〇四七	1091	六〇七二	1116
五九七三	1017	五九九八	1042	六〇二三	1067	六〇四八	1092	六〇七三	1117
五九七四	1018	五九九九	1043	六〇二四	1068	六〇四九	1093	六〇七四	1118
五九七五	1019	六〇〇〇	1044	六〇二五	1069	六〇五〇	1094	六〇七五	1119
五九七六	1020	六〇〇一	1045	六〇二六	1070	六〇五一	1095	六〇七六	1120

整理號	示意圖號	整理號	示意圖號	整理號	示意圖號	整理號	示意圖號
六〇七七	1121	六一〇二	1146	六一二七	1171	六一五二	1196
六〇七八	1122	六一〇三	1147	六一二八	1172	六一五三	1197
六〇七九	1123	六一〇四	1148	六一二九	1173		
六〇八〇	1124	六一〇五	1149	六一三〇	1174		
六〇八一	1125	六一〇六	1150	六一三一	1175		
六〇八二	1126	六一〇七	1151	六一三二	1176		
六〇八三	1127	六一〇八	1152	六一三三	1177		
六〇八四	1128	六一〇九	1153	六一三四	1178		
六〇八五	1129	六一一〇	1154	六一三五	1179		
六〇八六	1130	六一一一	1155	六一三六	1180		
六〇八七	1131	六一一二	1156	六一三七	1181		
六〇八八	1132	六一一三	1157	六一三八	1182		
六〇八九	1133	六一一四	1158	六一三九	1183		
六〇九〇	1134	六一一五	1159	六一四〇	1184		
六〇九一	1135	六一一六	1160	六一四一	1185		
六〇九二	1136	六一一七	1161	六一四二	1186		
六〇九三	1137	六一一八	1162	六一四三	1187		
六〇九四	1138	六一一九	1163	六一四四	1188		
六〇九五	1139	六一二〇	1164	六一四五	1189		
六〇九六	1140	六一二一	1165	六一四六	1190		
六〇九七	1141	六一二二	1166	六一四七	1191		
六〇九八	1142	六一二三	1167	六一四八	1192		
六〇九九	1143	六一二四	1168	六一四九	1193		
六一〇〇	1144	六一二五	1169	六一五〇	1194		
六一〇一	1145	六一二六	1170	六一五一	1195		

附録二　索　引

一　人名索引

一、本索引所列爲走馬樓吳簡中出現的人名，是用電腦按姓字的中文拼音字母順序編排的。包括姓字清楚、名字不清楚的姓名，不包括姓字不清楚、名字清楚的姓名。爲方便排版，原釋文未敢遽定之字而在釋文下加的（？）號及在釋文外補的「□」號，一律取消。

二、個別人名採用通假字時，本索引將其與正字並列，如「番慮」列在「潘慮」之後。

三、本索引之後附簡中所見明確對應的人名、地名列表，以便讀者查閱。不可確認之字沿用「□」號，可以判定的脱字用「（）」號注出，如「都」作「都（鄉）」。

四、凡姓字爲自造字者，附於最後。

J

K

L

Q

R

S

T

附録：簡中所見明確對應的人名、地名簡表

地名	人名	簡號
變中里	潘文	五五〇〇
變中里	逢樂	五六四四
變中里	逢禮	五〇九六
變中里	逢招	五二八六
變中里	彭蓓	五一二一
變中里	石雙	五六一〇
變中里	李朋	五一五八
變中里	李喬	五〇五七
變中里	區里	五二八四
變中里	黃馬	五六八八
變中里	黃條	五一七六
變中里	謝買	五六四〇
變中里	張巩	五六六四
變中里	張喬	五〇〇四
變中里	張私	五六二一
變中里	朱金	五〇八〇
變中里	宋春	五七〇二
變中里	吴巴	五二五三
變中里	吴□	五六一三
變中里	□□	五〇三九
變中里	栂正	五六六八
常遷里	唐⿰舟只	一一七一
常遷里	唐丁	一一一五
常遷里	唐替	一一六八
常遷里	雷皮	一〇一五
常遷里	雷皮	四八一一
常遷里	李系	五九二四
常遷里	李燕	九五六
常遷里	廖耀	一三四二
常遷里	劉諒	九二八
常遷里	劉文	八七六
常遷里	魯平	五四六四
常遷里	吕明	一〇四二
常遷里	何孫	五一四九
常遷里	何直	一〇一二
常遷里	何雋	五四四四
常遷里	黃春	五四五四
常遷里	黃□	九八三
常遷里	夏昌	五四四一
常遷里	謝緒	八二二
常遷里	謝□	四八四五
常遷里	信烝	一〇七八
常遷里	信文	一〇〇九
常遷里	孫赤	八〇九
常遷里	陳烝	四八〇八
常遷里	陳丞	一〇一〇
常遷里	張平	五一七九
常遷里	張樂	一〇五〇
常遷里	張樂	五九五二
常遷里	張羅	一一五三
常遷里	張羅	五二〇八
常遷里	張狗	一一九三
常遷里	張近	一〇六八
常遷里	張曹	一二三二
常遷里	張元	八〇八
常遷里	烝朵	一〇五九
常遷里	烝稠	九六五
常遷里	烝碩	一〇八七
常遷里	烝□	四八五一
常遷里	烝元	五九七四
常遷里	朱張	五四三九
常遷里	常張	八七五
常遷里	誠主	五四八一
常遷里	壬種	一一六七
常遷里	壬任	一三六一
常遷里	壬文	一一三〇
常遷里	宋連	三三七四
常遷里	楊睫	一〇六二
常遷里	吴音	九三六
常遷里	吴勿	一一〇七
常遷里	吴勿	五二一一
常遷里	□跑	一〇九五
常遷里	□奋	八六四
常遷里	□頭	五四一六
常遷里	□葛	一一二一
常遷里	□春	五四一三
常遷里	□□	五一六三
常遷里	□□	八四五
常遷里	□□	八六五
常遷里	□□	八七七
常遷里	□□	九二二
常遷里	□□	九四八
常遷里	□□	一一二五
常遷里	文公	九一三
常遷里	文□	五二〇七
常遷里	王□	五四四七
常遷里	雍頭	一〇四八
春平里	潘有	四七一三
春平里	彭唐	六一二五
春平里	鄧筒	四八九〇
春平里	李□	三〇五一
春平里	廖腹	一七一九
春平里	劉稔	一七〇九
春平里	區文	一九四五
春平里	況習	六一二三
春平里	黃郎	一七〇七
春平里	周郎	一七一五
春平里	周成	一七〇五
春平里	周□	六〇九七
春平里	陳恨	四九〇二
春平里	陳之	六一〇一
春平里	陳□	六一一六
春平里	張阻	五九四五
春平里	朱床	一九六〇
春平里	五兵	六一一九
春平里	五敢	六〇九四
春平里	五蔡	六〇八六
春平里	□路	五九七二
春平里	□豪	五九四七
春平里	□厚	一七二四
春平里	□□	二三〇六
春平里	□□	六〇九〇
春平里	問皮	四七七二
度里	□□	六四四
夫秋里	潘沙	五五七四
夫秋里	彭縱	五七四九
夫秋里	唐弩	五〇七三
夫秋里	李行	五二二四
夫秋里	李伍	四八〇三
夫秋里	龔解	五〇〇五
夫秋里	黃喜	五七三四
夫秋里	黃星	五七〇九
夫秋里	謝春	五七三七
夫秋里	張成	五七六一
夫秋里	鄭□	五六八四
夫秋里	常敬	一八七六
夫秋里	吴明	五〇二一
夫秋里	吴該	五七一九
夫秋里	文箄	五〇三一
夫秋里	袁元	五七三三
富貴里	□□	四七二
富貴里	□□	五一〇
富貴里	潘□	五三三〇
富貴里	彭湛	五五七一
富貴里	鄧彊	五〇五八
富貴里	鄧壬	五二五〇
富貴里	鄧威	五一一五
富貴里	鄧□	五〇四九
富貴里	唐蕊	五一九
富貴里	唐光	五二五二
富貴里	唐湖	四七五
富貴里	唐宗	一七三
富貴里	唐寺	四五九
富貴里	劉伻	五四七九
富貴里	陸當	五五八七
富貴里	黃頓	三〇二
富貴里	謝主	五一一三
富貴里	謝□	一九六
富貴里	周妣	五二一九
富貴里	周持	一九九
富貴里	陳魯	二九〇
富貴里	陳取	二八八
富貴里	陳主	五五四三
富貴里	陳□	五四七
富貴里	烝報	三〇五
富貴里	烝橎	五三四三
富貴里	鄭理	五五九三
富貴里	鄭□	五一〇七
富貴里	蔡寧	五四八八
富貴里	殷慈	五五八〇
富貴里	焉文	三八八
富貴里	吴舊	三五六
富貴里	□孝	六〇四九
富貴里	□□	五五一一
富貴里	文平	四八五三
富貴里	文蔣	五五一〇
高平里	廖□	三四七七

上鄉里 □喰 五三
上鄉里 □□ 三三一
上鄉里 □□ 四三八
上鄉里 □□ 四九五
上鄉里 □□ 五一七
上鄉里 □遠 六三九
上鄉里 王妾 五三一
天税里 吴生 一八九〇
天税里 □□ 一八六〇
萬歲里 □汝 四八二
萬歲里 廖□ 一四二〇
萬歲里 黄□ 一九一
萬歲里 黄□ 四八六
萬歲里 菅妾 二〇二
萬歲里 謝皓 二一一
萬歲里 周息 三八三
萬歲里 鄭□ 三二八
萬歲里 □妾 一九八
萬歲里 □野 三四八
萬歲里 □□ 一八七
萬歲里 □□ 二二五
萬歲里 □□ 三〇三
萬歲里 □□ 三二〇
萬歲里 □□ 四四三
萬歲里 □□ 五三〇
萬歲里 □買 三一〇
下菱里 鄧□ 二八四
下菱里 李賈 二八二
下菱里 廖魚 三三四
下菱里 劉稚 五〇〇
下菱里 區思 三九七
下菱里 朱焰 三〇一
下菱里 蔡倉 二八一
下菱里 □□ 四二一
下菱里 □□ 五四三
下菱里 蔡□ 三四四
下菱里 宋兒 五一五
下菱里 □麦 五一六
下菱里 □及 五一二
下菱里 □□ 一二四〇
下菱里 □□ 二〇〇
下菱里 □□ 二〇七
下菱里 □□ 二一二
下菱里 □□ 二二〇
下菱里 □□ 二七八
下菱里 □□ 三七七
下菱里 □□ 三九六
象水里 □文 五九〇
新成里 董□ 二六二七
新成里 唐命 四〇二八
新成里 盧生 三九八五
新成里 區佳 三九二二
新成里 黄取 二四六七
新成里 黄在 三九二八
新成里 謝三 四〇一六
新成里 先州 三九六三
新成里 宗買 三九二四
新成里 蔡□ 三九八六
新成里 五□ 三九一二
新成里 □妾 二六二五
新成里 □□ 二六二四
新成里 □□ 三二二六
新成里 □□ 三二二八
新成里 文栗 二四六五
新成里 文□ 三二二一
新成里 王□ 三九八四
陽貴里 □□ 四七六五
陽貴里 □□ 五八九五
陽貴里 潘酥 二五六
陽貴里 潘北 五九二一
陽貴里 潘湘 一九三七
陽貴里 鄧汝 六〇五九
陽貴里 雷奴 一六九三
陽貴里 區喬 四九二九
陽貴里 紀運 五五四
陽貴里 謝淺 六〇八一
陽貴里 孫五 一七四二
陽貴里 朱因 三〇二五
陽貴里 蔡□ 六〇八五
陽貴里 吴勤 一七四三
陽貴里 吴初 一七二八
陽貴里 □非 四七五九
陽貴里 □桑 六〇六七
陽貴里 □欒 三六六
陽貴里 □□ 一六八六
陽貴里 □□ 一七九三
陽貴里 □□ 一九一六
陽貴里 □□ 一九一七
陽貴里 □□ 三五一
陽貴里 □□ 三六五
陽貴里 □□ 五三一五
陽貴里 □□ 六〇五三
陽貴里 文舍 六〇七七
陽貴里 文□ 一九六三
宜都里 鄧畢 二七九五
宜都里 潭學 二二八七
宜都里 潭□ 二二八九
宜都里 聶得 四〇三〇
宜都里 聶□ 二六三〇
宜都里 區上 三九七七
宜都里 謝□ 三一二六
宜都里 謝□ 四〇三七
宜都里 徐□ 二二七八
宜都里 陳□ 三九四二
宜都里 陳瑗 四〇三八
宜都里 烝柒 三九三七
宜都里 吴侯 三九五二
宜□里 周度 四〇六五
宜陽里 番妾 五二四
宜陽里 潘勉 四〇〇三
宜陽里 潘市 一八〇六
宜陽里 彭沛 六〇二四
宜陽里 毛平 二六〇〇
宜陽里 樊習 三六八
宜陽里 鄧平 一四七
宜陽里 鄧邵 二九四四
宜陽里 鄧□ 四〇五一
宜陽里 絢貴 五七六八
宜陽里 唐大 五九四〇
宜陽里 唐盧 五九一二
宜陽里 唐□ 四〇四九
宜陽里 李驕 四九二五
宜陽里 李南 五九五七
宜陽里 李客 一七七四
宜陽里 李僉 二〇九二
宜陽里 李安 四九六六
宜陽里 李□ 二三八三
宜陽里 廖平 二五五七
宜陽里 廖露 一七九八
宜陽里 劉大 四〇三一
宜陽里 魯政 二八五三
宜陽里 區平 二三四六
宜陽里 區肥 五五〇
宜陽里 區多 二三四七
宜陽里 區客 四九六〇
宜陽里 韓時 二
宜陽里 黄敷 五九六〇
宜陽里 黄客 一四二
宜陽里 黄碩 二六三
宜陽里 黄思 五八八〇
宜陽里 黄□ 五四一
宜陽里 謝□ 五七七八
宜陽里 謝禹 一七八四
宜陽里 謝遠 五九三一
宜陽里 徐孝 五〇二七
宜陽里 趙誰 五九〇五
宜陽里 陳蔣 一八〇七
宜陽里 陳胃 五七九三
宜陽里 烝里 三九八八
宜陽里 烝進 二四三五
宜陽里 烝窑 四〇〇七
宜陽里 烝□ 四〇三九
宜陽里 朱鳴 三六九
宜陽里 瀆萇 二九〇三
宜陽里 蔡布 五九一七
宜陽里 笄具 四七二七
宜陽里 殷賢 五二三
宜陽里 □鼠 三九九三
宜陽里 □曾 二三五三
宜陽里 □益 二五五五
宜陽里 □□ 二二九三
宜陽里 □□ 三〇〇六
宜陽里 □□ 三二〇一
宜陽里 □□ 三七九
宜陽里 □□ 三九七〇
宜陽里 □□ 四〇〇二
宜陽里 □□ 四〇五二
宜陽里 □□ 四九〇八
宜陽里 □元 五四九
宜陽里 文達 一七八九
庚陽里 潘容 三七五七
庚陽里 彭當 三七七七
庚陽里 鄧樵 二四八四
庚陽里 李禿 三八一七
庚陽里 利取 三八二二

庚陽里	劉戰	三九四九
庚陽里	謝丁	三八五二
庚陽里	謝高	三七九一
庚陽里	謝趙	三八一四
庚陽里	謝耳	三七八二
庚陽里	烝得	三八六八
庚陽里	烝從	三九三〇
庚陽里	烝竦	三八六三
庚陽里	朱觀	二四七七
庚陽里	朱合	三七八七
庚陽里	朱□	二四九〇
庚陽里	蔡事	三七五八
庚陽里	□贇	三七九四
庚陽里	□□	三七七二
庚陽里	□□	三八二三
樂安里	番赤	二二六
樂安里	昝穆	二四六
樂安里	唐主	四〇四
樂安里	襄□	二〇三
樂安里	陳義	二四〇
樂安里	烝解	三六二
樂安里	蔡□	三三〇
樂安里	蔡□	四三四
樂安里	□車	三六〇
樂安里	□□	一八九
樂安里	□□	二二九
樂安里	□□	二三一
樂安里	□□	三四六
樂安里	□□	三九二
樂安里	□□	四三三
樂安里	文當	三七三
中鄉	稚博	三八四五正
中鄉	潘凡	四一六八正
中鄉	潘喜	四一六七正
中鄉	逢白	四一六三正
中鄉	毛弓	四一六四正
中鄉	鄧敢	四一六九正
中鄉	唐槁	四一五七正
中鄉	唐□	一九七二正
中鄉	唐□	二五三二正
中鄉	唐□	三八四六正
中鄉	李思	四一五八正
中鄉	吕陽	一九七五正
中鄉	區稚	四〇七六正
中鄉	區南	四一六一正
中鄉	區照	四一五六正
中鄉	胡□	二五二九正
中鄉	訧許	三八四三正
中鄉	菊黨	四〇七八正
中鄉	謝愓	四一五三正
中鄉	這□	二五三四正
中鄉	趙伯	四〇七四正
中鄉	周告	四一四八正
中鄉	周思	四一八三正
中鄉	周□	四一七四正
中鄉	陳迸	四一五九正
中鄉	陳丙	二五二三正
中鄉	陳肥	三八四四正
中鄉	張信	四一八二正
中鄉	張長	四〇七二正
中鄉	張□	四〇七〇正
中鄉	烝西	四〇六九正
中鄉	鄭觀	四一七〇正
中鄉	朱生	四一五〇正
中鄉	朱□	四一六〇正
中鄉	朱紋	四一六二正
中鄉	壬平	二五二八正
中鄉	壬生	四〇六七正
中鄉	宋□	四〇七三正
中鄉	五兒	二五四二正
中鄉	□光	四〇六八正
中鄉	□陳	四〇七一正
中鄉	□若	四一八一正
中鄉	□衣	二五二一正
中鄉	萬粲	四一六五正
中鄉	文兒	四一五五正
中鄉	文柿	四一五四正
中鄉	文誼	四一四九正
中鄉	□□	二五一九正
中鄉	□□	二五二〇正
中鄉	□□	二五二二正
中鄉	□□	二五二四正
中鄉	□□	二五二五正
中鄉	□□	二五三六正
中鄉	□□	二五四一正
中鄉	□□	四〇六六正
中鄉	□□	四〇七五正
中鄉	□□	四〇七九正
中鄉	□□	四〇八一正
中鄉	□□	四一三七正
中鄉	□□	四一五一正
中鄉	□□	四一六六正
中鄉	□□	四一七一正
中鄉	□□	四一七二正
中鄉	□□	四一七三正
中鄉	□□	四一七八正
□安里	□□	二四九
□跪里	□忠	四九七
□里	烝宗	二九〇八
□里	吴貞	二六三一
□遷里	誦□	五三九七
□□里	鄧解	三九七二
□□里	李貞	一八八六
□□里	劉客	三八八三
□□里	吕再	三八一
□□里	區步	三四八四
□□里	區鏁	四六八
□□里	區應	四七一八
□□里	區□	二二六五
□□里	黄平	三八八八
□□里	黄□	三九〇二
□□里	謝逆	三八〇一
□□里	趙□	一六七
□□里	陳登	六四三
□□里	張□	三二二九
□□里	朱紓	三九四三
□□里	朱□	一二八六
□□里	□道	二六九
□□里	□亘	一七六五
□□里	□會	一七五
□□里	□□	一六九
□□里	□□	二七九九
□□里	□□	三〇七四
□下里	鄭囊	六〇四
□陽里	孟阿	三九六二
□陽里	鄧妾	三八三四
□陽里	李思	三八九四
□陽里	區張	三六〇七
□陽里	黄宜	三八五三
□陽里	黄元	三六五四
□陽里	張生	三八七三
□陽里	烝頊	三八四九
□陽里	烝□	三八五七
□陽里	朱稚	三八九二
□陽里	吴隹	三八九六
□陽里	□肫	三八三七
□陽里	勇顗	三五七三
杷丘	石彭	四三七〇
白石丘	謝狗	四三六九
白石丘	文弼	四三六七
泊丘	吴帛	四二八一
畢山丘	鄭日	二二一三
逢渚丘	王大	二二五四
平支丘	區悆	一二二
平支丘	朱梭	四二〇九
平樂丘	□□	一五九四
平樂丘	李鹿	一六〇四
平樂丘	□□	四三六六
平眺丘	鄭六	三五〇三
枰下丘	烝□	四三三七
枰上丘	烝□	四三五六
僕丘	廖章	八六
僕丘	漳佪	二三八〇
無丘	吕平	一三二
鄭丘	吴平	三〇七七
曼丘	毛□	四三一六
木唐丘	唐禾	二二二五
肥狶丘	鄭斗	一六〇六
夫下丘	黄度	三〇七二
敷丘	□□	四三〇二
大田丘	李南	二二四三
大象丘	烝斗	一三九〇
大溲丘	米□	三四九二
大□丘	唐□	四三〇三
丹楊	朱渡	四一〇七
石文丘	潘末	一四八六
彈溲丘	栂賢	一五七六
彈溲丘	廖是	一三九六
度丘	鄧陵	四三三四
東薄丘	李□	四二八九
東薄丘	謝□	四二七八
東平丘	殷連	四二六二
東平丘	殷連	四二九八
東平丘	吴复	四二七七
東溪丘	莫得	二二二一

二　地名索引

一、本索引所列爲走馬樓吴簡中出現的地名，分鄉、里、丘、郡縣四部分。各部分是用電腦按中文拼音字母順序編排的。爲方便排版，原釋文未敢遽定之字而在釋文下加的（？）號及在釋文外補的「□」號，一律取消。

二、凡地名首字爲自造字及地名首字不可確認者，附於其後，不可確認之字沿用「□」號，可以判定的脱字用（）號注出，如「都」作「都（鄉）」。

三、本索引之後附同一簡中所見鄉、里、丘列表，以便讀者查閱。

鄉

D

G

L

M

附

里

B

附

丘

A

B

C

D

F

G

H

簡中所見郡縣及其他地名

附録：見於同一簡中的鄉、丘列表

鄉名	丘名	簡號
都（鄉）	東溪丘	二二二一
都鄉	畢山丘	二二一三
都鄉	逢渚丘	二二五四
都鄉	木唐丘	二二二五
都鄉	東溪丘	二二〇七
都鄉	扜梁丘	一二八
都鄉	横丘	四一八五
都鄉	進渚丘	二二一四
都鄉	進渚丘	九五
都鄉	前龍丘	九六
都鄉	取田丘	四二二一
都鄉	泉溲丘	一二〇
都鄉	新唐丘	一〇五
都鄉	矢丘	一一九
都鄉	蕢瘦丘	二二二九
都鄉	□下丘	二二一〇
都鄉	□□丘	一一五
都鄉	□□丘	二二四七
東鄉	枰上丘	四三五六
東鄉	林溲丘	四三六〇
廣成鄉	平樂丘	一五九四
廣成鄉	枰下丘	四三三七
廣成鄉	彈溲丘	一五七六
廣成鄉	東薄丘	四二八九
廣成鄉	東薄丘	四二七八
廣成鄉	撈丘	一五七七
廣成鄉	撈丘	四二九五
廣成鄉	撈丘	一六六二
廣成鄉	栗丘	四三六五
廣成鄉	領丶丘	四三四一
廣成鄉	空溲丘	四三五七
廣成鄉	空溲丘	四三〇四
廣成鄉	濟丘	四三〇七
廣成鄉	租伻丘	一五八五
廣成鄉	周陵丘	四三〇〇
廣成鄉	周陵丘	四三〇九
廣成鄉	柚丘	一五八〇
廣成鄉	渚丘	一四七七
廣成鄉	上薄丘	一五八三
廣成鄉	桑都丘	四三五九
廣成鄉	□丘	四二七六
廣成鄉	□下丘	四三四六
廣成鄉	□□丘	二二一一
廣成鄉	□□丘	四三四七
廣成鄉	□□丘	四三六一
樂鄉	□□丘	四二九一
樂鄉	肥狶丘	一六〇六
樂鄉	濝丘	四二七三
樂鄉	頃丘	四二五七
樂鄉	頃丘	四二五八
樂鄉	下象丘	一五八一
樂鄉	下象丘	四二六一
樂鄉	□沱丘	四二七一
樂鄉	□丘	四三〇五
樂鄉	□丘	一六一七
模鄉	泝田丘	三〇七九
模鄉	楷丘	三〇七八
模鄉	扜枯丘	一六六五
模鄉	新丘	四二〇六
模鄉	周丘	四一八四
模鄉	□丘	一六〇一
模鄉	□丘	二二一七
模鄉	□□丘	一五九八
模鄉	□丘	一六一〇
平鄉	新毗丘	一二三
平鄉	泊丘	四二八一
平鄉	平支丘	一二三
平鄉	平樂丘	一六〇四
平鄉	僕丘	八六
平鄉	僕丘	二三八〇
平鄉	東丘	一六〇七
平鄉	東丘	四三七四
平鄉	慮丘	一五七五
平鄉	慮丘	一六六一
平鄉	慮丘	一五七二
平鄉	價丘	四一八九
平鄉	寇丘	一六一六
平鄉	監沱丘	一五九七
平鄉	下和丘	四三六四
平鄉	柚丘	四二六四
平鄉	上薄丘	四二六三
平鄉	上和丘	一五七八
平鄉	□丘	八四
平鄉	□□丘	一六一五
平鄉	□□丘	一六〇二
平鄉	□□丘	二二五二
平鄉	東丘	一六一四
桑鄉	□□丘	一六一八
桑鄉	濕丘	一五九九
桑鄉	敷丘	四三〇二
桑鄉	東平丘	四二六二
桑鄉	東平丘	四二九八
桑鄉	東平丘	四二七七
桑鄉	唐下丘	四三一九
桑鄉	露丘	四三四三
桑鄉	露丘	一五九一
桑鄉	區丘	四三二六
桑鄉	秏丘	四三五四
桑鄉	週丘	四二六七
桑鄉	種仵丘	四三〇一
桑鄉	上囷丘	四三六二
桑鄉	上丘	一五七九
桑鄉	上隹丘	一三九
桑鄉	上□丘	四三〇六
桑鄉	上園丘	四三四五
桑鄉	阿丘	四二五九
桑鄉	王多丘	四二七四
西鄉	合丘	一三四
西鄉	曠柔丘	二二一九
西鄉	黄連丘	二二二〇
西鄉	錫丘	二二五一
西鄉	下俗丘	二二四八
西鄉	租下丘	二二五〇
西鄉	常丘	四三三三
西鄉	上俗丘	二二三六
西鄉	億丘	四二一八
西鄉	楊溲丘	二二二三
西鄉	□丘	四三〇八
西鄉	□□丘	三〇六八
西鄉	□□丘	二二五六
小武陵鄉	平支丘	四二〇九
小武陵鄉	鄭丘	三〇七七
小武陵鄉	合丘	二二四四
小武陵鄉	州上丘	二二二六
小武陵鄉	武龍丘	二二一六
小武陵鄉	□唐丘	二二三二
小武陵鄉	□丘	二二一五
小武陵鄉	□丘	二二二二
中鄉	大田丘	二二四三
中鄉	唐下丘	二二四一
中鄉	桐佃丘	二二四〇
中鄉	桐梁丘	三四一七
中鄉	石文丘	一四八六
中鄉	空溲丘	二二三九
中鄉	追□丘	二二四五
中鄉	下程丘	四一七五

三　紀年索引

一、本索引所列爲走馬樓吴簡中出現的紀年，以年號先後爲序。紀年不完整但能明確判定者，仍列入，並用「()」號注出，如「嘉禾元」作「嘉禾元（年）」，列在「嘉禾元年」之後。不可確認之字沿用「□」號。紀年不明或者僅有年號者，亦附後。

二、在每一年中，若出現明確月份，則又依月份爲序，附於當年之後。

二八三七 三〇二六 三〇二七 三〇二八 三一五二 三一五七 三一五八 三一六〇 三一六三 三一六四 三一六五 三一七〇 三一七四 三一七五 三一七七 三一七九 三一八〇 三一八一 三一八二 三一九〇 三一九一 三一九二 三一九三 三一九五 三一九六 三一九八 三一九九 三二〇〇 三二〇一 三二〇二 三二〇四 三二〇五 三二〇六 三二〇八 三二〇九

三二一〇 三二一一 三二一二 三二一三 三二一五 三二一六 三二一七 三二一八 三二一九 三二二〇 三二二一 三二二二 三二二四 三二二五 三二二六 三二二七 三二二九 三二三〇 三二三一 三二五八 三二五九 三二六〇 三四一二 三五一四 四〇五八 四〇六三 四一八七 四二〇四 四二〇七 四二一〇 四二四五 四二五七 四二五八 四二五九 四二六〇

四二六一 四二六二 四二六三 四二六四 四二六五 四二六七 四二七一 四二七三 四二七四 四二七六 四二七七 四二七八 四二八一 四二八四 四二八五 四二八六 四二八九 四二九一 四二九二 四二九四 四二九五 四二九八 四三〇〇 四三〇一 四三〇二 四三〇三 四三〇四 四三〇五 四三〇六 四三〇七 四三〇八 四三〇九 四三一二 四三一六 四三一七

四三一九 四三二三 四三二五 四三二六 四三二七 四三三一 四三三三 四三三四 四三三七 四三三九 四三四一 四三四二 四三四三 四三四四 四三四五 四三四六 四三四七 四三四八 四三五〇 四三五一 四三五二 四三五三 四三五四 四三五五 四三五六 四三五七 四三五九 四三六〇 四三六一 四三六二 四三六四 四三六五 四三六六 四三七〇 四三七三

四三七四 四三七五 四三七七 四三八二 四四〇六 四五五二 四五五八 四五八二 四六〇五 四六五八 四六六三 四六六六 四六八五 四六八六 四六九六 四六九七 四七〇〇

(嘉)禾三年

一三四一

嘉禾三年正月一日

四二九四

嘉禾三年正月四日

四二〇四

嘉禾三年正月五日

一五七〇 四三一六 四三二六

嘉禾三年正月六日

一五七九 四二八四 四三〇三

嘉禾三年正月七日

四三〇二 四三七七

嘉禾三年正月九日

一〇五 四二六三 四二七六 四二九五 四三〇八

嘉禾三年正月□日

四二九一 四三一九

嘉禾三年正月十一日 四三〇四
嘉禾三年正月十二日 二二一三
四二〇七
四二九二
嘉禾三年正月十三日 四三〇九
嘉禾三年正月十五日
二二二四（一）
嘉禾三年正月十七日 四二七八
嘉禾三年正月十八日 一六一八
嘉禾三年正月廿一日 四二七七
四二九八
嘉禾三年正月廿二日 四二一〇
四二八六
四三〇七
嘉禾三年正月□日 四三七〇
嘉禾三年正月□□日 四二八五
嘉禾三年二月四日 四三二七
嘉禾三年二月七日 一二二二
嘉禾三年二月十日 一五七八
四一八七
嘉禾三年二月十四日 四三〇一
四三四七
嘉禾三年二月十七日 一二二六
嘉禾三年二月廿日 一五七七
嘉禾三年二月廿二日 一五七三
四三三七
四三五四
嘉禾三年二月廿四日 四三四四
嘉禾三年二月廿七日 一五七六
嘉禾三年三月 四五八二
嘉禾三年三月一日 九五
一二八
一三五
嘉禾三年三月四日 一五八〇
嘉禾三年三月六日 四三三九
四三六六
嘉禾三年三月八日 一五八一
嘉禾三年三月十日 一五九四
四三六〇
四三六四
嘉禾三年三月十九日 六〇二
嘉禾三年三月廿一日 四三四三
嘉禾三年三月廿二日 四三〇五
四三三三
嘉禾三年四月 七〇八
嘉禾三年四月五日 四三〇六
四三五〇
嘉禾三年四月六日 四二八九
嘉禾三年四月七日 四三二三
嘉禾三年四月八日 一六〇七
嘉禾三年四月十日 一六〇八
四三四二
四三四五
嘉禾三年四月十三日 四二六二
嘉禾三年四月十四日 四三二五
四六五八
嘉禾三年四月十六日 一六一六
嘉禾三年四月十七日 四三四六
嘉禾三年四月十八日 四二七三
四二七四
四三六五
嘉禾三年四月十九日 一五七五
一六〇五
四三四一
四三五一
四三五七
（嘉）禾三年四月廿日 一三四一
一六〇六
一六〇九
四三五九
嘉禾三年四月廿三日 一五七二
嘉禾三年四月廿四日 四五五八
嘉禾三年四月廿五日 四二八一
四三〇〇
四三三四
四三五五
嘉禾三年四月廿六日 四三六一
嘉禾三年四月廿七日 一六〇四
四二六〇
四二七一
四三四八
嘉禾三年四月廿九日 四三六二
嘉禾三年五月 二七〇九
嘉禾三年五月一日 四二五七
四二五八
四三七四
嘉禾三年五月三日 四二五九
四二六一
嘉禾三年五月五日 四二六四
嘉禾三年五月八日 一一一九
一六一五
嘉禾三年五月九日 一一一八
嘉禾三年五月十一日 一一一〇
一一二〇
嘉禾三年五月十二日 九六
一一〇三
嘉禾三年五月十八日 一一一五
嘉禾三年五月廿二日 一一三二
嘉禾三年五月□日 四三一二
嘉禾三年五月□□日 一六一〇
四二六五
嘉禾三年九月 三二七〇
嘉禾三年十一月十七日 一六〇一
嘉禾三年十一月十八日 一五九九
嘉禾三年十二月廿日 一五九七
嘉禾三年□月七日 一六二〇
嘉禾三年□月十九日 一六一七
嘉禾三年□月廿二日 四三五六
嘉禾三年□月□□ 四六六三
嘉禾四年 六五〇
二二六二
二二九五
二五六二
二五六七
二五七九
二五九〇
二七一一
二七七四
二九九〇
三一二三
三一二七
三一二八
三一三一
三一九一
三一九三
三一九七
三二三七
三二四二
三二五四
三二五六
三二六七
四三九六
四五〇七
（嘉）禾四年 三四〇三
嘉禾四年三月七日 四五〇七
嘉禾四年五月八日 二七七四
嘉禾四年五月十日 二五六七
嘉禾四年六月七日 三二四二
嘉禾四年六月十一日 二二六二
嘉禾四年六月□日 三一九一
嘉禾四年七月廿一日 二五七九
嘉禾四年八月廿二日 三一九七（一）
嘉禾四年十月……日 三一九三
嘉禾四年十一月廿日 二五九〇
嘉禾四年十一月廿□日 二五六二
（嘉）禾四年十二月十□日 三四〇三
嘉禾五年 五七五
八〇八
八〇九
八二二
八四五
八六四
八六五
八七五
八七六
八七七
九一三
九二二
九二八
九三六
九四八
九六五
九八三
一〇〇九
一〇一二
一〇一五
一〇四二
一〇四八
一〇五〇
一〇五九
一〇六二
一〇六八
一〇七八